침묵에서

말하기로

침묵에서

심리학이 놓친 여성의 삶과 목소리

말하기로

캐럴 길리건 지음

이경미 옮김

심심

나의 어머니와 아버지에게

추천의 말

캐럴 길리건이 1982년 《침묵에서 말하기로》를 출간했을 때, 심리학계는 엄청난 충격을 받았다. 하버드대학교 출판사는 이 책을 "혁명을 시작한 작은 책"이라고 소개했다. 도덕 발달 이론으로 모든 심리학 교과서에 실리는 대가인 콜버그의 연구에 정면으로 반박했기 때문이다. 길리건은 콜버그의 이론이 백인 남성을 위주로 이루어졌기 때문에 여성을 배제하고 누락한다고 비판했다. 길리건은 남성은 독립과 자신에 대한 책임을 강조하고 여성은 상호 의존성과 타인에 대한 책임을 강조하므로, 도덕적 문제를 마주했을 때 남성은 정의롭고 공평한 해결책을, 여성은 보살핌과 자애로움의 해결책을 모색한다고 주장한다. 기존 이론이 여성을 발달에 실패한 것으로 해석한 것에 반하여 길리건은 여성의 발달은 남성과 다르다는 논리를 펴며, 여성을 포함하는 자신만의 도덕 발달 이론을 제시한다. 이 책이 40년 전에 출간되었다는 사실이 믿기지 않는다. 지금 우리 사회를 바라보며 읽을 때 더 깊이 공감할 수 있는 고전이기 때문이다. 나도 오래전 처음 읽었을 때와 달리 이제야 이해가 되고 수긍이 가는 부분이 많았다. 독자들도 이를 충분히 느낄 것이다. 천천히 읽고 또 읽어야 할 심리학 명저다.

곽금주, 서울대학교 심리학과 교수

처음 이 책을 읽었을 때의 기억이 생생하다. 읽는 내내 목소리를 내라는 격려를 받았을 뿐만 아니라 저자의 말과 대결하면서 논쟁하고 싶어서 가슴이 뛰었다. 이 책은 출간 직후부터 지금까지 가장 많이 인용되는 여성학 고전 중의 고전이다. 여성의 목소리를 듣는다는 것은 새로운 앎의 세계가 열리는 일이다. 이 책에 나오는 여성과 남성의 발달 과정의 차이를 성차별적인 진화심리학의 증거처럼 인용하는 이들이 종종 있다. 길리건의 의도와는 완전히 반대되는 해석이다. 이 책은 성차의 본질주의를 주장한다기보다는 남성만이 인류를 대표한다는 생각에 도전하고 남성의 경험을 상대화하며, 이 과정에서 인간의 본성에 대한 완전히 다른 해석체계를 제안한다. 자율적이고 독립적인 자아에 대한 근대적 이상은 남성 중심적 허상일 뿐만 아니라 인간 본성을 완전히 잘못 정의하고 있다. 우리는 문명을 다시 정의해야 한다. 인간은 관계적 존재이며, 분리가 아니라 연결이, 진공이 아니라 공명이 인간을 인간답게 만든다. 외롭고 아프고 막막한 이 시대에 모두에게 권하고 싶은 책이다.

권김현영, 여성학자·《늘 그랬듯이 길을 찾아낼 것이다》 저자

너무나 이상한 일이다. 여성은 "자신이 느끼고 생각하는 대로 말하면 누구도 자신과 있고 싶어 하지 않을 것"이라고 불안해한다. 동시에 "자신의 감정을 말하지 않는다면 혼자 남겨져 아무도 그들에게 무슨 일이 일어나는지 알지 못할 것 같다고" 초조해한다. 여성들의 잘못이 결코 아니다. 캐럴 길리건은 노심초사하며 세월을 보낼 수밖에 없었던 여성들의 이야기를 채집했다. "여성들의 말에 귀 기울이면서" "여성의 삶"을 "여성의 언어"로 이야기하자 심리학과 역사학, 정치학과 문학이 "송두리째" 달라졌다. 캐럴 길리건의 《침묵에서 말하기로》가 돌아왔다. 이제 그 누구도 여성들에게 침묵을 강요할 수 없을 것이다. 대단히 기쁜 일이다.

장영은, 《쓰고 싸우고 살아남다》 저자

일러두기

- 이 책은 동녘에서 1997년에 출간한 《다른 목소리로》의 개정판을 재출간한 것입니다.
- 본문의 각주는 모두 옮긴이 주입니다.

한국어판 서문

《침묵에서 말하기로》를 집필할 당시 나는 대화를 시작하고 싶었다. 그리고 이제 한국 독자들의 목소리를 맞게 되니 무척 반갑다. 나는 목소리를 내는 것과 여성으로 사는 것, 또 삶에서 우리가 하는 선택들에 관한 점점 더 급박해지는 논쟁이 한국인, 특히 한국 여성들에게 어떤 새로운 경험과 통찰을 줄지 궁금하다. 나는 두 가지 발견 덕에 이 책을 쓰게 되었다. 첫 번째는 여성의 말에 귀 기울여야 한다는 것이고, 두 번째는 인간 심리 이론과 도덕 이론이 남성의 목소리에만 집중한 결과물이라는 사실을 인식한 것이다. "인간의 대화"에 여성의 목소리가 포함되면 어떤 차이가 생길까? 《침묵에서 말하기로》는 여성이 자신과 관계, 도덕에 관한 대화에 합류할 때 무엇이 변하는지 보여줌으로써 그 질문에 답한다. 여성의 목소리를 포함하는 것은 가부장적 질서의 토대, 즉 권위와 권력을 쥔 남성들의 목소리가 곧 도덕과 법의 목소리고, 착한 여성은 이타적이거나 자신의 목소리를 내지 않고 침묵해야 한다는 사회의 암묵적인 합의를 폭로하고 이에 도전한다.

1982년에 이 책이 미국에서 출간되었을 때 침묵의 둑이 무너졌다. 많은 여성이 《침묵에서 말하기로》를 읽은 후 자기 내면의 목소리, 나쁘거나 잘못되었거나 이기적이거나 무례하거나 비정상적인 것이라 여겨 묵살해왔던 자신의 목소리에 귀 기울이게 되었다. 다양한 성별 스펙트럼에 속하는 사람들에게 이 책은 목소리를 가지는 것과 관계에 실재하는 것이 어떤 의미인지 새롭게 이야기하는 계기가 되었다. 사회적·정치적 차원에서 이 책은 일부 남성이 다른 남성보다, 남성이 여성보다 특혜를 누리는 가부장제 문화와 평등한 목소리를 전제로 하는 민주적 문화를 극명하게 대조한다.

수년간 신경생물학, 진화인류학, 영장류학, 발달심리학 등 과학 전반에 걸쳐 광범위한 학문적 업적이 축적되면서 패러다임의 전환이 이어졌다. 그러나 우리는 어떻게 공감 능력을 얻을 수 있는지, 어떻게 이기적인 욕망을 극복하고 타인을 배려할 수 있는지, 어떻게 사랑할 수 있는지를 묻기보다는 어떻게 하면 이런 기본적인 인간의 능력을 저버릴 수 있는지 질문하도록 독려받아왔다. 이런 가부장제의 목소리와 인간의 목소리인 "다른 목소리"는 다르다. 가부장제 사회나 문화에서 인간의 목소리는 저항의 목소리다.

공적 영역이든 사적 영역이든 이 책이 관계와 도덕, 사랑, 정치, 그리고 현재 한국 사회에서 일어나고 있는 폭력과 트라우마에 관한 대화에 등장했다는 소식을 듣기를 기대한다. 이 책으로 더 많은 사람이 자신이 본 것을 말하고, 경험에서 나온 목소리를 신뢰하고, 특히 도덕의 이름으로 그들을 침묵하게 하려는 자들에게 묻고 따질 수 있게 된다면 더할 나위 없이 기쁠 것이다. 그리고 사람들이 자신과 타인을 보다 진심으로 염려할 수 있게 되기를 바란다. 한국 여성들에게 보낼 특별한 메시지가 있다. 이것은 이 책을 쓰면서 겪은 내 경험의 일부이기도 하다. "내가 무슨 생각을 하는지 알고 싶다면…" 또는 "내가 **정말** 무엇을 생각하고 느끼는지 알고 싶다면…" 이라고 말하는 (어쩌면 속삭임에 불과할 지도 모르는) 내면의 목소리에 귀 기울여라. 그 목소리는 당신의 경험에서 터득한 앎을 전달하는 목소리다. 그런 후 당신이 정말 생각하고 느끼는 것, 당신이 경험을 통해 알게 된 것, 그리고 당신에게 진실하게 울리는 목소리가 다른 사람들과 공명하는 장소, 혹은 관계를 찾아 나서라. 그것은 고립에서 벗어나 관계로 들어가는 신호탄이며 더 큰 사랑과 돌봄의 사회로 나아가는 거대한 발걸음이다.

독자에게 보내는 말

내가 《침묵에서 말하기로》를 집필한 때는 여성운동이 한창이던 1970년대 초였다. 1970년 봄에는 연일 베트남전에 항의하는 치열한 반전시위가 열렸고, 켄트대학교 학생들은 공권력을 앞세운 정부의 진압대에 의해 총상을 입기도 했다. 하버드에서는 기말고사가 취소된 것은 물론이고 그해 졸업식도 없었다. 이 이야기를 들으면 요즘 학생들은 믿을 수 없다는 표정을 짓는다. 당시 대학교는 말 그대로 정지 상태였으며 기존의 지식은 그 기반부터 재검토해야 한다는 비판을 받았다.

1973년은 임신 중지를 법적으로 허용하게 된 로 대 웨이드 Roe v. Wade 판결로 여성과 남성, 그리고 자녀 사이의 관계가 어떤 토대 위에서 지탱되는지 드러난 해였다. 그해 연방 대법원의 결정으로 여성은 합법적으로 자기 의사를 드러낼 수 있게 되었다. 삶과 죽음을 가르는 복잡한 상황에서 여성이 결정권을 행사할 법적 근거가 마련되었기 때문이다. 그러나 발언할 능력과 기회가 있는데도 자기 내면에서 들리는 강렬한 목소리에 압도되어 스스로 입을 다물어 버리는 여성이 많았다. 내면의 목소리 혹은 내면화된 목소리는 여성에게 인간관계에서 자신의 의사를 관철하는 것은 "이기적인" 행위라고 속삭이고, 자신이 진정으로 원하는 것이 무엇인지 모를 수 있다고 쑥덕거리며, 자신의 경험을 바탕으로 뭔가를 결정하기에는 그 경험이 변변치 않다고 폄하했다. 여성들은 자기 생각이나 소망이 무엇인지 말하거나 그것을 자각하는 것조차 위험하다고 여겼다. 사람들이 화가 나서 보복하거나 자신을 떠날 수 있다고 생각했기 때문이다. 이 연구는 연구 대상자들이 나눈 대화를 기밀로 보호하겠다는 합의 하에 수행되었으며 일반적인 연구 구조와도 달랐다. 나 또한 그들에게 뭔가를 배우려고 다가간 만큼 연구자와 대상자 사이에 있을 법한 위계는 가급적 차단했다. 사실 많은 여성이 자신이 무엇을 원하는지, 힘들고 어려운 상황에 처했을 때 어떻게 하는 게 좋을지 잘 알고 있었다. 그러나 그들은 말을 하면 다른 사람들에게 상처 입고 비난받을까 봐, 혹은 자신의 말을 사람들이 아예 들으려 하지 않거나 이해하지 못할까 봐, 또는 공개적 발언이 혼란을 가중시킬까 봐 두려워했다. 그리하여 여성들은 자신의 목소리를 포기하여 평화를 지키고 "이타적"으로 보이는 것이 더 낫다고 생각하고 있었다.

"제 의견으로는…" 구술시험을 치르던 대학원생이 여기까지 말하고 멈칫했다. 자신과 자신이 하는 말이 서로 괴리되며 파열음을 만들자 그는 말하고 있는 것과 말하고 있지 않은 것의 관계를 의심하기 시작했다. 그는 누구를 위해 말하고 있는가? 자신과의 관계에서 그는 어디에 있는가? 로 대 웨이드 판결 이후 많은 여성이 집안의 천사(19세기 코번트리 패트모어Coventry Patmore 라는 시인이 여성스러운 선의의 상징으로 내세운 불멸의 아이콘. 오직 타인을 위해 행동하고 말하는 여성을 의미한다)로 대표되는 여성적 도덕에 공개적으로 문제를 제기했다. 이타적으로 행동할 때 혹은 관계에서 침묵할 때 문제가 발생한다는 것을 경험한 여성들은 천사의 도덕이 실은 부도덕에 다름 아니며 목소리의 포기이자 관계와 책임의 소멸임을 폭로했다. 천사의 목소리는 여성의 몸을 빌려 빅토리아 시대 남성이 말하는 목소리였다. 글을 쓰려면 이 천사의 목을 비틀어야 한다는 버지니아 울프의 일갈은 가짜 목소리를 침묵시켜야만 자신을 위해 말할 수 있다는 명확한 해설이었다.

나는 이렇게 공적 발언을 하겠다고 선택한 여성들의 결단에 관심이 생겼다. "관계"를 맺기 위해 이타적인 인간이 되었지만 도리어 그로 인해 문제가 생긴다는 것을 인식함으로써 여성들은 중요한 전환점을 맞이했다. 그들은 자기 목소리를 내고 자신이 아는 것을 사람들이 들을 수 있게 하기로 결심했다. 이것은 표면 아래를 들여다보고 대화 속에 은밀하게 흐르는 맥(알려진 것, 알려지지 않은 것, 감은 있으나 발설되지 않은 것이 무엇인지)을 짚어내는 것과 같았다. 한편 말하지 않겠다고 선택하거나 차라리 말하는 내용과 자신을 분리하겠다고 선택하는 여성도 있었다. 이러한 선택은 의도적일 수도 있고 무의식적일 수도 있는데, 가령 호흡과 소리로 성대를 좁혀 목소리를 조종하거나 목소리를 끝까지 높여 감정이나 생각의 깊이를 가늠하지 못하게 할 수 있다. 혹은 목소리를 더 단단하게 바꾸거나 인간의 목소리라기보다는 기계 장치에서 나오는 듯한 소리로 변조시키기도 한다. 말하지 않겠다고 선택하는 이유는 사람들의 감정을 배려하는 선한 의도일 수도 있고, 자신이나 타인의 현실을 잘 알기 때문일 수도 있고, 심리적으로 자기를 방어하기 위해서일 수도 있다. 그러나 자신의 목소리를 제한함으로써 많은 여성이 남성의 목소리가 지배하는 문화를 의식적으로든 무의식적으로 깊이 받아들이게 되며 여성들과의 단절[1]을 토대로 하는 삶의 질서에 흡수된다.

에릭 에릭슨Erik Erikson에 의하면 개인의 역사와 역사학·심리학·정치학은 서로 깊이 엮여 있어서 우리는 역사와 삶을 분리할 수 없다. 여성들의 말에 귀 기울이면서 나는 여성의 삶을 포함하면 심리학과 역사가 달라진다는 사실을 깨달았다. 그것은 인간의 역사가 서술되는 방식과 역사를 전달하는 목소리의 주체를 문자 그대로 송두리째 바꾼다.

《침묵에서 말하기로》가 출간되고 20년이 지난 지금도 나 자신은 물론 이 책이 활발하고 뜨거운 논쟁의 한가운데 있다는 것을 실감한다. 논쟁은 여성의 목소리와 차이, "정전canon"이라 불리는 현재 지식의 토대와 여성과 남성 간의 관계, 자녀와 여성 혹은 남성이 맺는 관계에 관한 것이다. 이러한 논쟁으로 심리학계 내부에서는 심리학 연구 방법과 평가 방식, 심지어 치료 방식까지도 다시 진지하게 검토하게 되었다. 이 논쟁은 교육학에도 근본적이고 심대한 반향을 불러왔다. 덕분에 나는

---

1   이는 건강한 인격체로 성장하기 위해서는 어머니로부터 독립해야 한다는 프로이트 이론에서 유래된 기존의 학문적·사회적 명제였다.

나와 다른 삶을 사는 사람들과 다른 영역에서 일하는 사람들로 부터 나의 목소리를 듣는 방법을 배울 수 있었다. 예를 들면 심리학자인 내게 신체, 가족관계, 사회문화적 지위의 차이가 심리적 차이로 이어지는 것은 당연해보이는데, 다른 분야의 학자들도 이렇게 생각한다는 것을 알게 되었다. 법학자들, 특히 마사 미노우Martha Minnow의 저서《모든 차이의 근원Making All the Difference》을 통해 나는 차이를 논하거나 이론화하는 여러 방식에 법이 어떤 영향을 미치는지 이해하게 되었으며, 차이를 입에 담고 싶어 하지 않는 사람들의 마음까지도 엿볼 수 있었다.

또 나는 〈뉴욕 서평New York Review of Books〉(1993년 6월 10일)에 실린 로널드 드워킨Ronald Dworkin의 최근 논문 〈페미니즘과 임신 중지〉를 강하게 공감하면서 읽었다. 드워킨은 페미니스트 법학자들의 저서를 통해 메리 벨렌키Mary Belenky와 내가 인터뷰했던 여성들을 알게 되었다. 그 여성들의 인터뷰는 이 책의 3장과 4장에 실려 있다. 드워킨은 20년 전에 내가 충격받았던 사실에 똑같이 충격을 받았다. 임신 중지를 바라보는 여성들의 관점이 공적인 임신 중지에 대한 논쟁("권리와 살인에 관한 외마디 수사학")[2]과 일치하지 않았기 때문이다. 드워킨은 청년기 여성과 성인 여성 들의 목소리를 들으면서 그들의 설명이 직관적이라고 느꼈고, 그래서 그 시절엔 너무 파격적이어서 지지하기 어려워 보이던 나의 결론과 동일한 결론에 이르렀다. "임신 중지에 관한 결정은 다른 결정과 단절된 문제가 아니라 평생 내려야 하는 결정 중 강렬하게 두드러지는 사례일 뿐"이라는 것이다.

《침묵에서 말하기로》가 출간된 이후 여러 해 동안 많은 사람이 자신의 삶, 결혼, 이혼, 일, 관계, 자녀에 관한 이야기를 내게 전했다. 독자들이 보내준 많은 편지와 책, 논문 들을 감사하게 생각한다. 그중에는 내가 가본 적 없는 곳에서 온 것도 있고, 내가 갈 수 없는 곳에서 보내온 것도 있다. 그들의 경험과 목소리, 생각 들은 매우 창의적인 방법으로 내가 쓴 글을 확장하고 정교하게 다듬었다. 그동안 나는 〈여성 심리와 여성 청소년의 성장에 관한 하버드 프로젝트Harvard Project on Women's Psychology and the Development of Girls〉에서 린 마이클 브라운Lyn Mikel Brown과 애니 로저스Annie Rogers를 비롯한 여러 사람과 함께 작업해 왔다. 우리는 여성의 심리를 여아들의 목소리와 연결하

---

2   공적인 논쟁에서는 임신 중지가 선택 가능한 여성의 권리인지 태아의 생명권을 무시한 살해 행위인지에 관해 의견이 대립한다.

고 심리학의 새로운 관점을 발전시키기 위해 이 프로젝트를 기획했다. 이는 1930년대에 버지니아 울프가 "새로운 말과 새로운 방법을 찾는 것"이라고 명명한 기획과도 상통한다. 울프는 여성의 삶에 관한 관심과 교육, 여성의 전문직 진출을 통해 폭력과 지배의 역사적 순환 고리가 끊어질 수 있기를 희망했다. 이런 비전을 안고 작업하면서 나는 진 베이커 밀러^{Jean Baker Miller}의 저술에서도 유사점을 발견했으며, "여성의 상황은 심리학적 진실을 이해하는 데 없어서는 안 될 주요한 열쇠"라는 밀러의 급진적인 통찰에서 영감을 얻었다.

정치적 질서와 여성과 남성의 심리적 관계를 계속 탐색하다 보니 가부장제 사회를 변형하거나 유지하는 데 여성들의 목소리가 얼마나 중대한 역할을 담당하는지 점점 더 깊이 인식하게 되었다. 이런 변화 과정에 적극적으로 개입하면서, 나와 이 책은 권력과 정신 건강의 기준이 걸린 심리적, 정치적 논쟁의 한가운데까지 밀려오게 되었다.

《침묵에서 말하기로》에 대한 사람들의 반응에서 나는 내가 글을 쓰면서 계속해서 겪어 온 두 단계의 과정을 자주 발견했다. 하나는 여성의 목소리에 귀 기울이면서 여성이 새롭고 다른 방식으로 말하는 것을 경험하는 것이다. 두 번째는 이 다른 방식의 말하기가 그것의 신선함을 놓치고 다름은 선천적인가 후천적인가, 혹은 여성은 남성보다 우월한가 열등한가와 같은 고리타분한 이분법의 사고 범주에 빠르게 동화되는 것을 보는 것이다. 내 주장이 여성과 남성의 본질적 차이를 묻는다거나 우월 정도를 저울질하는 데 인용된다는 말을 들으면 목소리가 소거되는 느낌이 든다. 나는 이런 질문을 던진 것이 아니기 때문이다. 내 질문은 현실과 진실의 인식에 관한 것이다. 우리가 어떻게 아는지, 어떻게 듣는지, 어떻게 보는지, 어떻게 말하는지와 같은 것들 말이다. 내 질문은 목소리와 관계에 관한 것이며, 또한 심리적 과정과 이론, 특히 남성의 경험이 모든 인간의 경험을 대변한다는 이론에 던지는 도전장이다. 그런 이론은 여성의 삶을 삭제하고 여성의 목소리를 걷어간다. 인간의 삶을 이런 방식으로 들여다보고 진술하면서, 남성은 여성을 배제했으며 여성 또한 자신을 배제했다. 심리학의 관점에서 보자면 남성의 분리separation 과정은 여성에게는 내면의 분열과 정신적 파열을 가져오는 해리dissociation 과정이 된다.

이것은 추상적인 주장이 아니다. 내 이론은 귀를 기울여 들은 것을 바탕으로 한다. 나는 남성의 목소리와 여성의 목소리에 담긴 분리와 단절을 찾아냈다. 그리고 자신과 자신의 삶에 관해 혹은 더 포괄적으로 인간의 본성에 관해 말하는 남성은 어째서 마치 여성과는 아무런 교류도 없이 사는 것처럼, 여성이 자신 일부가 아닌 것처럼 말하는지, 어째서 여성은 자신을 이타적인 것처럼, 마치 목소리도 없고 욕구도 없는 것처럼 말하는지 궁금해졌다. 그러므로 여성이 이타적으로 살아가는 것이 자신을 관계 속에 포함하지 않는다는 뜻임을 인식하게 된 것은 획기적이다. 그 인식이, 가부장제와 문명을 유지하고 그것에 의해 유지되는 여성과의 분리와 여성 내부의 단절에 도전하기 때문이다. 사랑이나 관계의 이름으로 이런 심리적 과정을 정당화하는 것은 도덕을 내건 채 폭력과 위해를 정당화하는 것과 다름없다.

이러한 정당화에 저항하는 다른 목소리는 관계 중심적 목소리다. 그 목소리의 핵심에는 여성들과의 관계를 유지하라는 주장이 담겨있다. 또한 자율성이나 자아의식, 자유라는 이름으로 오랫동안 정당화된 심리적 분리가 인간의 발달에 필수불가결한 것이 아니라 인간이 풀어야 할 과제임을 드러낸다.

다른 사람들에게 반응하고 타인과의 관계 속에서 행동하며 그들의 감정과 사고를 세심하게 들여다보는 것이 사람들의 감정과 생각에 무감각한 것보다 낫다면, 그리하여 타인의 삶에 공감하고 관심을 가진다면 어째서 반응하는 것이 "이기적"이 될 수 있단 말인가. 나는 여성들이 자기 자신을 비난하고 비하하며 배반하려는 경향에 대항하며 질문했다. 그러나 많은 여성이 "좋은 질문이네요"라고만 대꾸했다. 내가 에릭 에릭슨과 로렌스 콜버그Lawrence Kohlberg와 함께 하버드에서 연구하며 프로이트Freud와 피아제Piaget의 이론을 가르칠 때, 한 여성이 우리가 논쟁하는 주제의 토대에 대해 놀라우리만큼 명석한 질문을 던진 적이 있다. 그 순간을 떠올리면 나 또한 내면에서 분열하는 소리를 들을 수 있다. 나는 이렇게 말했다. "좋은 질문이네요. 그런데 여기서 말하고자 하는 내용은 아닙니다."

그렇게 오랫동안 담을 쌓아온 "우리"와 나 자신 혹은 "우리"와 다른 여성들의 관계에 관해 질문하면서 나는 "우리"와 남성들은 어떤 관계를 맺는지도 질문했다. 《오디세이》와 《일리아드》 혹은 다른 영웅 신화들처럼 폭력과 극단적 이별이 난무하는 이야기들은 자신에 관해 말하는 남성들의 사례가 아닌가? 인간으로서 어떻게 살 것이며 무엇을 할 것인지 같은 질문은 근본적으로 인간관계에 관한 질문이다. 사람들의 삶은 심리적으로나 경제적, 정치적으로 뿌리 깊게 연결되어 있기 때문이다. 이러한 관계적 현실을 명확하게 드러내기 위해 질문들을 재구성할 때, 나는 여성과 남성이 각기 다른 목소리로 답한다는 것을 알게 되었다. 여성의 목소리는 새로운 의미를 띠게 되었고, 갈등에 접근하는 여성의 방식은 그들이 관계와 연결을 유지하기 위해 항상 노력한다는 점에서 심오하고 교훈적이었다. 분리의 이상이 팽배하고 사람들 간에 경계선을 긋기에 급급한 세상에서 여성의 목소리가 "다르게" 들리는 것은, 로버트 프로스트Robert Frost의 시에 등장하는 "좋은 울타리가 좋은 이웃을 만든다"고 말하는 사람들처럼 그들이 관계에 지속해서 관심을 갖기 때문이었다. 그러나 내가 글을 쓰기 시작했을 때만 해도 관계에 대한 관심은 그저 "여성 문제"로 비칠 뿐이었다.

미국 사회에서 분리, 독립, 자율성 같은 가치는 역사적인 근거를 가지고 있다. 이런 천부인권은 이민의 물결이 불어 닥치면서 전통으로 강화되었고 확고한 사실로 자리매김했다. 인간은 본래 분리되어 있으며 각자 독립된 주체로 자치적이라는 것이다. 이런 "사실"에 문제를 제기하는 것은 보기에 따라 자유의 가치에 의문을 던지는 것으로 비칠 수 있지만 꼭 그런 것만은 아니다. 분리에 대한 문제 제기는 자유에 대한 문제 제기와 무관하며, 오히려 관계를 살펴보고 그 관계에 관해 이야기하는 것과 관련이 있다. 콜럼버스를 예로 들어보자. 우리가 그의 인간성이나 임무에 대해 어떤 판단을 하든 그가 미국을 발견하지 않은 것은 사실이다. 이미 그곳에는 사람들이 살고 있었다. 전혀 다른 예를 들어보자. 애니타 힐Anita Hill이 클래런스 토머스Clarence Thomas와의 관계[3]에 관해 증언하는 것을 들었을 때, 많은 여성이 힐의 말을 정확하게 이해했다. 그들도 비슷한 경험을 했기 때문이다. 아메리칸 인디언은 아메리카 원주민이고, 직장 내에서 오가는 성적 대화는 성희롱이다. 콜럼버스에 관한 이야기가 수정된 것과 마찬가지로 이러한 목소리와 관점의 급진적인 변화로 자율성이라는 허상은 추방되었다. 내 연구의 핵심은 심리학이나 사회 전반에서 이 가치가 사실로 받아들여지고 있다는 깨달음이었다.

《침묵에서 말하기로》를 출간한 후 여러 해 동안 사람들이

---

3   1991년 미국 흑인 변호사 애니타 힐은 당시 대법원장 지명자 클래런스 토머스 공개 청문회에서 그가 직장 내 성폭력 가해자라고 진술했다. 청문위원회는 물론이고 여론조차 힐을 믿지 않았고 결국 가해자는 대법원장으로 임명되었다. 힐의 주장을 지지해줄 다른 여성들이 있었으나 청문회에 소환되지 않았다. 이 일은 2010년 10월 토머스의 아내가 힐에게 공개적으로 사과를 요구하면서 다시 논란이 되었다. 1992년에 페미니스트 단체는 전국 규모의 기금 마련 캠페인을 벌이고 힐이 재직하던 오클라호마대학교에 장학금을 기부하려고 했으나, 대학은 오히려 힐의 사직을 권고했다. 5년간의 압력으로 힐은 결국 사퇴했다. 힐은 여전히 토머스에게 사과받지 못했다.

던진 질문 중에 가장 빈번하게 제기되었고, 연구의 핵심을 관통하는 주제를 크게 세 가지로 분류할 수 있다. 첫 번째 질문은 목소리에 관한 것이고, 두 번째는 차이에 관한 것, 세 번째 질문은 여성과 남성의 발달에 관한 것이었다. 이 질문들에 관해 성찰하고 다른 이들의 연구를 보고 배우면서 나는 목소리와 차이, 발달에 관해 더 많은 것을 알게 되었다. 이 책은 심리 이론과 여성 심리의 발달이라는 두 개의 구조로 이루어져 있는데, 이를 통해 나는 심리학 이론이 규범화되는 방식을 보다 명확하게 이해할 수 있었다. 서론과 결론에 해당하는 1, 2, 6장에서 나는 관계 중심적 목소리를 소개하고, 그것이 자아, 관계, 도덕에 관한 전통적 방식과 대척하는 지점을 드러내며, 이에 따른 오해와 갈등, 성장의 가능성을 함께 설명한다. 본론이라 할 3, 4, 5장에서는 여성이 분리의 과정에서 문제를 겪는다는 기존 심리학자들의 해석을 따르지 않고, 여성의 심리 발달을 연결을 위한 노력에 집중하여 재구성했다.

　나는 목소리 얘기부터 시작하려고 한다. 극단에서 목소리를 가르치는 크리스틴 링클레이터Kristin Linklater의 작업 덕분에 나는 목소리를 새롭게 인식하게 되었고, 내 연구 또한 훨씬 깊이 파악할 수 있었다. 또한 인간의 목소리에 대한 그의 분석으로 심리학의 토대가 되는 물리학에 눈을 뜨기도 했다. 그것은 신체나 언어, 심리적 측면에서 목소리가 어떤 역할을 하는지 이해하는 방식이며, 내가 연구한 심리 과정의 일부를 설명하는 방식이기도 하다. 나는 링클레이터와 티나 패커Tina Packer의 연구를 기반으로 하는, 배우이자 감독이며 발성을 가르치는 선생이기도 한 노르미 노엘Normi Noel을 통해 공명에 대해 알게 되었으며 목소리가 어떻게 관계의 연결에 의해 확장되거나 위축되는지를 새로운 방식으로 이해하게 되었다. 극단에서 일하는 이 여성들은 목소리가 심리학적일 뿐 아니라 생리학적이고 문화적이라는 점을 꿰뚫어 봤다. 링클레이터는 자신의 첫 저서 제목이기도 한《자연스러운 목소리의 표출freeing the natural voice》에서 열린 목소리와 차단되고 막힌 목소리의 차이를 알수 있다고 말한다. 열린 목소리는 숨과 음이 물리적으로 연결되고, 감정과 생각이 심리적으로 연결되며, 언어의 풍부한 자원이 문화적으로 연결된 목소리를 의미한다. 링클레이터와 작업하면서 나는 그가 설명하는 차이를 직접 느끼고 경험했다. 노엘과의 작업에서는 관계적 공명relational resonance을 선별하는법을 배웠으며, 자신의 목소리가 공명하거나 울려 퍼지는 곳에서 말할 때와 아무런 공명이 생기지 않는 공간에 툭 던져질 때,

반향이 살벌하거나 죽은 듯 무미건조하게 들리는 곳에서 말할 때 각각의 목소리에 생기는 변화를 포착하게 되었다.

이런 경험이 축적되면서 나는 사람들이 내게 "목소리"의 의미가 무엇인지 물을 때 쉽게 대답할 수 있게 되었다. 목소리는 목소리다. 나는 답은 간단하니 잘 생각하면서 들어보라고 말한다. 그러나 한편으로는 아무런 공명이 없을 때 말하는 내 기분이 어떤지, 내가 글을 쓰기 시작했을 때는 어떤 기분이었는지, 공명을 느끼지 못하는 것이 많은 사람에게 무엇이고, 여전히 내게 그것은 어떤 것인지 기억하려고 한다. 목소리를 가지는 것은 인간이 되는 것이다. 무언가 할 말이 있다는 것은 한 인격체가 되는 것이다. 그러나 말하기는 다른 사람들의 말을 듣고 다른 사람들이 내 말을 듣는 것에 달려있다. 밀도 높은 관계 중심적 행위라는 의미다.

사람들이 내게 "목소리"가 무엇을 의미하냐고 질문할 때 나는 답한다. 내가 말하는 "목소리"는 사람들이 자신의 핵심이라고 말하는 것과 흡사하다. 목소리는 타고난 것이지만 또한 문화적인 산물이기도 하다. 목소리는 숨과 음, 단어, 리듬, 언어로 이루어져 있다. 목소리는 강력한 심리적 도구이자 통로여서 내면세계와 외부 세계를 연결한다. 말하기와 듣기는 정신적 호흡과 같다. 사람들 사이에서 이런 식으로 지속되는 관계적 교환은 언어와 문화, 다양성과 다원성을 통해 매개된다. 이런 이유로 목소리는 심리와 사회·문화적 질서를 이해하는 새로운 열쇠이자 관계와 심리적 건강을 측정하는 리트머스 시험지다.

셰익스피어의 희곡《사랑의 헛수고Love's Labour's Lost》의 리버사이드 판을 소개하는 글에서 앤 바턴Anne Barton은 문화와 목소리에 관한 현재의 논쟁에 들어맞는 언어에 대한 논평을 읽는다. "언어는 진공 상태에서 존재할 수 없다. 아주 사소하고 어리숙하게 들리더라도 그것은 의사소통의 도구여서 발화자는 청자의 본성과 감정을 고려해야 한다. 특히 사랑하는 관계에서 중요하지만 평범한 관계에서도 마찬가지다." 사랑과 언어에 관한 이 희곡에서 남성은 그들이 사랑한다고 말하는 여성에 대해 아는 것이 거의 없다는 사실이 드러난다. 이는 사랑의 언어에 변화가 필요하다는 것을 암시한다. "부드럽지만 단호하게 여성들은 자신이 알고 있는 것을 배울 수 있도록 남성들을 떠나보낸다. 그들이 배워야 할 것은 언어를 회피나 의미 없는 오락거리 혹은 잔혹성의 수단으로 사용하는 것이 아니라 사실과 정서적 현실을 담아내는 수단으로 사용하는 방법이다."

엘리자베스 하비Elizabeth Harvey는《복화술의 목소리Ventriloquized Voices》에서 르네상스 시대부터 현재에 이르기까지 남성이 언제 여성스러운 목소리를 내거나 여성의 몸을 통해 복화술로 말하는지, 그리고 왜 그러는지 질문한다. 그의 분석은 몹시 유용하다. 하비는 인식론적 질문과 윤리적·정치적 질문의 차이를 분명하게 설명한다. 인식론적 질문은 남성이 여성으로 산다는 것이 무엇인지를 아는지, 여성을 대신하여 말을 할 수 있는지에 관한 것이며, 윤리적·정치적 질문이란 여성을 대변하거나 여성적인 목소리를 내는 남성의 윤리와 정치는 무엇인지를 묻는 것이다. 많은 여성이 사회적으로 만들어진 여성적 목소리와 자신의 목소리를 구분하기 어렵다고 말한다. 하지만 그들은 그 차이를 구분할 능력이 **있다.** 자신의 목소리를 포기하는 것은 관계를 포기하는 것이자 선택에 관련된 모든 것을 포기하는 것이다. 로 대 웨이드 판결이 많은 여성과 남성의 심리적·정치적 성장을 촉발하고 정당화한 것은 목소리와 선택이 연결되어 있기 때문이다.

내가 차이에 대한 질문에 천착하게 된 이유는 이렇다. 1970년대 초 로렌스 콜버그와 함께 연구 조교로 일할 때 나는 그의 주장에 시사점이 많다고 생각했다. 홀로코스트와 노예무역의 역사를 거치면서 심리학자나 사회과학자들은 가치에 대해 아무것도 말할 수 없다는 도덕적 중립성의 입장이나 모든 가치가 문화적으로 상대적이라는 문화 상대주의의 입장을 쉽게 받아들일 수 없게 되었다. 직면한 잔혹한 사건들에 관여하지 않겠다는 입장은 일종의 공모와 다름없기 때문이다. 그러나 전통 사회과학 연구의 테두리 내에서 콜버그와 다른 학자들이 옹호하는 객관적 입장 또한 각 목소리의 특수성을 간과하고 어떤 관점이 구성되는 필연적 사회구조에서 등을 돌린다는 점에서 문제를 내포하고 있었다. 이 입장의 의도가 선하고 잠정적으로 유용하다는 깃은 이 논의와 무관하다. 그것이 권력을 은폐하고 오류에 빠진 지식을 감추는 중립성에 토대를 두고 있기 때문이다.

나는 차이에 관한 논의의 초점을 상대주의에서 관계로 옮기고, 차이를 풀어야 할 문제가 아니라 인간의 조건이 가진 일종의 특성으로 보려고 했다. 로버트 올터Robert Alter는《성서에 나타난 서술 기법The Art of Biblical Narrative》에서 고대 히브리인들이 서술법을 개발한 이유는 서술을 통해야만 "변화하는 시간과 타인과의 관계 속에서 불가피하고 혼란스럽게" 반추하며 살아가는 인간의 삶을 전달할 수 있기 때문이라고 말한다. 요즘 나는 여성 작가들, 특히 아프리카계 미국 시인과 소설가 들에게 주목한다. 이들은 "관계와 진실을 말하는 논의를 어떻게 재구성하여 차이에 각자의 목소리를 부여할 것인가"라는 질문에 구술과 청각으로 전수되는 전통과 차이에 관한 복합적인 경험을 토대로 응답하며 새로운 예술로 두각을 나타내고 있다.

차이에 대해 말하고 "차이"의 이론화를 이야기할 때 부상하는 문제는 통계적으로 규정된 정상에 민감하고 역사적으로 금욕적인 사회에서 차이가 너무도 쉽게 일탈과 동일시되고 일탈은 곧 죄가 된다는 점에 있다. 토니 모리슨Toni Morrison은《세상에서 가장 푸른 눈The Bluest Eye》에서 아름다움에 대한 추상적인 기준과 이상적인 '어머니'나 '아버지', '가족'의 개념을 수용할 경우, 그 기준에 맞지 않는 몸을 가졌거나 부모나 가족이 그 기준에 맞지 않을 때 자녀가 어떤 영향을 받는지 살피고 있다. 모리슨은 이 소설에서 자기 딸을 강간하는 아버지에게 목소리를 줌으로써 말할 기회를 준다. 그리하여 딸의 입장뿐만 아니라 아버지 입장에서도 어떻게 그러한 침해가 일어날 수 있는지 그 과정을 말하고 이를 이해할 수 있도록 한다. 다른 소설《사랑하는 사람Beloved》에서 모리슨은 노예 신분으로 도피하다가 잡히자 딸이 다시 노예가 되는 꼴을 보느니 차라리 살해하겠다는 어머니에게 목소리를 준다. 이를 통해 모리슨은 학술 문헌에서는 다루지 않는 심리적 발달과 도덕적 발달에 대한 문제를 탐색한다. 즉 자녀를 사랑하지만 인종차별이 난무하고 여성과 남성 모두에게 파괴적인 난폭한 사회에서 살아가는 여성에게 돌봄은 무엇을 의미하는지, 혹은 돌봄이 잠정적으로 무엇을 의미하거나 수반하는지 질문한다.

차이에 관한 최근의 논쟁에서 내가 고민하는 지점은 그 논쟁에 목소리가 빠져 있음에도 너무나 익숙하다는 점이다. 이곳에서는 말하는 사람이 누구인지 불명확하고, 이야기의 대상이 목소리를 갖지 않으며, 대화가 객관주의와 상대주의의 끝도 없는 악순환에 빠져 공회전하다가 신의 존재 여부와 같은 오래된 철학적이고 존재론적인 질문으로 급회전한다. 스탕달을 인용하면서 한 친구는 "신이 할 수 있는 유일한 변명은 자신이 존재하지 않는다는 것"이라고 말했는데, 현대사회의 이런 대화조차도 성별과 차이, 지배와 권력의 문제와 연결되어 있다. 성별의 차이가 생물학적으로 결정된 것인지 사회적으로 구성된 것인지에 대한 질문은 우리를 몹시 혼란스럽게 한다. 이런 방식의 질문은 인간이 모두 유전적으로 결정되었다거나 사회화의 산물이라고 주장한다. 즉 목소리가 없다는 뜻이다. 목소리가 없으면 저항이나 창의적 발상, 심리적 변화가 불가능하다. 심리학이 사회학이나 생물학 혹은 이 두 가지 영역의 조합으로 위축되는 현상은 한나 아렌트^{Hannah Arendt}와 조지 오웰^{George Orwell}이 경악한 통제의 방식으로 가는 예비단계이기도 하다. 그것은 입을 막고 목을 조르는 손이며, 파시즘과 전체주의의 지배 조건을 만족시키는 목소리의 질식이자 언어의 사망이다. 그리고 지금은 기이하게도 전혀 언급되지 않는 "선전^{propaganda}"과 관련된 심리적 마비 상태를 의미하기도 한다.

도덕 문제는 인간관계의 문제이기도 하다. 나는 돌봄 윤리의 발달을 살펴보다가 비폭력적인 인간관계를 위한 심리적 기반을 탐색하게 되었다. 이런 관계의 윤리는 오랫동안 도덕적 담론의 핵심 주제였던 이기심과 이타심 간의 대립을 초월한다. 이런 잘못된 이분법을 뛰어넘는 목소리를 찾을 때, 도덕 논의의 흐름은 객관성과 독립을 성취할 방법을 찾는 것에서 어떻게 타인에게 반응하고 돌봄에 개입할 것인지의 문제로 바뀐다.《떠날 것인가, 남을 것인가》의 저자이자 정치경제학자인 앨버트 허시먼^{Albert Hirschman}은 퇴장의 산뜻함을 상심과 혼란으로 뒤범벅된 목소리와 대비시킨다. 발을 들여놓기보다는 발을 빼기가 더 수월한 법이다. 관계는 일종의 용기와 정서적인 끈기를 요구한다. 이는 오랫동안 여성의 강점이었지만 충분히 주목받거나 가치 있는 것으로 여겨지지 않았다.

관계는 연결을 요구한다. 연결은 공감하고 경청하며 타인의 언어를 배우고 그들의 관점을 이해하는 능력뿐만 아니라 자신의 목소리와 언어를 필요로 한다. 나는 여성과 남성이 관계에서 서로 다른 방식의 실수를 한다는 것에 초점을 맞추었다. 남성은 소크라테스의 격언처럼 자기 자신을 안다면 여성도 알 수 있다고 생각하고, 여성은 타인을 알면 그들 스스로에 대해서도 알게 될 것이라고 생각했다. 이로써 남성과 여성은 여성의 경험에 관해 침묵하는 데 암묵적으로 동의한다. 남성은 여성과 분리되었다는 것을 모르고, 여성은 자신과 단절되었다는 것을 인식하지 못하기에 결국 침묵에 둘러싸인 관계가 만들어진다. 관계와 사랑에 관한 많은 이야기는 이러한 진실을 조심스럽게 감추고 있다.

최근 진행되는 여성 심리 발달에 관한 연구는 이 문제를 직접적으로 다루고 있다. 여성 심리학과 여아들의 발달에 관한 하버드 프로젝트는 여성의 삶을 면밀하게 조사하면서 성인기에서 청년기로, 청년기에서 유아기로 발달 시기를 되짚어 들어간다. 이 책에 나오는 여성들을 포함한 성인 여성의 목소리를 출발점으로 삼고, 여학교와 남녀공학, 방과 후 동아리에 참석하는 청년기 여아 들의 목소리에 귀 기울였다. 일단 청년기 연구에 익숙해진 후에 우리는 어느 정도 자신감을 가지고 새로운 질문과 함께 더 어린 여아들의 세계에 진입했으며, 7세에서 18세의 여아들에 대한 5개년 연구와 여아와 여성을 포함하는 실험적인 3개년 예방 프로젝트를 시작했다.

이 연구에서 린 미켈 브라운Lyn Mikel Brown, 애니 로저스Annie Rogers와 나는 여아들의 목소리에서 명확한 변화가 포착되는 지점에 주목했다. 우리는 목소리에서 감지된 변화가 그들이 맺는 관계와 자아관의 변화와 일치한다는 것을 관찰했다. 예를 들어 청년기의 경계에 있는 여아들은 진퇴양난의 상황과 심리적 딜레마에 대해 이야기한다. 그들은 자신이 느끼고 생각하는 대로 말하면 누구도 자신과 있고 싶어 하지 않을 것 같고, 그렇다고 자신의 감정을 말하지 않는다면 혼자 남겨져 아무도 그들에게 무슨 일이 일어나는지 알지 못할 것 같다고 말한다. 한 여아는 "내 목소리가 너무 크다면 아무도 나와 같이 있고 싶어 하지 않을 거예요"라고 말한다. 그리고 "하지만 관계는 맺어야 하잖아요"라고 덧붙임으로써 자신의 혼란을 가중시킨다.

관계의 교착상태에 빠진 여아들의 이야기를 들으면서 우리는 심리학 이론을 되새기고, 우리 자신을 포함한 다른 여성들의 목소리를 새롭게 들을 수 있었다. 우리는 여아들이 가진 솔직함과 대담함, 진실을 말하겠다는 결단과 관계를 유지하려는 치열한 욕망에 입을 다물 수 없었다. 하지만 동시에 그들이 자신의 경험과 상충하는 방식으로 구성된 현실에 부딪히면서 자신이 아는 것과 그동안 고수해온 것을 포기하는 모습을 목격했다. 이 시점에서 일종의 해리가 불가피하게 진행되는 듯했다. 청년기에서 성인기로의 입문은 달리 표현하자면 권력을 가진 남성들의 경험이 심리적이고 역사적인 뿌리가 되는 세상에 입문하는 것이다. 이때 자기 의심이 시작되고, 여아들은 사회가 요구하는 여성스러움에 부합하려면 자신의 경험과 사회적 현실을 해리시켜야 한다는 것을 막연하게 깨닫는다.

이 연구는 해리에 대한 여아들의 저항을 증명하는 동시에 여아들이 많은 여성에게 이미 익숙한 심리적 분열로 돌입한다는 것을 보여주기도 한다. 이런 심리적 분열 상태에 빠지게 되면 여아들은 자신이 아는 것을 모르게 되고, 자신의 목소리에 귀 기울이기가 어려워지며, 마음과 몸 및 생각과 감정을 분리하여 느끼게 된다. 또 자신의 목소리를 내면의 세계를 전하는 것이 아니라 그것을 덮는 데 사용하게 되면서 관계를 더 이상 내면의 삶과 타인의 세계를 연결하는 통로로 쓰지 못한다.

그제야 연구 대상자 가운데 한 명인 에이미의 목소리가 왜 그리 많은 여성에게 충격과 불편을 주었는지 명확해졌다. "상황에 따라 다르다"는 에이미의 말은 복잡한 인간관계의 문제를 정해진 방식으로 해결하는 것에 저항하는 많은 여성에 의해 반복되었다. 그러나 그러한 공식으로 갈등을 해소하는 데 한계가 있다는 에이미의 주장에 관해서는 많은 여성이 전통적인 심리학자들과 같은 평가를 했다. 그들은 에이미의 주장이 미온적이고 우유부단하며, 회피성이 짙고 순진한 의견이라고 매도했다. 에이미를 인터뷰한 심리학자는 그가 "발달하지" 못해서 분명한 자아의식이 없고, 따라서 도덕 판단이나 추상적 사고의 능력이 성숙하지 않다는 평가를 받을 것을 알고 있었다. 그래서 다시 기회를 주기 위해 에이미에게 반복해서 질문을 던졌던 것이다.

15세의 에이미는 그 불확실한 목소리를 여전히 갖고 있었고, 내면에서 대립하는 두 개의 목소리 사이에서 갈등하는 중이었다. 이때 진행한 인터뷰에서 그는 자신이 아는 것을 알기도 하고 모르기도 하는 해리 과정에 있었다. 이를테면 그는 가

난하게 죽어가는 누군가를 살리기 위해 약을 훔쳐야 한다는 의견에 대해 난색을 표했다. 그가 사는 도시에는 약이 부족해서 죽어가는 사람이 매일 속출하지만 에이미는 그들을 구하려고 약을 훔칠 생각이 없었기 때문이다. 11세 때 그는 절도가 이 문제의 좋은 해결책이 아니라고 말했는데, 절도가 아픈 사람을 약뿐만 아니라 돌보는 사람도 없이 경제적으로 위축된 상태에서 혼자 죽어가게 하므로 문제를 더 악화시키기 때문이다. 그러나 15세의 에이미는 한때 자신이 관계를 위협하고 현실과 동떨어져 있다고 봤던 관점에서 논리를 볼 수 있었다. 일련의 분리를 요구하는 추론 방식은 자신과의 관계를 뒤틀고 현실감각을 흐리게 바꾸어 놓았다. 자신이 11세에 했던 말을 잘못 기억하고 그 문제에 접근하는 두 가지 방식을 헷갈려 하면서 15세의 에이미는 심경의 변화를 느끼는 중이었다.

우리는 청년기 여성들이 심경과 사고의 변화를 겪는 것을 자주 관찰했다. 애니 로저스는 그들이 "일상적인 용기"를 잃는다고 말한다. 목소리를 내고 관계를 맺는 평범한 일을 아주 특별한 것, 가장 안전하고 친밀한 관계에서나 경험할 수 있는 것으로 인식하는 것이다. 청년기에 접어들면서 여성들은 공적 세상과 심리적으로 괴리된다. 이는 자신의 경험을 사유화하는 단계이며, 그로 인해 정치적 목소리를 내거나 공적 세상에 진출하는 것이 어려워진다. 청년기 여성은 자신의 경험으로부터 목소리가 분리되는 현상을 겪게 되고, 더 이상 자신이 아는 것을 말하지 않을뿐더러 급기야 그것을 알지 못하는 지경에 이르게 된다. 이런 분열은 많은 여성이 자신의 경험을 잃고, 자신의 감정과 생각을 실제가 아닌 허상으로 경험하게 될 것을 예견한다.

하버드 연구 프로젝트는 이런 여아들의 변화를 포착하는 동시에 그들의 강력하고 용기 있는 목소리와 자신의 목소리를 지키고 관계를 유지하려는 노력을 기록하면서, 이 책에서 제기하는 질문의 새로운 근거가 될 증거들을 제공한다. 분리와 연결, 정의와 돌봄, 권리와 책임, 권력과 사랑의 이분법이 전제된 대화가 새로운 국면에 접어드는 시점이 있다. 여아들이 성숙하여 공적 목소리나 투표권을 획득하는 청년기에 돌입하면 그들은 이분법적 대화를 거부한다. 분리와 독립은 이전까지 청년기 발달의 지표이자 심리학적 사실로 제시되었으나, 이제는 발달에 불가피한 과정이라거나 자연스럽고 바람직한 것으로 인식되지 않는다. 이 책에 나오는 많은 여성이 자신과 타인의 희생을 불사하고 "이타심"의 길을 선택했지만 이것은 더 이상 불가피한 여정이 아니다. 11세 에이미가 보여준 저항과 용기가 임신 중지 연구에 참여한 일부 10대의 종잡을 수 없는 목소리에서 사라진 것은 관계를 발전시키는 데 실패한 탓이라기보다는 여성이 이기적 행동과 이타적 행동 사이의 대립으로 도덕적 갈등을 구성하면서 관계를 상실했기 때문이다.

여성 심리 발달에 대한 이러한 인식과 남성의 경험을 토대로 한 인간 발달 이론을 결합하여 나는 다음과 같은 이론에 도달했다. 남성이 주로 유아기에 경험하는 관계의 위기가 여성에게는 청년기에 발생한다는 것, 여아와 남아의 이러한 관계적 위기에는 가부장 사회의 영속에 필수적인 여성과의 분리가 포함된다는 것, 여성 심리 발달은 여성의 상황뿐만 아니라 여아들의 저항 때문에 가히 혁명적이라는 것이다. 여아들은 목소리를 잃지 않으려 애쓰고 내면에 분열이나 해리가 생기지 않도록 저항하기 때문에 인간관계의 많은 부분에서 벗어나게 된다. 문화적으로 강제된 분리에 대한 여아의 저항은 심리적 발달 단계에서 남아보다 나중에 발생하기 때문에, 여아들의 저항은 훨씬 또렷하고 강렬하며 깊은 목소리로 큰 울림을 불러일으킨다. 그것은 남성이건 여성이건 관계를 원하는 이들의 욕망과 공명할 뿐만 아니라 심리적으로 오래된 상처를 다시 열어 새로운 질문과 관계, 삶의 방식에 관한 가능성을 제기하게 한다. 이렇듯 여아들은 표현할 길 없는 욕망과 실현되지 않은 가능성의 전달자이기 때문에 불가피하게 상당한 위기에 노출되고 심지어 위험에 빠지게 된다.

여성을 치료하는 정신의학자이자 정신분석학자로서 여성 심리 발달 연구를 진행해온 밀러는 발달 과정에서 여아와 여성 들이 관계를 형성하고 유지하려고 할 때 역설적이게도 자신의 많은 부분을 관계 외부에 둔다는 사실을 관찰했다. 밀러의 이런 지적은 여성의 심리를 새롭게 이해하는 데 매우 중요하며, 심리적 고통과 곤경에 관한 강력한 재고로 이어진다.

밀러와 나는 여성과 여아를 다른 각도에서 다른 방식으로 연구했지만 여성 심리와 지배적인 사회질서 간의 관계에 관해 매우 유사한 통찰에 도달했다. 여아와 여성이 등장하는 새로운 심리학 이론은 여성의 경험을 끊임없이 배제해야 지속 가능한 가부장제 질서에 정면으로 도전하는 것이기 때문에, 여성과 여아의 경험을 완전히 재조명하는 것은 당연한 일임에도 급진적인 시도로 받아들여진다. 그러므로 교육이나 연구, 치료, 우정, 양육, 그리고 일상에서 여성과 여아의 연결이 유지되는 것은 혁명적인 일이다.

심리학 수업을 할 때 나는 종종 프로이트의 《문명과 불만 Civilization and Its Discontents》을 읽는다. 프로이트는 이 책에서 왜 인간이 그들이 살아가기 불편한 문화를 만들게 되었는지 질문한다. 그리고 나는 "로마인들은 거짓말쟁이라고 로마인들이 말했다"는 거짓말쟁이 역설에 관해 학생들과 이야기를 나눈다. 이 역설은 청년기의 많은 사람을 매혹한다. 청년기는 프로이트가 유년기에 형성한 인간관계로부터의 분리와 기성세대를 향한 대항이 필수적이라고 말한 시기이며, 피아제가 가상의 것이 실제보다 더 우선한다고 말했던 시기이기도 하다. 그러나 최근에 나는 이 역설을 다르게 듣기 시작했다. "로마인들은 거짓말쟁이라고 로마인들이 말했다"는 명제는 제국주의에 관한 진실을 내포한다. 모든 제국주의적 질서의 중심에 거짓이 있는 것이다.

이것은 조지프 콘래드Joseph Conrad의 예언적이고 논쟁적인 소설 《어둠의 심연》이 전하는 주제이기도 하다. 주인공 말로는 벨기에령 콩고의 중심부를 여행하면서 커츠를 찾기 시작한다. 커츠는 자신들이 아프리카인에게 계몽과 진보, 문명을 전파한다고 생각하는 유럽인들이 모인 "선의 무리"에서 파견되었다. 말로는 커츠가 만연한 부패와 무기력, 폭력과 질병의 증거와 상충하는 제국주의의 비전으로 자신의 신념을 회복해주리라고 믿는다. 콩고 지역 깊숙이 도달한 말로는 커츠가 죽음을 눈앞에 두고 있다는 것을 알게 된다. 그리고 죽어가는 커츠를 통해 최종적인 부패를 발견한다. 커츠는 상아와 함께 벨기에에 있는 회사에 보내려고 준비한 보고서의 맨 아래에 20세기에 되풀이하여 일어났던 비극을 요구하고 있었다. "야만인을 몰살하라." 그것이 차이의 문제를 풀 제국주의의 최종 해결책이었다. 죽어가는 커츠는 이에 대한 해석을 제공하는데, 그의 마지막 말은 "끔찍하다! 끔찍해!"였다.

말로는 거짓이 "썩은 것을 먹어 들어가는 것"처럼 세상을 시들게 하므로 거짓말을 참을 수 없다고 한다. 그러나 책의 말미에서 그는 커츠를 기다리는 약혼자에게 거짓말을 한다. 말로가 커츠의 소유물이었던 초상화를 돌려주려고 벨기에에 방문했을 때 약혼자는 커츠의 마지막 말이 무엇이었는지 조심스레 묻는다. 이때 말로는 "그는 마지막으로 당신의 이름을 불렀습니다"라고 거짓말을 한다.

이 선의의 거짓말은 문자 그대로 '흰 거짓말white lie'이다. 왜냐하면 이 말은 실제로 커츠와 함께 살았던 흑인 여성의 존재를 숨기기 때문이다. 여성의 인종적 차이는 최근 여성들 사이에서 부각된 문제 중 가장 어렵고 까다로운 것이다. 백인 여성이 직접 관계된 전쟁범죄이기 때문이다.

지난 2년 동안 나는 5명의 흑인, 5명의 백인, 1명의 히스패닉으로 구성된 11명의 여성 단체의 일원이었다. 우리는 우리가 여아들과 갖는 관계를 질문함으로써 미래와의 관계를 탐구했다. 흑인, 백인, 히스패닉 여성으로서 우리는 흑인, 백인, 히스패닉 여아들과의 관계에서 어떤 위치에 있는가? 인종 분리의 경계를 넘는 연대를 어떻게 만들고 유지할 수 있는가? 나아가 어떻게 인종적 지배와 폭력의 순환 고리를 영속시키지 않고 부숴버릴 수 있는가?

콘래드는 놀라운 문장으로 말로가 커츠의 약혼자에게 한 거짓말을 정당화하는 모습을 보여준다. 말로는 조수가 바뀌기를 기다리면서 그의 이야기를 듣고 있던 다른 탑승자들과 자기 자신에게 둘러대듯 변명한다.

가벼운 한숨 소리를 듣자 가슴이 내려앉았어요. 곧 의기양양하면서도 끔찍한 울음소리가 났죠. 상상치 못할 승리감과 말하지 못할 고통의 울음소리에 심장이 멎을 듯했습니다. "난 알고 있었어요. 확신했다고요!" (⋯) 커츠의 약혼자는 확신하고 있었어요. 나는 그가 손에 얼굴을 묻고 흐느끼는 소리를 들었어요. 몸을 피하기도 전에 집이 무너지고 하늘이 내려앉을 것만 같았죠. 그러나 아무 일도 일어나지 않았습니다. 하늘은 그런 사소한 일로 무너지지 않으니까요. 만약 내가 커츠에게 마땅히 주어져야 할 벌을 내렸다면 하늘이 무너졌을까요? 그는 오직 정의만을 원한다고 말하지 않았던가요? 그러나 나는 말할 수 없었어요. 모든 것이 너무 암울했을 테니까요.

인종과 성별, 식민주의와 남성 중심적 화법 간의 이러한 교차는 거짓말쟁이의 역설과 인간관계의 역설이 교차하는 지점을 나타내기도 한다. 여성의 삶과 남성의 삶이 결합하고 "문명"의 강력한 통제력이 실감 나게 드러나는 현장인 셈이다. 여기에서는 진보에 관한 거짓이 관계에 대한 거짓과 합쳐져 여성과 남성 모두를 옭아매고 여성들과의 관계를 무효화한다. 이 책의 두 부분을 결합시키는 것이 이 교차점이다. 이곳은 남성이 모든 인간을 대표한다는 심리학 이론의 거짓과 왜곡된 여성적 목소리가 전파하는 관계와 선함의 이미지에 자신을 끼워 맞추려고 목소리를 바꾸는 여성들의 심리 발달에 내재된 거짓이 합류하는 지점이기도 하다.

거짓은 당신을 병들게 한다. 이것은 페미니즘과 정신분석학의 공통된 통찰이다. 내가《침묵에서 말하기로》를 쓴 까닭은 여성의 목소리를 심리학 이론으로 끌어와서 여성과 남성의 대화를 재구성하려는 것이었다. 이 책의 출간 이후 내 경험이 어떻게 다른 여성들의 경험과 공명하는지, 또 어떻게 다른 방식으로 남성들의 경험과 공명하는지 깨달았다. 목소리와 관계라는 주제, 연결에 대한 관심과 분리의 대가에 대한 인식은 1970년대에는 생소한 것이었지만 이제는 점점 커지는 논의의 일부가 되었다.

 "당신은 거인이 되려고 하는군요." 이 책을 여는 안톤 체호프의《벗꽃 동산》의 한 장면에서 라네브스카야 부인은 로파힌에게 이렇게 말한다. 체호프는 영웅의 전설과 그것에 내포된 발달관에 여성의 해설을 첨가하고, 여성의 목소리를 연출한다. 이런 대안적 형식은 이 책에서 해결되지 않는 긴장을 드러낸다. 각각 연결과 분리에 근거를 두고 인간의 삶과 관계에 관해 이야기하는 두 방식은 끝없는 대척점에 있을까? 아니면 오랫동안 발달과 진보에 결부되어 온 분리에 근거한 삶과 관계에 관한 생각이 우리가 분리가 아니라 연결 속에서 산다는 전제에서 시작하는 새로운 사고방식에 자리를 양보해야 할까?

 진보나 선함을 분리의 개념과 연결하고, 심리적 발달이나 건강이라는 말로 여성과의 분리를 옹호하는 심리 발달 이론과 자아 및 도덕의 개념은 과학의 이름으로 편견을 감추기 때문에 위험하다. 여성으로부터 분리되고 그들과 관계를 맺지 않는 것이 좋다는 것은 잘못된 생각이다. 여성의 목소리는 거짓의 근원이 되는 실패한 관계에 내재된 문제를 끊임없이 대화의 표면으로 끌어올린다. 여성이 대화에 참여함으로써 불가피하게 드러난 관계와 차이에 관한 수많은 질문은 이제 지역과 국내, 나아가 국제사회에서까지 가장 시급한 문제가 되었다. 남성의 분리와 여성의 해리가 지배적인 사회질서를 영속시킨다는 측면에서 정치적인 것은 심리적인 것이기도 하다. 마찬가지로 분리와 해리에 저항하는 능력과 심리적 과정 또한 정치적 행위가 된다.

나는《침묵에서 말하기로》를 개정하지 않았다. 이 책이 여성의 목소리를 공개된 장소에 불러옴으로써 세계의 목소리를 바꾸는 역사적 과정의 일부가 되었고, 새로운 대화의 시작을 불러왔기 때문이다.

케임브리지, 영국

1993년 6월

메리 해머Mary Hamer, 메리 야코부스Mary Jacobus, 테레사 브레넌 Teresa Brennan, 오노라 오닐Onora O'Neill에게 고마움을 전한다. 그 들은 이 서문의 초안에 관해 관대하고 통찰력 있는 답변을 주 었다. 특히 도로시 오스틴Dorothy Austin과 애니 로저스에게 무한 한 감사를 표한다. 또 나는 킹스대학 케임브리지 여성학 포럼, 뉴햄대학 여성 강연 시리즈, 위트레흐트대학교에서 산드라 크 롤Sandera Krol과 셀마 세벤휘젠Selma sevenhuijsen 교수가 주관한 강 의에서 이루어진 논의에서 많은 도움을 받았다. 참석한 모든 이들에게 고마움을 전한다.

들어가는 말

나는 지난 10여 년에 걸쳐 사람들이 도덕과 자기 자신에 관해 말하는 것을 들었다. 그리고 5년쯤 전부터는 도덕 문제에 대처하는 두 가지 방법과 타인과 자아의 관계를 설명하는 두 가지 방법을 구분하기 시작했다. 이를 인지하자 기존 심리학 문헌에서 발달 진행 과정으로 규정되는 특성들이 삶의 주기 안에서 다양한 형태의 판단, 환상, 생각으로 되풀이되어 나타난다는 것을 알게 되었다. 나는 도덕적 갈등과 선택의 상황에서 판단과 행동의 관계를 연구하기 위해 한 여성 집단을 연구 표본으로 선별하면서 이러한 관찰을 시작했다. 그리고 여성들의 목소리에서 수년간 가르쳤던 정체성이나 도덕 발달에 관한 심리학적 설명과는 전혀 다른 이야기를 발견했다. 이즈음 나는 여성의 발달을 해석할 때 반복해서 발생하는 문제들을 알아차렸고, 이러한 문제가 비판적 심리 이론을 구성할 때 지속해서 여성을 배제하는 것과 관련이 있다는 사실을 깨달았다.

이 책은 심리학과 문학, 그리고 나의 연구 자료에서 인간관계에 대한 다양한 사고방식을 찾고, 이것이 여성과 남성의 목소리와 연관되는 방식을 기록하고 있다. 심리학에서는 인간 발달 이론과 여성의 경험이 불일치하는 것을 여성의 발달에 문제가 있기 때문이라고 진단해왔다. 그러나 여성이 인간 발달의 기존 모델에 적합하지 않아 보이는 것은 인간의 조건을 규정하는 기존의 개념에 한계가 있으며, 삶의 진실 일부를 간과해왔다는 사실을 지적하는 신호일 수 있다.

내가 설명하는 '다른 목소리'는 성별이 아니라 연구 대상이 집중하는 주제에 의해 두드러진다. 다른 목소리와 여성의 연관성은 직접 여성을 관찰하는 동안 도출한 결과이며, 나는 주로 여성의 목소리를 통해 인간의 발달 과정을 추적했다. 그렇다고 이런 연관성이 절대적이라고는 할 수 없다. 나는 여성과 남성의 목소리를 단지 두 가지 사고방식을 구분하기 위해 대비시켰으며, 생물학적 성의 일반화를 도모하기보다는 해석의 문제에 초점을 맞추려고 했다. 나는 여성의 심리 발달 과정을 추적하면서 각각의 성별 내부에 존재하는 서로 다른 목소리의 상호작용에 주목했는데, 특히 목소리가 한쪽으로 수렴될 때 위기와 변화의 시기가 나타난다는 것을 알게 되었다. 나는 차이가 인구와 문화, 시간을 초월하여 분포한다고 주장하거나 차이의 발생 기원을 이야기하지 않을 것이다. 차이는 사회적 지위와 권력이 재생산에서 맡는 생물학적 역할과 결합할 때 나타나며, 이는 남성과 여성의 경험을 구성하고 성별 간의 관계를 형성한다. 그러나 내 관심은 경험과 생각의 상호작용, 서로 다른 목소리와 그들이 만들어내는 대화, 우리 자신의 말과 타인의 말을 듣는 방식, 그리고 우리가 우리 삶에 대해 하는 이야기 등에 있다.

책의 전반에 걸쳐 언급되는 세 개의 연구는 이 책의 주요 가설을 반영한다. 각각의 연구는 사람들이 자신의 삶을 이야기하는 방식이 중요하며, 사용하는 언어와 인간관계가 그들의 세계관을 드러낸다고 가정했다. 세 개의 연구 모두 자아와 도덕 개념, 도덕적 갈등과 선택의 경험에 관한 인터뷰를 토대로 한다. 인터뷰는 연구 대상자가 가진 생각의 논리와 언어를 따라가며 진행되었고 특정한 응답의 의미를 명확하게 하기 위해 보충 질문을 덧붙였다.

'대학생 연구college student study'에서는 자아의 관점과 도덕에 대한 생각을 도덕적 갈등과 선택에 대한 경험에 결부시킴으로써 성인기 초기의 정체성과 도덕 발달을 탐구했다. 우리는 도덕적 선택과 정치적 선택 과목을 수강한 대학교 2학년 집단에서 무작위로 선발한 25명의 학생을 각각 4학년이 되는 시점과 졸업 후 5년이 지난 시점에 인터뷰했다. 이 표본 집단을 선택하면서 나는 이 과목의 수강을 취소한 20명의 학생 중 16명이 여성이라는 점에 주목했다. 이 여성들도 4학년이 되는 시점에 이루어진 인터뷰에 참여했다.

'임신 중지 결정 연구abortion decision study'에서는 경험과 사유 사이의 관계를 살피고, 도덕적 갈등이 도덕 발달에 미치는 영향에 주목했다. 15세에서 33세에 이르는 29명의 여성은 인종과 사회계층, 결혼 여부, 자녀 유무 등에서 다양한 양상을 띠었으며, 인터뷰는 그들이 임신 중지를 고려하던 시기인 임신 3개월 이내에 진행되었다. 이 여성들은 대도시에 위치한 임신 중지 진료소와 임신 상담 서비스 기관을 통해 이 연구에 참여했다. 우리는 병원이나 상담 서비스 기관에서 유입된 여성들을 연구 대상으로 선택할 때 전체를 대표하는 표본을 구성하려고 하지 않았다. 전체 29명의 여성 가운데 24명의 인터뷰를 온전히 자료로 이용할 수 있었고, 그중 21명은 임신 중지를 선택하고 일 년이 지난 후에 다시 인터뷰에 참여했다.

이 두 가지 연구는 드러난 문제에 관한 연구 대상자의 생각에 집중하기보다는 사람들이 도덕 문제를 어떻게 정의하고, 어떤 상황에서 도덕적 갈등을 느끼는지를 질문함으로써 도덕 판단에 관한 일반적인 연구의 형식을 확장했다. 도덕에 대한 사고방식과 자아에 대한 관점을 다면적으로 연구하면서 생긴 가설들은 '권리와 책임 연구rights and responsibilities study'를 통해 더욱 심화되고 정교화되었다. 권리와 책임 연구는 연령별로 구분된 아홉 개의 집단(6~9세, 11세, 15세, 19세, 22세, 25~27세, 35세, 45세, 60세)에서 지능, 교육, 직업, 사회계층 등의 변수에 맞추어 남성과 여성 표본집단을 구성하여 진행되었다. 각 집단에 속하는 남성과 여성 8명씩으로 조직된 전체 표본 144명 중 집단별로 2명씩 총 36명은 집중 인터뷰를 추가로 진행했는데, 이를 통해 자아와 도덕 개념, 도덕적 갈등과 선택의 경험, 설정된 도덕적 딜레마에 관한 판단의 자료를 모았다.

나는 이 연구들의 주요 내용을 발췌하면서 여성의 발달에 관한 더 명확한 자료를 제공하고자 했다. 이 자료는 심리학자를 비롯한 모든 사람이 여성의 발달 과정을 아는 데, 특히 청년기와 성인기에 접어든 여성의 정체성 형성과 도덕 발달에 관한 의문을 이해하는 데 도움을 줄 것이다. 나는 이 연구가 여성들이 그들의 진실성과 타당성을 확신하고, 자기 생각을 왜곡시켰던 경험을 바로 인식하며, 자신의 발달 과정을 이해하게 되는 길잡이가 되기를 바란다. 나는 심리학 이론이 구축되는 과정에서 꾸준히 배제되었던 여성 집단을 소환하여 그동안 분실되었던 부분을 채우는 일에 집중함으로써 인간 발달에 대한 우리의 이해를 넓힐 것이다. 이런 관점에서 기존의 자료와 어긋나는 여성의 경험은 남성과 여성 모두의 삶을 보다 포괄적으로 조망하는 새로운 이론을 만드는 기반을 제공할 것이다.

차례

1

남성의 삶의 주기 속 여성의 자리

안톤 체호프의 희곡《벚꽃 동산》2막에서 젊은 상인 로파힌은 열심히 일해서 성공한 자신의 삶을 묘사한다. 로파힌은 마담 라네브스카야에게 토지를 지키려면 벚꽃 나무를 베어야 한다고 주장하다가, 설득에 실패하자 자신이 직접 벚꽃 동산을 매입한다. 자수성가한 사람으로서 자신의 아버지와 할아버지가 노예로 일하던 벚꽃 동산을 사들인 것이다. 그는 벚꽃 동산을 다음 세대가 "새로운 삶을 보게 될" 여름 별장으로 꾸미면서 과거의 "괴롭고 불행한 삶"을 도려내고자 한다. 이러한 계획을 세세히 설명하면서 그는 자기 행위의 기저가 되는 인간관을 드러낸다. "잠들지 못할 때 나는 이런 생각을 해요. 신이여 당신은 우리에게 거대한 숲과 끝없는 들판, 넓디넓은 지평선을 주셨습니다. 그 가운데서 살아가는 우리는 진실로 거인이어야 합니다." 그때 마담 라네브스카야가 그의 말을 막으며 말한다.

"당신은 거인이 되고 싶군요. 하지만 거인은 동화에서나 근사하지, 현실에서는 우리를 두렵게 할 뿐이랍니다."

삶의 주기라는 개념은 일상에서 마주하는 경험과 인식에 질서를 부여하고, 변화하는 소망과 현실에 일관성을 부여하려는 시도다. 그러나 이러한 개념의 본질은 관찰자의 입장에 따라 달라질 수 있다. 체호프의 희곡에서 발췌한 대사는 관찰자가 여성일 경우 삶의 주기에 대한 관점이 달라진다는 것을 보여준다. 거인으로 묘사된 인간의 이미지를 서로 다르게 판단하는 것은 인간 발달에 대한 다른 견해와 인간의 조건을 상상하는 다른 방식, 삶의 가치에 대한 다른 개념의 존재를 암시한다.

흥미롭게도 사회적 평등과 정의를 추구하고, 성별 간의 차별을 근절하기 위해 분투하는 이 시점에서 사회과학 영역에서는 생물학적 성차가 재발견되고 있다. 이러한 발견은 학문적 객관성을 담보하기 위해 성적 중립성을 지킨다던 과학 이론들이 실은 편향된 관찰과 평가를 반영하고 있었다는 사실과 더불어 밝혀졌다. 과학의 중립성은 언어 자체의 중립성과 마찬가지로 지식의 범주가 인간이 만든 구조에 지나지 않는다는 인식 때문에 무너졌다. 우리가 남성의 눈으로 삶을 들여다보는 데 너무나 익숙하다는 것을 자각할 때, 20세기의 허구를 세상에 알린 관점과 이에 따른 판단의 상대성에 대한 인식이 우리의 과학적 이해에도 적용될 수 있다.

이런 편향은 윌리엄 스트렁크^{William Strunk}와 엘윈 화이트^{E.B.} White의 《영어 글쓰기의 기본》 같은 고전에서도 발견된다. 성차별 문제에 대한 대법원 판결을 보면서 어느 영어 교사는 영어 사용의 기본 규칙이 나폴레옹의 탄생에 관한 진술, 콜리지^{Coleridge}의 글, 그리고 "전 세계를 여행하며 6개의 나라에 살았던 그는 재미있는 이야기꾼이었어"라든가 "수전, 여기 아주 엉망진창이네요" 혹은 "그는 두 아이를 데리고 천천히 길을 걷는 여자를 봤다" 같은 성차별적인 예시를 통해 학습되고 있다는 점을 지적했다.

심리학자들 역시 스트렁크와 화이트처럼 별다른 의심 없이 같은 관찰상의 편견에 빠져들었다. 그들은 암묵적으로 남성의 삶을 일반적인 규범으로 받아들이면서 남성 중심적 기준에 여성을 끼워 맞추려고 했다. 이 모든 편견은 알다시피 아담과 이브까지 거슬러 올라가는데, 이 이야기는 무엇보다도 남성의 일부로 여성을 만들면 문제가 일어날 수밖에 없다는 것을 보여준다. 에덴동산에서처럼 삶의 주기에서도 여성은 일탈자가 된다.

여성들이 두려워하는 남성적 관점을 발달 이론에 투사하는 경향은 프로이트(1905)까지 거슬러 올라간다. 프로이트는 남아의 경험에 근거한 오이디푸스 콤플렉스를 중심으로 성 심리 발달 이론을 세웠다. 그러나 여성의 해부학적 구조와 여아가 초기에 가족과 관계를 형성하는 방식이 남아와 다르다는 점 때문에 이론적 모순이 발생했고, 1920년대에 이 문제의 해소를 시도했다. 처음에 그는 여성이 자신에게 결여된 남성의 생식기를 부러워하는 것으로 보면서 여성을 남성의 관점에 끼워 맞추려고 했다. 그러나 그 이론으로는 여성이 오이디푸스기 전 단계에서 어머니에게 강하고 지속적인 애착을 느낀다는 사실을 설명할 수 없었기 때문에 결국 성별 간 발달에 차이가 있다는 것을 인정한다. 하지만 그는 여성의 발달 과정에 나타나는 이러한 차이를 여성의 발달 실패라고 간주했다.

프로이트는 초자아 혹은 양심의 형성을 거세에 대한 불안과 연관시켰고, 그러므로 여성에게는 오이디푸스 콤플렉스 해결을 위한 추진력이 생래적으로 결여되었다고 보았다. 따라서 오이디푸스 콤플렉스의 유산을 상속받지 못한 여성은 초자아의 발달이 불완전할 수밖에 없다. 프로이트는 "여성의 평균적인 윤리 수준은 남성의 윤리 수준과 다르다"고 주장하며 여성이 "남성보다 정의감이 약하고, 삶의 중대한 과제에 뛰어들 의지가 부족하며, 애정이나 증오 같은 감정에 판단력이 흐려지는 경우가 더 많다"고 결론지었다.(1925, 257~258쪽)

이렇듯 프로이트의 이론에서 발생한 모순은 여성 발달의 문제로 해석되었고, 여성 발달에 내재된 문제는 그들의 관계 경험에서 비롯된다고 인식되었다. 낸시 초도로Nancy Chodorow (1974)는 "세대마다 보편적으로 형성되고 재생산되는 남성과 여성의 성격과 역할 차이"를 언급하면서 이런 성별 간의 차이는 해부학이 아니라 "여성이 대체로 어린 자녀의 양육을 도맡아 한다는 사실"에서 기인한다고 말한다. 초기 사회화 환경이 다르고 남아와 여아가 이를 다르게 경험하기에 성격의 발달 과정에서도 성별 간의 차이가 생긴다는 것이다. 그 결과 "어떤 사회에서건 타인과의 관계 속에서 연결을 통해 자신을 정의하는 여성적 성격이 발달한다."(43~44쪽)

초도로의 분석은 로버트 스톨러Robert Stoller의 연구에 기반을 두고 있는데, 이 연구에 의하면 성 정체성은 성격 형성 과정의 변하지 않는 핵심이어서 "성별에 관계없이 3세가 될 즈음 확고하게 결정된다." 3세가 될 때까지 일차 양육자가 보통 여성이라는 점을 고려하면 인간관계를 통해 형성되는 성 정체성은 남아와 여아에게 다른 방식으로 작동할 수밖에 없다. 여성의 자기 정체성은 "어머니가 딸을 자신과 동일시하는 연속선상에서 경험되기 때문에" 지속적인 관계의 맥락 안에서 형성된다. 따라서 여아는 자신을 여성으로 인식하는 과정에서 어머니와 자신을 비슷하게 느끼며, 애착 경험을 정체성 형성 과정에 융합한다. 이와 대조적으로 "어머니는 아들을 자신과 대비되는 남성으로 경험한다." 따라서 남아는 자신을 남성으로 정의하는 과정에서 "자신이 최초로 받은 사랑과 감정적 유대감"을 축소하며 자신과 어머니를 분리한다. 결과적으로 남성의 발달은 "강력한 개인화와 방어적인 자아 경계선을 구축하는 과정"을 수반한다. 이렇듯 남아에게서는 "분화의 문제가 성적인 문제와 뒤얽힌다."(1978, 150쪽, 166~167쪽)

개인화와 관계 경험의 차이

정신분석학 이론의 남성 중심적 편견에 맞서, 초도로는 아동기에 거치는 개인화와 인간관계 경험에 성별 간 차이가 존재한다는 사실이 "여성이 남성보다 '약한' 자아 경계를 가졌다거나 정신병에 걸릴 확률이 높다는 것을 의미하지는 않는다"고 주장한다. 대신 이러한 사실이 "여아는 아동기에 자아를 정의하면서 '공감'을 규정하는 반면 남아는 그렇지 않다"는 의미라고 본다. 초도로는 프로이트의 부정적이고 부차적인 여성 심리 묘사를 자신의 긍정적이고 직접적인 설명으로 대체한다. "여아들은 타인의 욕구와 감정을 자신의 것처럼 경험할(혹은 타인의 욕구와 감정을 경험한다고 생각할) 더 강한 토대를 갖고 있다. 더구나 여아들은 남아들처럼 오이디푸스기 전 단계의 관계 양식을 부정하는 관점으로 자신을 규정하지 않는다. 그러므로 오이디푸스기 전 단계로 퇴행하는 것도 자아에 근본적인 위협이라고 느끼지 않는다. 아주 어린 시절부터 그들은 같은 성별의 사람에게 양육되기 때문에 (…) 여아는 남아보다 자신을 덜 차별화하고 외부 대상 세계와 지속적으로 관계를 맺으며 내면의 대상 세계와도 다른 방식으로 연결된다."(167쪽)

결과적으로 여성과 남성은 관계의 문제, 특히 의존의 문제에 대해 각기 다른 경험을 한다. 어머니로부터의 분리는 남성적 발달에 필수적이기 때문에 독립과 개인화는 남아와 남성의 성 정체성에 밀접하게 연관된다. 반면 여성적 정체성은 어머니로부터의 분리나 개인화의 과정에 달려 있지 않다. 남성성이 분리를 통해 정의되고 여성성이 애착을 통해 정의되기 때문에, 남성적 정체성은 친밀성에 위협을 느끼는 반면 여성적 정체성은 분리에 위협을 느낀다. 따라서 남성들은 관계를 맺는 과정에서 어려움을 느끼고, 여성들은 개인화 과정에서 어려움을 느끼는 경향이 있다. 그러나 심리학이 아동기와 청년기의 발달 기준을 독립성으로 둘 때, 여성의 삶을 남성과 대조적으로 특징짓는 사회적 상호작용과 개인적 인간관계는 단지 서술적 차이가 아니라 발달상의 장애로 인식된다. 즉 독립의 실패는 발달의 실패로 정의된다.

초기 아동기의 성격 형성 과정에서 초도로가 지적한 성별 간의 차이는 중기 아동기에 속하는 아동들의 놀이 연구에서도 나타난다. 조지 허버트 미드George Herbert Mead(1934)와 피아제(1932)는 학창 시절에 이루어지는 아동들의 놀이를 혹독한 사회성 발달의 장이라고 여겼다. 아동들은 놀이를 통해 다른 사람의 역할을 맡아 봄으로써 타인의 눈으로 자신을 볼 수 있게 된다. 그들은 놀이를 통해 규칙을 존중하는 법을 배우고 규칙이 만들어지고 변경되는 방식을 이해한다.

재닛 레버Janet Lever(1976)는 또래 집단을 초등교육 기간 사회화의 주체로, 놀이를 그 시기의 주요한 사회화 활동으로 간주하고 아동들의 놀이에 성차가 있는지 살폈다. 그는 백인 중산층에 속하는 10세에서 11세 5학년 아동 181명을 연구하며 놀이 활동의 조직화와 구조를 관찰했다. 레버는 아이들이 쉬는 시간과 체육 시간에 학교에서 노는 모습을 지켜보고, 방과 후에 어떻게 시간을 어떻게 보내는지 추가로 기록했다. 레버는 자신의 연구에서 성차를 다음과 같이 보고한다. 남아는 여아보다 더 자주 야외에서 시간을 보내고 나이가 다양한 큰 집단에서 어울리며, 더 자주 경쟁적 놀이에 몰두하고 놀이 시간도 여아들보다 더 길다. 이 중 마지막 설명이 가장 흥미로운데 남아들의 놀이는 더 높은 수준의 기술을 요구하여 지루해질 가능성이 적을 뿐 아니라, 남아들은 놀이 과정에서 분쟁이 일어났을 때 여아들보다 효과적으로 갈등을 해결했다. "이 연구 과정에서 남아들은 늘 티격태격하지만 그 다툼으로 놀이가 중단된 적은 없으며 7분 이상 멈춘 경우도 없었다. 가장 심각한 분쟁이 일어났을 때도 마지막 말은 '다시 놀자'였다."(482쪽) 사실 남아들은 놀이만큼이나 토론을 즐기는 것처럼 보였고, 몸집이 작거나 기술이 떨어지는 주변부의 아이들도 논쟁에 평등하게 참여했다. 이와 대조적으로 여아들의 분쟁은 놀이를 끝내는 경향이 있었다.

레버는 놀이 규칙에 관한 이 연구에서 남아들이 아동기를 거치며 규칙을 정교화하고 갈등을 해소하는 공정한 절차를 발달시키는 데 매료되는 반면 여아들은 그렇지 않다는 피아제의 관찰을 입증하고 확장한다. 여아들은 "규칙은 놀이에 도움이 될 때만 유용하다"고 여기며 규칙에 대해 더 "실용적"인 태도를 보인다(83쪽). 여아들은 규칙에 더 관대하고, 기꺼이 예외를 만들며, 더 쉽게 새로운 규칙을 받아들인다. 그 결과 피아제가 도덕 발달에 중요하다고 생각한 법률적 감각은 "여아들이 남아보다 훨씬 덜 발달한 것으로 여겨졌다."(77쪽)

아동 발달을 남성의 발달과 동일시한 피아제의 편견은 레버의 연구에서도 나타난다. 그의 연구에 전제된 것은 남성적 모델이 현대 기업의 성공 요건에 들어맞기 때문에 더 우월하다는 것이다. 반면 놀이를 통해 여아들이 개발하는 감수성과 타인의 감정에 공감하는 능력은 거의 시장가치가 없으며 심지어 전문적인 성공을 방해할 수도 있다고 본다. 레버의 결론은 성인이 되어 남성에게 의존하지 않으려면 여아들이 남아처럼 노는 법을 배워야 한다는 것을 암시한다.

아동들이 규칙 기반의 놀이를 통해 도덕 발달에 필수적인 규칙을 준수하는 법을 배운다는 피아제의 주장에 덧붙여, 콜버그(1969)는 규칙을 존중하는 태도가 논쟁을 해결하는 과정에서 일어나는 역할 수행을 통해 더욱 효과적으로 학습된다고 말한다. 이렇게 보면 여아들의 놀이는 남아들의 놀이보다 내재된 도덕적 교훈이 적은 것으로 보인다. 줄넘기와 땅따먹기 같은 전통적인 여아들의 놀이는 순서가 돌아오는 놀이이며, 한 사람의 성공이 반드시 다른 누군가의 실패를 전제하는 것이 아니기 때문에 간접적인 경쟁이다. 따라서 판결이 필요한 논쟁이 일어날 가능성이 적다. 실제로 레버가 인터뷰한 대다수 여아는 분쟁이 일어나면 놀이를 끝낸다고 말했다. 여아들은 분쟁을 해소하기 위한 규칙을 정교하게 만들기보다는 관계가 유지되는 선에서 놀이를 지속한다.

레버는 남아들이 놀이를 통해 크고 다양한 집단의 활동을 조정하는 데 필요한 독립성과 조직력을 배운다고 결론 내린다. 사회적으로 승인되고 통제되는 경쟁 상황에 참여함으로써 그들은 게임의 규칙에 따라 적과 어울리고 친구와 경쟁하는 방법을 비교적 직접적인 방식으로 배운다. 반면 여아들의 놀이는 소규모의 친밀한 집단 속에서, 주로 제일 친한 친구와 둘이서 사적 공간에서 이루어진다. 이 놀이는 구성원이 더 협조적이라는 점에서 기초적인 인간관계의 패턴을 재현한다. 미드의 표현을 빌자면 인간관계를 추상화하고 "일반화된 타인"의 역할을 습득하는 것과는 거리가 있다. 그러나 이런 특성은 "특정한 타인"의 역할을 취할 때 요구되는 공감과 감수성의 발달을 촉진하고, 자신과는 다른 타인을 알아가는 과정에 중점을 둔다.

초도로가 어머니와 자녀의 관계에서 분석한 초기 아동기의 성격 형성에서 나타나는 성차는 중기 아동기의 놀이 활동에서 레버가 관찰한 성차로 확장된다. 이런 설명은 남아와 여아가 서로 다른 인간관계를 지향하고 다른 사회적 경험을 하면서 청년기에 이른다는 것을 시사한다. 그러나 "개인화의 두 번째 과정"(Blos, 1967)인 청년기는 독립을 위한 중요한 시기인 만큼, 여성의 발달 또한 가장 복잡하게 나타났고 따라서 가장 문제가 많은 시기로 여겨졌다.

인간 발달의 기준, 남성

프로이트는 "남아의 리비도가 폭발적으로 표출되는 청년기에 여아의 리비도는 새로운 **억압**을 마주한다"고 말하며, 이러한 억압이 여아의 "남성적 성적 성향"을 성인기의 여성적 성적 성향으로 전환하기 위한 필수적인 요소라고 주장한다(1905, 220~221쪽). 또 프로이트는 여아들이 "자신이 거세되었다는 사실"을 인정하고 받아들일 때 이러한 전환이 일어나며, 청년기에 여아는 "자기애에 상처"를 입고 "흉터 같은 열등감"을 갖게된다고 주장한다(1925, 253쪽). 에릭 에릭슨이 프로이트의 정신분석학을 확장한 바에 따르면 청년기의 발달은 정체성의 확립에 달려 있기 때문에, 여아는 심리적 위기감을 안고 이 시기에 도달한다.

발달 이론가들에게 포착되는 청년기 여성의 문제는 에릭슨의 연구에서도 나타난다. 에릭슨(1950)은 심리사회적 발달을 8단계[1]로 나누었는데 청년기는 그중 다섯 번째 단계다. 이 단계에

---

[1]   에릭 에릭슨은 인간의 심리사회적 발달을 8단계로 나눈다. 그는 각 단계를 성취해야 할 과업과 실패할 경우 생기는 반대급부로 분류했다. 1단계는 생후 1년경에 속하며 신뢰 대 불신의 단계, 2세경에 속하는 2단계는 자율성 대 수치심 및 의심의 단계, 프로이트의 오이디푸스기에 해당하는 3~5세경의 3단계는 주도성 대 죄의식의 단계, 초등학교 연령층인 4단계는 근면성 대 열등감의 단계, 10대의 5단계는 소속감과 탐색이 필요한 정체성 대 혼돈의 단계, 6단계인 초기 성인기는 친밀성 대 고립감의 단계, 중기 성인기인 7단계는 생성감 대 침체성의 단계, 마지막 노년기인 8단계는 자아통합 대 절망의 단계다.

서 행위자는 청년기의 불연속성을 극복하고 일관된 자아관을 형성해 성인으로서 사랑하고 일할 수 있는 정체성을 확립해야 한다. 청년기 정체성의 위기를 성공적으로 해결하기 위한 준비는 앞의 네 단계에서 상세하게 기술된다. 유아기에 발생하는 '신뢰 대 불신'이라는 첫 번째 위기는 관계 경험의 발전을 돕는데, 이때 과제는 개인화가 된다. 두 번째 단계는 '자율성 대 수치 및 의심'의 위기를 중심으로 하는데, 이는 걸음마를 뗀 아이에게서 독립성과 주체성이 발달하고 있음을 보여준다. 이후 발달은 '주도성 대 죄의식'의 위기를 거치면서 계속된다. 이 위기의 성공적인 해결은 자율화의 방향으로 나아가는 것이다. 그다음 단계에서 오이디푸스기의 황홀한 소망이 이루어지지 않는다는 사실에 실망하고 나면, 아이들은 부모와 경쟁하려면 우선 그들과 함께하며 그들이 잘하는 일을 배워야 한다는 것을 깨닫는다. 따라서 중기 아동기에는 아이의 자존감 발달에서 능력 입증이 중요해지면서 '근면성 대 열등감'의 위기가 일어나게 된다. 이 시기에 아이들은 그들이 속한 문화의 기술을 숙달하기 위해 애쓰고, 유능한 성인이 될 잠재력을 인정받기 위해 노력한다. 다음으로 자율적이고 주도적이며 성실한 자아를 예찬하는 청년기가 온다. 이 시기에는 성인기의 의무를 지지하고 정당화하는 이데올로기에 기반을 둔 정체성이 형성된다. 그런데 에릭슨이 말하는 체계가 적용되는 것은 누구일까?

이번에도 남아다. 에릭슨(1968)은 여아는 남아와 다른 발달단계를 거친다고 말한다. 여성은 결혼 후 자신에게 성을 주고, 자신의 사회적 지위를 규정하며, '내면의 공간'을 채워서 공허함과 외로움에서 자신을 구해줄 남성을 유혹할 준비를 하면서 정체성 형성을 유보한다. 남성의 경우 분리 및 애착의 순환에서 정체성이 친밀성과 생성감generativity[2]보다 앞서지만, 여성에게 이러한 과업은 혼재되어 보인다. 여성은 타인과의 관계를 통해 자신을 인식하므로 여성의 정체성 형성에는 친밀한 관계가 이미 전제되어 있다.

그러나 에릭슨은 성별 간의 차이를 관찰했음에도 자신이 제

---

[2] 에릭슨의 발달 단계 중 7단계의 속성인 생성감은 후세대를 양육하고 지도하는 일에서 느끼는 보람을 의미한다. 후손에게 더 나은 세상을 물려주기 위해 뭔가 가치 있는 것을 해냈다는 자부심과 세상을 위해 내가 어떤 형식으로든 기여한다는 느낌이다. 이 문장은 정체성이 5단계의 과업이고 친밀성과 생성감은 각각 6단계, 7단계에 속하므로 남성은 발달 단계에 순행하지만 여성은 그렇지 않다는 것을 나타낸다. (루이스 브레거 지음, 홍강의·이영식 옮김, 《인간 발달의 통합적 이해》, 이화여대출판문화원, 1998 참조.)

시한 삶의 주기를 수정하지 않았다. 남성 경험을 중심으로 삶의 주기 개념을 정의하다 보니 정체성의 형성은 늘 친밀한 관계의 형성을 앞선다. 그러나 이러한 삶의 주기에는 성인기 초기의 친밀한 관계를 위한 준비가 거의 없다. 신뢰 대 불신의 위기가 나타나는 유아기에서만 상호 관계의 유형이 보이는데, 이는 에릭슨이 친밀성과 생성감으로, 프로이트가 성기성^{genitality}으로 정의한 것이다. 나머지 단계는 모두 분리와 연관되어 발달 자체가 독립과 동일시된다. 그리고 애착은 여성의 발달을 평가할 때 그러했듯 발달에 장애가 되는 것으로 해석된다.

에릭슨이 남성의 정체성을 세계와의 관계를 통해 형성된 것으로, 여성의 정체성을 다른 사람과의 친밀한 관계에서 발달한 것으로 묘사한 것은 전혀 새롭지 않다. 브루노 베텔하임 Bruno Bettelheim(1976)이 기술하는 동화에도 동일한 묘사가 등장한다. 청년기 남성의 역학 관계는《세 개의 언어^{The Three Langua-}ges》에서 아버지와 아들 사이의 갈등에 전형적으로 나타난다. 아들이 끔찍할 만큼 어리석다고 생각하는 아버지는 마지막 기회로 1년간 아들을 이름난 스승과 공부하도록 떠나보낸다. 그러나 그가 돌아왔을 때 배워온 것은 고작 '개들이 짖는 소리의 의미' 뿐이었다. 이러한 시도를 두 번 더 한 후, 아버지는 결국

아들을 포기하고 하인들에게 아들을 숲으로 데리고 가서 죽이라고 명령한다. 하지만 언제나 동화 속 버려진 아이들의 구원자가 되는 하인들은 아들을 불쌍히 여겨 그를 죽이지 않고 숲에 내버려 두기로 한다. 아들은 이리저리 헤매다가 온종일 사납게 짖어 아무도 쉴 수 없게 하고, 잊을 만하면 한 번씩 주민들을 해치는 맹렬한 개들 때문에 고통받는 마을에 도착한다. 여기서 우리의 주인공이 적절한 기술을 배웠다는 것이 밝혀진다. 그는 개와 소통할 수 있었으므로 개들을 진정시키고, 마을에 평화를 되찾아준다. 그가 습득한 다른 지식도 비슷하게 도움이 되어서 결국 아들은 청년기에 일어났던 아버지와의 대결에서 승리를 거두게 된다.

반면 청년기 여성의 역학 관계는 매우 다른 이야기로 그려진다. 동화에서 여아는 첫 월경 이후 아무 일도 일어나지 않는 극심한 수동성의 시기를 거친다. 그러나 베텔하임은 백설공주와 잠자는 숲 속의 공주의 깊은 잠을 그가 능동적인 모험의 필수적인 대응물이라고 여기는 내적 집중이라고 본다. 청년기 여성 인물들은 세계를 정복하기 위해서가 아니라 왕자와 결혼하기 위해 잠에서 깨어나기 때문에 그들의 정체성은 내면적인 것으로 규정되고 인간관계에 의해 정의된다. 베텔하임의 이야기는 에릭슨의 연구와 같이 여성의 정체성이 친밀성과 복잡하게 결합되어 있다고 말한다. 트로일러스와 크레시다^{Troilus&Cressida}, 탄크레드와 클로린다^{Tancred&Chlorinda}의 옛이야기를 연상시키는 맥신 홍 킹스턴^{Maxine Hong Kingston}(1977)의 자전적 소설에 나오는 여성 전사처럼, 동화에 묘사된 성차는 적극적인 모험은 남성적 활동이며 여성이 그런 모험을 시도하려면 적어도 남자처럼 입어야 한다는 것을 지적한다.

성차에 대한 이러한 관찰을 통해 데이비드 맥클러랜드^{David McClelland}(1975)는 "성역할은 인간의 행동을 결정하는 중요한 요인 중 하나이며, 심리학자들은 경험적 연구를 시작하자마자 그들의 연구에서 성차를 발견했다"는 결론을 내린다. 그러나 '우월하다'거나 '열등하다'는 평가를 배제한 채 '다르다'고 말하는 것이 매우 어렵고, 심리학자들도 이러한 차이를 단일한 척도로 측량하려는 경향이 있다. 특히 이 척도는 대부분 남성을 대상으로 진행된 연구에서 나온 자료를 남성의 해석을 토대로 도출하고 표준화했기 때문에 심리학자들은 "남성 행동을 '정상'으로, 여성의 행동을 정상에서 벗어난 것으로 보는 경향이 있다."(81쪽) 따라서 여성들이 심리학적 기준에 맞지 않을 경우, 일반적으로 여성에게 문제가 있다는 결론이 내려졌다.

성공을 두려워하는 여성들

마티나 호너(1972)는 여성들이 경쟁적 성과에 대해 보이는 불안감을 잘못된 것으로 보았다. 주제통각검사$^{Thematic\ Apperception}$ Test(TAT)[3]를 통해 인간의 행동 동기를 밝히려는 이 연구는 성차가 관찰됨에 따라 시행 초부터 데이터 분석이 혼란스럽고 복잡해졌다. 주제통각검사는 애매모호한 실마리를 해석하도록 하는 것인데 그림을 보고 이야기를 쓰게 하거나 어떤 이야기를 완성하도록 한다. 그렇게 완성된 이야기는 투사된 상상을 반영하며 심리학자들은 이를 통해 사람들이 자신이 인식한 것을 이해하는 방법, 즉 경험에 어떤 개념과 해석을 부과하고 자신의 삶을 어떻게 감각하는지 밝혀낼 것을 기대했다. 호너의 연구가 이루어지기 전에도 여성들은 경쟁적으로 성취하는 상황에서 남성과는 다른 감각을 느끼며, 상황을 다르게 보고 다르게 반응한다는 사실이 명백한 것으로 여겨졌다.

---

3   머리와 모건$^{Murray\&Morgan}$이 개발한 투사적 그림 검사를 말한다. 피검사자는 다양한 해석이 가능하도록 애매모호하게 그려진 그림을 자신의 욕구와 감정, 경험 등을 투사하여 해석하고, 검사자는 이를 통해 피검사자의 성격 등을 파악하고 진단한다.

맥클러랜드는 남성에 관한 연구를 기반으로 성취동기의 개념을, 성공을 추구하는 동기("성공에 대한 희망")와 실패를 피하려는 동기("실패에 대한 두려움")로 나누었다. 호너는 여성에 대한 연구에서 도무지 있을 것 같지 않은 세 번째 범주, 즉 성공을 피하려는("성공에 대한 두려움") 동기를 발견했다. 여성들은 경쟁적인 성취 상황에 어려움을 느끼는 듯했고, 그 문제는 여성성과 성공 사이의 갈등에서 비롯되는 것으로 보였다. 청년기 여성들은 여성적 열망을 일반적으로 바람직한 것으로 여겨지는 남성적 능력과 통합하려 애쓰는 과정에서 딜레마를 겪는다. 호너는 "앤은 첫 학기 기말고사가 끝나고 자신이 의과대학에서 일등을 했다는 사실을 알게 된다"로 시작하는 이야기를 여성들이 어떻게 완성하는가를 분석하고 경쟁적 성취 상황에서 여성들의 행동을 관찰했다. 그리고 "성공이 코앞에 다가올 때 젊은 여성들은 성공 이후에 예상되는 부정적인 결과에 불안을 느끼기 때문에 성취를 향한 그들의 긍정적인 노력은 좌절된다"(171쪽)고 보고한다. 호너는 이러한 두려움이 존재하는 이유를 "대부분의 여성이 경쟁적 성취 활동, 특히 남성에 대항하는 활동에서 성공이 예상될 때, 사회적 지탄이나 여성성의 상실 등 부정적인 결과를 예감하기 때문"이라고 결론짓는다(1968, 125쪽).

물론 성공에 대한 갈등을 다른 시각으로 볼 수도 있다. 조지아 사센Georgia Sassen(1980)은 여성들이 표현한 갈등이 "경쟁적 성공의 '이면', 즉 경쟁을 통해 성취한 성공이 종종 불러오는 거대한 감정적 비용과 다른 사람보다 더 좋은 성적을 받는 것을 성공이라고 정의하는 것 자체가 잘못되었다는 근본적인 이해"(15쪽)를 암시하는 것일 수 있다고 말한다. 사센은 호너가 여성들에게서 발견한 성공에 대한 불안감이 성취가 직접적인 경쟁을 통해 이루어질 때, 즉 한 사람의 성공이 다른 사람의 실패를 담보로 하는 경우에만 국한된다는 사실을 지적했다.

정체성 위기를 상술하면서 에릭슨(1968)은 진심으로 좋아하지 않는 일을 하다가 이른 나이에 성공하게 된 사람의 예로 조지 버나드 쇼George Bernard Shaw의 삶을 인용한다. 쇼는 70세에 자신의 삶을 되돌아보면서 그가 20세에 위기를 맞이한 이유가 성공하지 못했기 때문이거나 깨달음이 모자라서가 아니라 이 두 가지가 너무 넘쳐났기 때문이었다고 말한다. "나는 나도 모르는 새 성공했고, 당혹스럽게도 사업은 나를 가치 없는 사기꾼이라며 몰아내는 대신 옴짝달싹하지 못하게 얽어맸다. 사람이라면 누구든 자신이 피할 수 없는 것에 몸서리치기 마련이다. 나 또한 스무 살 되던 해에 그런 혐오감을 느끼면서 훈련을 받았다. 1876년 3월에 마침내 나는 그 굴레에서 도망쳤다 (143쪽)." 이 시점에서 쇼는 자신이 원하는 대로 공부하고 글을 썼다. 에릭슨은 사업에 대한 쇼의 거부감을 성취와 경쟁에 대한 신경 불안증으로 해석하기는커녕 "비범한 성격을 완성하기 위한 유별난 전초 과정"(144쪽)이라고 분석한다.

이런 근거들로 우리는 왜 여성이 경쟁적 성공에 갈등을 느끼는지 묻는 것이 아니라 왜 남성이 경쟁적 성취라는 협소한 관점에 성공을 국한하고 그것을 추구하는지 물어야 한다. 레버에 의해 확증된 피아제의 관찰을 떠올려 보자. 남아는 놀이의 규칙을 중요시하는 반면 여아들은 종종 놀이 자체를 그만두기까지 하며 관계를 중요시한다. 또 초도로에 따르면 남성의 사회적 지향은 지위를 향해 있지만 여성의 사회적 지향은 개인을 향한다. 이러한 연구 결과를 토대로 우리는 왜 호너의 경쟁적 성공 이야기에서 여성 주체 '앤'을 남성 주체 '존'으로 바꾸고 남성에게 이야기를 완성하도록 했을 때 성공에 대한 두려움이 사라지는지 이해할 수 있다. 존은 규칙에 따라 행동하여 성공했다고 여겨진다. 그는 자신의 성공에 기뻐할 **권리**를 가진 것이다. 그는 자신보다 덜 유능한 사람들과 확연하게 구분되는 정체성을 확인하면서 자신의 위치를 공고히 한다.

그러나 앤의 경우에 그가 의과대학 수석을 차지함으로써 얻는 지위는 그가 원하는 것이 아닐 수도 있다.

버지니아 울프는 "여성의 가치는 남성이 추구하는 가치와 상당히 다르다"(1929, 76쪽)고 말한다. 그리고 "널리 퍼진 것은 남성적인 가치다"라고 덧붙인다. 결과적으로 여성은 자신의 감정이 정상인지를 의심하게 되고 다른 사람의 의견을 좇아 자신의 판단을 바꾸게 된다. 19세기 여성 작가들의 소설에서 울프는 "외적 권위를 따르려고 늘 하던 판단에서 벗어나 자신의 명료한 비전을 바꾸는 경우"를 발견한다. 타인의 가치와 의견을 수용하려는 성향은 20세기 여성의 모습에서도 볼 수 있다. 여성들이 자신의 목소리를 찾고 자신의 의견을 공적으로 발언하는 데 겪는 어려움은 자격지심과 자기 의심의 형태로 반복해서 나타날 뿐만 아니라, 모순되는 공적 평가와 사적 평가의 분열된 판단에서도 암시된다.

그러나 울프가 비판하는 여성의 맹종과 혼란은 역설적이게도 그가 여성의 장점이라고 보는 가치에서 파생한 것이다. 여성의 맹종은 사회적 종속뿐만 아니라 도덕적 관심의 본질에도 뿌리를 두고 있다. 타인의 욕구에 대한 민감성과 돌봄에 대한 책임감은 여성이 타인의 목소리에 귀 기울이고 자신의 판단에 타인의 견해를 포함하도록 한다. 따라서 여성의 판단이 산만하고 혼란스러워보이는 것은 그들의 도덕적 장점, 즉 관계와 책임에 지대한 관심을 가진다는 사실과 뗄 수 없는 관계에 있다. 여성들이 판단을 유보하는 것은 타인을 염려하고 돌보려 하기 때문인데, 바로 이런 성향이 여성 발달의 문제로 간주되어왔다.

여성들은 관계의 맥락에서 자신을 정의하고, 돌봄 능력으로 자신을 판단한다. 남성의 삶의 주기에서 여성의 자리는 양육자, 보호자, 배우자였으며, 여성은 자신이 의지하는 이러한 관계망을 직조하는 사람이었다. 여성들은 이렇듯 남성들을 돌보았지만 남성들은 경제구조에서처럼 심리 발달 이론에서도 돌봄을 당연시하거나 가치 절하했다. 개인화 혹은 개인의 성취에 대한 강조가 성인기까지 확대되고 성숙함이 개인의 자율성과 동일시되면서, 관계에 대한 관심은 인간이 가져야 할 강점이 아니라 여성의 약점이 되었다(Miller, 1976).

여성다움과 성인다움의 차이는 브로버만Broverman, 보겔Vogel, 클라크슨Clarkson과 로젠크란츠Rosenkrantz(1972)가 수행한 성역할 고정관념에 대한 연구에서 선명하게 드러난다. 이들이 반복적으로 관찰한 것은 성인다움에 필요하다고 특정된 성질들, 가령 자율적인 사고능력, 명확한 의사결정, 책임감 있는 행동 등이 남성성과 관련되어 있으며 여성적인 자아의 특성으로는 바람직하지 않다고 여겨진다는 것이다. 이러한 고정관념은 감정을 표현하는 능력을 여성의 특성으로 격하시키고, 도구적 능력을 남성의 영역에 귀속시킴으로써 사랑과 일이 분리된 것임을 암시한다. 그러나 다른 관점에서 바라보면 이러한 고정관념은 타인과의 연결보다 개인의 독립을 선호하고, 사랑과 돌봄이 중심이 되는 상호 의존적 삶보다 일이 중심이 되는 자율적인 삶을 바람직하게 여기는, 그 자체로 균형을 잃은 성인관을 반영한다.

남성은 중년기에 들어서야 친밀성과 관계, 돌봄의 중요성을 깨닫지만 이는 여성이 처음부터 인식하고 있던 것이다. 그러나 심리학자들은 이러한 여성들의 인식을 타고난 신체적 특성에서 비롯하는 '직관적'이거나 '본능적'인 것이라고 치부했기 때문에 여성의 인식 발달 연구를 방치했다. 나는 이 연구를 통해 여성의 도덕 발달이 이러한 인식을 정교화하는 과정과 밀접하게 연관되어 있으며, 이를 통해 남성과 여성 모두에게 중요한 심리 발달의 노선을 설명할 수 있다는 것을 알게 되었다. 도덕 발달에 대한 고찰은 기존의 발달 심리학에서 규정한 성

차와 그것에 대한 평가를 보여줄 뿐만 아니라 여성 발달의 본
질과 중요성이 왜 그토록 오랫동안 신비에 가려졌는지에 대한
구체적인 근거를 보여준다.

심리학 속 여성의 빈자리

여성은 맹목적인 공정성을 거부하기 때문에 정의감이 불완전
하다는 프로이트의 비판은 피아제와 콜버그의 연구에서도 되
풀이된다. 아동의 도덕 판단을 설명하면서 피아제(1932)는 여
아를 네 개의 간단한 항목으로 여담처럼 색인에 끼워 넣었다.
'아동'은 남성으로 상정되었기 때문에 색인에는 '남아'라는 단
어가 보이지 않는다. 콜버그의 연구에는 여성이 아예 존재하
지 않는다. 콜버그(1958, 1981)는 아동기에서 성인기에 이르는
도덕 발달 과정을 여섯 단계로 나누어 설명하는데,[4] 이 가정은

---

4   콜버그는 크게 전인습적 단계, 인습적 단계, 후인습적 단계로 도덕 발
달 단계를 설명한다. 각 단계는 다시 두 단계로 나눌 수 있다. 전인습적
단계는 타율적 도덕 단계(1)와 개인주의 단계(2), 인습적 단계는 대인
간 기대 단계(3)와 사회시스템(법, 질서) 도덕 단계(4), 후인습적 단계는
개인의 권리 및 사회계약 단계(5)와 보편적 윤리 원칙 단계(6)다.

그가 20년 이상 관찰한 84명의 남아에 대한 경험적 자료를 기반으로 한다. 콜버그는 자신의 단계설이 보편적이라고 주장하지만, 그의 초기 표본에 속하지 않는 집단 대다수가 그가 상정한 최고 단계에 이르지 않는다(Edwards, 1975; Holstein, 1976; Simpson, 1974). 콜버그의 척도로 측정할 때 도덕 발달의 결함이 두드러지는 집단이 여성인데, 이들의 도덕 판단은 콜버그의 여섯 단계 중 세 번째 단계에 해당한다. 이 단계에서 도덕은 대인관계의 관점으로 인식되고 선goodness은 타인을 돕고 즐겁게 해주는 것과 동일시된다. 콜버그와 크레이머(1969)에 따르면 이런 선의 개념은 성인 여성의 삶이 가정에 국한될 때만 기능적으로 작동한다. 콜버그와 크레이머는 여성이 전통적인 남성의 활동 영역으로 진입해야만 자신의 도덕 관점이 부적절하다는 것을 인식하고 관계가 규칙에 종속되는 단계(4단계)와 규칙이 보편적 정의의 원칙에 종속되는 단계(5, 6단계)로 나아갈 수 있다고 말한다.

여기에 역설이 있다. 타인의 필요에 대한 관심과 민감성 같은 전통적으로 여성적 '선'이라고 정의되는 특성이 여성의 도덕 발달에 결함이 있다는 주장의 근거가 되기 때문이다. 이러한 도덕 발달관에서 성숙의 개념은 남성의 삶에 대한 연구에 토대를 두고 있으며, 발달 과정에서 개인화의 중요성을 강조한다. 피아제(1970)는 발달 이론이 유아기를 기반으로 하여 피라미드처럼 단계별로 세워진다는 일반적 통념에 도전하면서 발달의 개념이 발달의 최종 목적지인 성숙함의 정점에서 형성되기 시작한다고 주장한다. 그러므로 성숙이라는 개념의 정의가 변하는 것은 단순히 가장 높은 단계에 대한 설명이 바뀌는 것이 아니라 발달에 대한 이해를 재구성하여 발달 전반에 관한 해석에 변화를 불러온다.

여성을 중점에 두고 그들의 삶에서 발달 이론을 구성한다면 프로이트, 피아제, 콜버그의 관점과는 다른 도덕관이 등장할 것이며 발달에 관해서도 다른 설명이 나타날 것이다. 이런 관점에서 도덕 문제는 권리의 충돌이 아니라 책임의 충돌에서 발생하며, 형식적이고 추상적인 사고방식이 아니라 맥락적이고 서술적인 사고방식을 해결책으로 요구하게 된다. 공정성으로서의 도덕 개념이 권리와 규칙의 이해를 도덕 발달의 중심에 두는 것처럼, 돌봄과 관련된 도덕은 책임과 관계의 이해를 도덕 발달의 중심에 둔다.

이처럼 여성이 도덕 문제를 남성과 다른 방식으로 구성한다는 사실이 콜버그의 체계에서 여성의 도덕성이 발달하지 못한 것으로 나타난 결정적인 원인일 것이다. 콜버그는 책임 중심의 관점을 도덕에 대한 관습적인 이해의 증거로 간주하고, 도덕 발달의 가장 높은 단계에서는 권리에 대한 성찰적인 이해가 이루어져야 한다고 주장한다. 권리의 도덕은 연결보다는 독립에 방점을 찍고, 관계보다 개인을 우선시한다는 점에서 책임의 도덕과 다르다. 이러한 차이는 도덕의 본질에 대한 다음의 인터뷰에서 잘 드러난다. 첫 번째 응답은 콜버그의 연구에 참여한 25세 남성의 것이다.

(도덕이라는 단어는 당신에게 무엇을 의미하나요?)

아무도 그 질문의 답을 모를 거예요. 나는 도덕이 개인의 권리를 인정하는 거라고 생각해요. 다른 사람들의 권리를 인정하고 그것을 침해하지 않는 거죠. 그리고 내가 다른 사람에게 바라는 방식으로 타인을 대해야 해요. 나는 도덕이 기본적으로 인간이 존재할 권리를 보전하는 거라고 생각해요. 이게 가장 중요한 거죠. 두 번째로 중요한 건 타인의 권리를 침해하지 않는 선에서 자신이 원하는 대로 행동할 권리라고 생각해요.

(지난 인터뷰 이후 도덕에 대한 당신의 견해는 어떻게 바뀌었나요?)

남성의 삶의 주기 속 여성의 자리

개인의 권리에 대해 좀 더 의식하게 됐어요. 예전에는 오로지 나를 위주로, 내 입장에서만 권리의 문제를 봤거든요. 이제는 각 개인이 어떤 권리를 가졌는지 더 잘 알고 있어요.

콜버그(1973)는 이 남성의 응답을 자신의 도덕 발달 단계의 5, 6단계에 해당하는 원칙주의적 관점의 사례로 인용하며 이런 설명을 덧붙였다. "그는 자신이 속한 사회의 관점에서 벗어나 도덕을 정의(공정성, 권리, 황금률)로 식별하고, 자연스럽고 본질적인 방식으로 타인의 권리를 인식한다. 누군가의 권리를 침해하지 않는 선에서 자신이 원하는 대로 행위하는 것을 인간의 권리로 보는 것은 사회적 입법 이전에 권리를 정의하던 방식이다." (29~30쪽)

두 번째 응답은 '권리와 책임 연구'에 참여한 한 여성의 것이다. 그 또한 당시 25세였고 법학 대학원 3학년이었다.

(도덕 문제에 올바른 해결책이 있나요? 아니면 모든 사람의 의견이 동일하게 옳은가요?)

모든 사람의 의견이 똑같이 옳다고는 생각하지 않아요. 어떤 상황에서는 똑같이 타당한 의견이 있을 수도 있는데, 그런 경우에는 여러 가지 방안을 살핀 후 그중 하나를 채택할 수 있겠죠. 하지만 다른 사람과 어울려 살아야 하는 인간의 본성 때문에 옳고 그른 대답이 있는 상황도 있어요. 단지 물질적인 필요뿐만 아니라 우리 본연의 욕구를 충족시키기 위해서도 우리는 서로 의지하고 협력하며 조화롭게 살아가야 해요. 함께 삶을 풍성하게 만들려고 노력하다보면 옳고 그름이 생기기 마련이죠. 어떤 것들은 협력과 조화의 목표를 이루는 데 도움을 주지만 어떤 것들은 방해가 될 거예요. 그런 방식으로 목표 달성에 득이 되거나 실이 되는 행동을 선택할 수 있는 거죠.

(예전에 이런 문제를 다르게 생각한 적이 있나요?)

네. 모든 것이 매우 상대적이라고 생각하던 시절이 있었어요. 당신은 나에게 무엇을 하라고 말할 수 없고, 나도 당신에게 무엇을 하라고 말할 수 없다고 생각했죠. 당신은 당신의 신념을, 나는 나의 신념을 가지고 있으니까요.

(그때가 언제였나요?)

고등학교 때였어요. 어느 날 내 생각이 변했다는 걸 알았어요. 그리고 생각이 바뀌었기 때문에 다른 사람의 판단을 평가할 수 없다고 느꼈어요. 하지만 지금은 어떤 판단의 영향을 받게 될 사람이 오직 그 자신뿐이더라도, 그것이 내가 알고 있는 인간의 본성이나 내가 아는 그 사람의 본성과 다르다면, 내가 믿는 우주의 원리에 따라 당신이 실수를 하고 있다고 말할 수 있을 것 같아요.

(무엇이 당신을 변하게 했다고 생각하나요?)

더 많은 경험을 하면서 사람들 사이에 공통점이 아주 많다는 것을 알게 되었어요. 어떤 경험은 삶과 인간관계를 더 윤택하게 하면서 개인적인 만족감도 충족시켜준다는 사실도요. 그러니까 삶을 더 나은 방향으로 가게 하는 것들을 도덕적으로 옳다고 말할 수 있을 것 같아요.

이러한 응답은 의문과 의혹의 시간을 거치며 도덕관이 개인적으로 재구성되는 과정을 보여주는데, 재구성된 도덕관은 개인의 권리가 가진 우선성과 보편성에 기반을 두는 것이 아니라 그가 "세상에 책임이 있다는 강한 느낌"이라고 설명한 것에 기반을 두고 있다. 이런 관점에서 도덕적 딜레마는 타인의 권리를 침해하지 않고 자신의 권리를 행사하는 방법에 관한 것이었다가 "나 자신과 가족, 불특정 타인에 대한 의무를 수행하며 도덕적 삶을 살아가는 방법"에 관한 것으로 변한다. 이때 문제는 도덕적 관심을 포기하지 않으면서 다른 사람에 대한 책임을 제한하는 것이 된다.

자신을 설명해달라는 요구에 이 여성은 다음과 같이 말한다. "나와 관계를 맺은 사람들과 내가 책임져야 하는 사람들이 있다는 것은 나에게 매우 중요해요. 나는 세상에 책임이 있다는 것과 나의 즐거움만을 위해 살 수 없다는 것을 강하게 느껴요. 여기에 존재한다는 사실만으로도 세상을 보다 살기 좋은 곳으로 만들기 위해 노력할 의무가 있다고 생각해요. 그것이 아무리 사소한 일이라도 말이죠." 콜버그의 연구 대상들이 서로의 권리를 침해할까 봐 걱정한 반면 이 여성은 "타인을 도울 수 있을 때 돕지 않을까 봐" 염려한다.

이 여성이 제기하는 문제는 제인 로빙거Jane Loevinger가 말하는 자아 발달의 단계 중 다섯 번째 단계인 "자율적" 단계에서 다루어지는데, 그 단계에서 자율성은 관계의 맥락 안에서 개인이 각자 자신의 운명을 책임진다는 인식을 통해 과도한 책임감을 조절하는 것으로 정의된다. 로빙거의 설명(1970)에 따르면 자율적 단계에서는 도덕적 이분법이 "실제 사람들과 실제 상황의 다면적 특성과 복잡성에 대한 이해"로 대체된다

(6쪽). 콜버그의 원칙주의적인 5, 6단계에서 도덕은 권리의 개념으로 정의되는데, 이 도덕관은 도덕적 딜레마에 직면했을 때 모든 합리적 개인이 동의할 수 있는 공정하고 정당한 해결책에 도달하는 것을 목표로 한다. 반면 책임의 개념은 어떤 특정한 해결책의 한계에 초점을 맞추면서, 해결책의 실행 이후에 남게 되는 갈등을 다룬다.

따라서 여성이 권리와 불간섭의 도덕을 두려워하는 이유는 그것이 다른 사람에 대한 무관심을 정당화할 가능성을 내포하고 있기 때문이다. 책임의 도덕은 맥락에 따라 상대적인 판단을 허용하기 때문에 남성의 관점에서는 혼란스럽고 산만한 것으로 보일 수 있다. 그러므로 여성의 도덕 판단을 연구하는 것은 성별 간의 발달 차이를 설명할 때 관찰되는 패턴을 상세히 보여주면서, 이러한 차이를 평가하고 의미를 추적할 수 있는 성숙함의 대안적 개념을 제공한다. 여성 심리는 그동안 관계와 상호 의존을 중요시한다는 점에서 남성 심리와 구별되어왔으나 이제는 맥락적인 판단 양식이자 다른 형태의 도덕관으로 파악될 수 있다. 이처럼 여성의 자아와 도덕 개념은 남성과 다르기 때문에, 여성은 남성과 다른 관점으로 삶의 주기를 보고 다른 척도로 경험의 우선순위를 매기게 된다.

맥클러랜드(1975)가 권력에 대한 여성적 태도의 예시로 인용한 데메테르와 페르세포네 신화는 고대 그리스에서 2천 년 동안 거행된 엘레우시스 제전Eleusinian Mysteries과 관련이 있다. 호머가 《데메테르 찬가Hymn to Demeter》에서 말하듯이 페르세포네 신화는 맥클러랜드가 권력의 동기에 대한 연구에서 성숙한 여성의 특징으로 규정했던 상호 의존성과 자원의 축적 및 베풂의 강점을 보여준다. 맥클러랜드는 "사람들은 제전에서 무슨 일이 일어났는지 아무도 모른다고 결론 내리고 있지만, 엘레우시스 제전은 남성에 의해 디오니소스 제전으로 대체되기 전까지는 여성이 여성을 위해 조직한 가장 중요한 종교 의례였을 것이며, 일부나마 역사 기록에도 남아 있다"고 말한다. 그래서 맥클러랜드는 데메테르 신화를 "여성 심리의 특별한 표상"이라고 여긴다(96쪽). 그리고 이것은 삶의 주기에 관한 탁월한 이야기이기도 하다.

데메테르의 딸 페르세포네는 친구들과 초원에서 놀다가 아름다운 수선화를 발견하고 그쪽으로 달려간다. 그가 막 꽃을 꺾으려는 찰나 땅이 갈라지고 하데스가 나타나 페르세포네를 지하 왕국으로 납치한다. 대지의 여신 데메테르는 딸을 잃은 슬픔에 잠겨 어느 것도 땅에서 자라지 못하게 한다. 농작물이 시들고 인간과 동물이 죽어가자 제우스는 이들을 불쌍히 여겨 그의 형제 하데스를 설득하여 페르세포네를 어머니의 품으로 돌아가게 한다. 그러나 페르세포네는 떠나기 전 석류 몇 알을 먹게 되는데, 그것 때문에 매년 지하 세계에서 하데스와 일정 기간을 보내게 된다.

여성의 심리 발달이 이해하기 어려운 신비로 여겨진 것은 삶의 주기에서 친밀한 관계의 지속적인 중요성을 간과했기 때문이다. 남성을 기준으로 한 삶의 주기에서 독립과 자율성, 개인화와 자연권이 찬양될 때, 그 주기 속에서 여성의 위치는 이러한 인식을 보호하는 것이었다. 페르세포네 신화는 나르시시즘이 죽음을 야기한다는 것과 땅의 비옥함은 신비로운 방식으로 모녀 관계가 지속되는 것과 관련이 있다는 것, 그리고 삶의 주기는 여성의 세계와 남성의 세계가 교차하면서 만들어진다는 사실을 상기시킴으로써 애착을 거부하는 관점에 내재된 왜곡을 예리하게 지적한다. 삶의 주기를 연구하는 이론가들이 남성의 삶을 연구했듯이 여성의 삶에도 관심을 가지고 균형 있는 시선을 가질 때에야 비로소 인간의 경험을 아우를 관점이 생길 것이며 그들의 이론 또한 더욱 풍성해질 것이다.

2

관계 이미지의 열쇠

프로이트는 1914년에 쓴 논문 〈나르시시즘에 관하여〉에서 "무의미한 이론 논쟁을 하느라 관찰을 등한시"하는 것을 불쾌해하면서도 자신의 심리학 영역의 확장을 시도한다. 이 논문에서 프로이트는 성숙이나 정신적 건강을 사랑의 능력과 동일시하며 그 능력이 발달하는 과정을 추적한다. 그는 사랑의 능력이 어머니에 대한 사랑과 자신에 대한 사랑을 대조하면서 시작된다고 본다. 그러나 사랑의 대상을 자기와 '타자'로 분리하면 남성의 발달은 명료해지는 반면 여성의 발달은 한층 더 모호해진다. 이러한 문제는 어머니에 대한 사랑과 자기애의 대조가 서로 다른 관계 이미지를 생산하기 때문에 발생한다. 프로이트는 남성의 삶에 근거하여 인간의 성장 과정을 도식화했기 때문에 여성의 삶에서 인간관계, 도덕, 명확한 자아 개념이 발달하는 것을 포착하지 못한다. 그는 자신의 이론이 여성의 경험에 맞아떨어지지 않자 여성을 따로 분리하고, 여성이 맺는 관계를 그들의 성생활과 마찬가지로 "심리학의 '어두운 대륙'"이라 칭했다(1926, 212쪽).

이렇듯 여성의 발달을 이해할 때 해석에 허점이 생기는 것은 여성과 남성의 관계 경험이 서로 다르기 때문이다. 프로이트는 여성들에게 둘러싸여 살았지만 오히려 그러한 환경 탓에 여성이 맺는 관계를 이해하거나 설명하는 일에 점점 더 어려움을 느꼈다. 이러한 상황은 이론이 어떻게 관찰을 왜곡시킬 수 있는가를 보여주기도 하지만 여성의 발달이 남성 중심적 관계 개념에 가려질 수 있음을 암시하기도 한다. 관계 이미지가 인간 발달의 서사를 형성하기 때문에 기존의 이론에 여성을 포함하는 것은 그 이미지를 변화시킴으로써 전제 이론의 구성을 바꿀 것이다.

여성의 발달을 해석할 때 문제가 되는 서로 다른 관계 이미지는 같은 딜레마에서 전혀 다른 도덕 문제를 발견하는 11세 남아와 여아의 도덕 판단을 통해 확인할 수 있다. 기존의 이론은 남아의 논리와 관점은 명확히 설명하지만 여아의 논리와 관점은 거의 설명하지 못한다. 우리가 기존의 발달 평가 범주에 들어맞지 않는 여아의 도덕 판단을 연구 표본으로 선택한 이유는 성차를 예증하기보다 해석의 문제를 다시 다루어야 한다는 것을 보여주기 위해서다. 여아의 사고 논리에 대한 새로운 해석을 추가하면 기존 이론으로 파악할 수 없던 여성의 발달 과정을 포착할 수 있을 뿐만 아니라 우월하다거나 열등하다는 평가를 떠나 관계에서 나타나는 성별 간의 차이를 고려하는 것이 가능해진다.

두 아동은 6학년 같은 반에 재학 중이었고 도덕과 자아 개념의 차이를 탐색하기 위해 고안된 '권리와 책임 연구'의 참여자였다. 이 연구를 위해 선별된 표본집단은 성별과 연령이라는 변수에 초점을 맞추고 지능, 교육, 사회계층을 상수로 유지하여 발달 잠재력을 극대화했다. 이 상수들은 기존의 척도로 보자면 도덕 발달과 상당히 관련 깊은 것들이다. 에이미와 제이크는 둘 다 열정적이었으며 영민하고 의사 표현이 분명했다. 또한 에이미는 과학자가 되고 싶어 하고 제이크는 수학보다 영어를 더 좋아한다는 점에서 성역할 고정관념의 분류를 벗어났다. 그러나 그들의 도덕 판단은 초등교육 초기에는 여아의 도덕 발달이 더 성숙하지만 사춘기를 지나면서 논리적 사고를 습득한 남아에게 뒤처지게 된다는 성별 간 차이에 관한 친숙한 인식을 입증하는 듯했다.

하인츠는 약을 훔쳐야 할까?

이 11세 아동들에게 주어진 딜레마는 콜버그가 도덕규범 간의 갈등을 보여주고 이들이 제시하는 해결책에 어떤 논리가 전제되었는지 탐색함으로써 청년기의 도덕 발달을 측정하기 위해 고안한 가상의 상황 중 하나였다. 이 딜레마[1]에서 하인츠라는 남성은 아내의 생명을 구하기 위해 약이 필요하다. 그러나 이 약은 너무 비싸서 그가 살 수 없다. 그래서 하인츠는 약을 훔칠 것인가를 고민한다. 콜버그의 표준 인터뷰에는 딜레마 자체에 대한 설명, 즉 하인츠의 곤경과 아내의 질병, 값을 깎아주지 않으려는 약사에 관한 묘사가 있다. 그리고 "하인츠는 약을

---

1   콜버그가 도덕 발달 정도를 가늠하기 위해 설정한 가상 상황이다. 하인츠는 암에 걸린 아내를 위해 특효약을 개발한 약사를 찾아간다. 하지만 약사는 약값 200달러를 2000달러로 높여 요구하고, 약값으로 1000달러밖에 구하지 못한 하인츠는 약사에게 약을 반값에 팔거나 나중에 약값을 낼 수 있게 해달라고 애원한다. 하지만 약사는 하인츠의 제안을 거부한다. 절망한 하인츠는 결국 약을 훔친다. 이런 상황을 주고 몇 가지 질문에 대한 응답자의 대답에 따라 도덕 수준을 판단한다. 질문은 남편은 약을 훔쳤으므로 벌을 받아야 하는가? 약사는 비싼 약값을 요구할 권리가 있는가? 약사 때문에 아내가 죽게 되었다고 비난하는 것이 정당한가? 만약 아내가 사회적으로 중요한 인물이라면 약사는 더 무거운 벌을 받아야 하는가? 등이다.

홈쳐야 할까?"라는 질문이 이어진다. 훔치는 것에 찬성하거나 반대하는 이유는 도덕적 사고의 근본구조가 드러나도록 고안된 연속되는 질문을 통해 밝혀진다. 이 질문들은 딜레마가 내포한 변수를 다양화하면서 확장한다.

제이크는 하인츠가 약을 훔쳐야 한다고 단호하게 말한다. 콜버그가 그랬던 것처럼 제이크도 재산가치와 생명가치의 충돌로 딜레마를 구성하는데, 그는 생명가치가 재산가치에 우선한다는 논리로 상황을 판단하고 자신의 선택을 정당화하기 위해 그 논리를 이용한다.

우선 한 가지 이유는 인간의 생명이 돈보다 더 중요하기 때문이에요. 그리고 약사는 1000달러만 벌어도 살아갈 수 있지만 하인츠가 약을 훔치지 않으면 그의 아내는 죽을 거예요. (왜 생명이 돈보다 더 가치 있나요?) 왜냐하면 약사는 나중에 암에 걸린 부자들에게 1000달러를 받을 수 있지만 하인츠는 다시 아내를 얻을 수 없을 테니까요. (왜 그렇죠?) 사람은 다 다르니까요. 하인츠의 아내가 죽는다면 어디에서 그 사람과 똑같은 사람을 만나겠어요?

아내를 사랑하지 않아도 약을 훔쳐야 하냐는 질문에 제이크는 "미워하는 것과 죽이는 것은 다를" 뿐 아니라 하인츠가 경찰에 잡히더라도 "판사 역시 그의 행동이 옳다고 생각할 것"이라고 답한다. 훔치는 것이 범법 행위라는 사실을 지적하자 제이크는 "법에도 허점이 있고 상상할 수 있는 모든 상황에 맞는 법을 만들 수는 없다"고 말한다.

제이크는 이처럼 법을 존중하고 사회질서를 유지하는 법의 기능을 인정하면서도(제이크는 판사가 "하인츠에게 가장 가벼운 형량을 선고해야 한다"고 말한다) 법은 인간이 만든 것이기에 오류가 발생할 수 있으며 변경 가능한 대상이라고 본다. 이러한 견해는 도덕적 가치를 둘러싼 사회적 합의에 기반하며 사람들이 "옳은 행동"을 인식하고 동의할 것을 가정하고 있다.

논리의 힘에 매료된 이 11세 남아는 수학에 진실이 있다고 믿으며 수학이야말로 "완벽하게 논리적인 유일한 것"이라고 말한다. 제이크는 도덕적 딜레마를 "인간이 관여된 수학 문제"라고 간주하면서 딜레마를 방정식으로 보고 해결을 시도한다. 그는 이 딜레마에 대한 해결책이 합리적으로 도출되었기 때문에 합리적인 사람이라면 누구나 같은 결론에 이를 것이고, 판사 또한 하인츠의 절도를 옳은 행동이라 판결할 것이라고 생각한다. 그러나 제이크는 논리의 한계에 대해서도 인식하고 있다. 도덕 문제에 정답이 있냐는 질문에 제이크는 행동의 변수가 변화무쌍하고 복잡하기 때문에 "판단의 옳고 그름이 있을 뿐"이라고 답한다. 그는 어떻게 선한 의도에 따른 행동이 끔찍한 결과로 귀결될 수 있는지를 설명하면서 "버스에서 어느 할머니에게 자리를 양보했는데 사고가 나서 그 자리에 있던 할머니가 창문 밖으로 튕겨 나가고 사망한 경우"를 예로 든다.

　발달심리학 이론은 아동기와 청년기의 분기점에 있는 제이크의 논리를 잘 설명한다. 피아제는 이 시기를 아동기 지능의 정점이라고 보면서, 아동이 이 시기를 거치며 사고를 통해 더 넓은 가능성의 세계를 발견한다고 말했다. 청년기 바로 전 단계에서 남아는 청년기의 특성인 형식적인 사고를 시작하지만 나이, 지역, 부모의 직업, 자신이 좋아하는 것과 싫어하는 것, 신념 등 어린 시절 세계를 구성하던 사실적 특성으로 자신을 설명한다는 점에서 아동기의 사고와 결합해 있다. 이 시기의 아동은 열등감에서 벗어나 자신감 있게 자기 자신을 설명한다. 그는 유능하고 확신에 차 있으며, 게임의 규칙에도 익숙하다. 따라서 논리적으로 사물을 추론하고 사고 자체에 대해 생각하는 형식적 사고능력을 통해 권위에 대한 의존에서 벗어나 자율적으로 해결책을 탐색할 수 있다.

이렇게 출현한 자율성은 공정성에 대한 이해에 토대를 둔 콜버그의 도덕 발달 단계와 같은 궤적을 따른다. 공정성의 이해는 개인의 욕구에 기반한 자기중심적 이해(1, 2단계)에서 시작해 사회적 합의에 따른 관습에 기반을 둔 개념 중심적 이해(3, 4단계)를 거쳐, 상호성과 평등이라는 독립된 논리로 세워진 원칙주의적 이해(5, 6단계)로 전환된다. 이 11세 남아의 판단은 콜버그의 척도에서 관습적인 3, 4단계가 혼재된 지점으로 보이지만, 도덕적 딜레마의 해결책을 찾기 위해 연역 논리를 이용하고, 도덕과 법을 구별하며, 법에 오류가 있을 수 있다는 것을 인식한다는 점에서 콜버그가 도덕적 성숙과 동일시하는 원칙주의적 정의관으로 나아가고 있다.

이에 반해 딜레마에 대한 에이미의 응답은 논리적인 사고가 부족하고 스스로 생각하는 능력이 약해서 마치 발달이 저해된 것 같은 모습을 보여준다. 하인츠가 약을 훔쳐야 하냐는 질문에 에이미는 모호하고 자신 없는 태도로 답한다.

글쎄요, 그렇게 생각하지는 않아요. 훔치는 것 말고 다른 방법이 있지 않을까요? 가령 돈을 빌린다거나 대출을 받는다거나 말이죠. 그는 약을 훔치면 안 되지만, 그의 아내가 죽어서도 안 돼요.

왜 약을 훔치면 안 되는지 묻자 에이미는 재산이나 법이 아니라 절도가 하인츠와 아내의 관계에 끼칠 영향에 대해 고려한다.

약을 훔치면 아내의 목숨은 구할 수 있겠지만 그렇게 되면 감옥에 갈 수도 있어요. 그러면 다시 아내의 건강이 악화될 수도 있잖아요. 그런데 그는 감옥에 있어서 약을 더 구할 수도 없으니 좋은 게 아니죠. 그들은 이런 상황을 털어놓고 돈을 마련할 다른 방법을 찾아봐야 해요.

에이미가 파악하는 딜레마는 인간을 대입하여 푸는 수학 문제가 아니라 시간의 흐름에 따라 진행되는 관계의 서사다. 에이미는 아내에게 지속적으로 남편이 필요하고 남편은 지속적으로 아내를 염려한다고 보며 약사의 요구를 들어주면서도 관계를 유지할 수 있는 방법을 찾으려고 한다. 에이미는 아내의 생존을 관계의 지속과 연관시키고, 아내의 삶의 가치를 관계의 맥락 속에서 고려한다. 그리고 아내가 죽게 내버려 두는 것은 잘못된 일이라고 하는데, 그 이유는 "아내가 죽으면 많은 사람이 슬퍼할 것이고, 그것이 다시 아내를 슬프게 할" 것이기 때문이다. 에이미의 도덕 판단은 "다른 사람을 살릴 수 있는 무언가를 갖고 있다면 그것을 주지 않는 것은 옳지 않다"는 신념에 기반을 두고 있기 때문에, 그는 이 딜레마를 약사가 권리를 주장했기 때문이 아니라 약사가 하인츠 아내의 필요에 응답하지 않았기 때문에 일어난 일이라고 생각한다.

인터뷰 진행자는 콜버그의 딜레마에서 제기되는 질문을 연속해서 이어가지만 에이미의 대답에는 본질적인 변화가 없다. 기존의 이론에 맞게 답을 수정해보려는 다양한 방식의 질문에도 에이미는 자신의 첫 응답을 해명하거나 수정하지 않는다. 하인츠가 아내를 사랑하건 아니건 여전히 그는 약을 훔쳐서도 안 되고 아내를 죽게 해서도 안 된다. 만약 낯선 이가 죽어간다면 어떻게 해야겠느냐고 묻자 "만약 그 사람 주변에 아무도 없거나, 있더라도 모르는 사람이라면" 하인츠는 그 사람의 생명을 구하려고 노력해야 하지만, 그 경우에도 약을 훔쳐서는 안 된다고 말한다. 인터뷰 진행자가 같은 질문을 반복하자 에이미는 그가 자신의 답을 이해하지 못했거나 자신이 틀린 답을 말했다고 느끼고, 점점 자신감을 잃어 대답도 부자연스럽고 불확실해진다. 왜 하인츠가 약을 훔쳐서는 안 되냐고 질문하자 그는 단지 그것이 "옳지 않은 일이기 때문"이라고 반복한다. 이유를 설명하라고 하자 에이미는 절도는 좋은 해결책이 아니라고 대답하면서 "설령 약을 손에 넣었다 하더라도 약을 어떻게 사용해야 할지 몰라서 아내가 죽을 수도 있잖아요"라고 주저하며 덧붙인다. 도덕 논리만으로 이 딜레마를 해결할 수 있다는 사실을 눈치채지 못한 에이미는 해결책의 내적 구조를 알아보지 못하고, 주어진 문제를 완전히 다르게 구성하면서 콜버그의 이해를 완전히 빗나간다.

에이미는 세상이 홀로 서 있는 사람들로 구성된 것이 아니라 관계들로 이루어져 있으며, 규칙 체계가 아니라 인간관계를 통해 지속된다고 보기 때문에, 이 딜레마의 문제가 약사가 아내의 필요에 응답하지 않은 것에 있다고 본다. 에이미는 "누군가를 살릴 수 있는데도 죽어가게 내버려두는 것은 옳지 않다"고 말하면서 만약 약사가 가격을 낮추지 않아서 벌어질 일을 알았다면 "일단 약을 주고 나중에 그 돈을 갚으라고 해야 한다"는 사실을 인정했을 거라고 말한다. 그러므로 에이미는 이 딜레마를 해결하기 위해서 하인츠가 아내의 상태를 약사에게 더 분명히 밝히거나 그것이 실패할 경우 도와줄 수 있는 다른 사람들에게 도움을 요청해야 한다고 생각한다.

딜레마를 보는 서로 다른 관점

~~~~~~~~~~

제이크가 절도가 옳은 행위임을 판사가 인정하리라고 확신하듯이 에이미도 "하인츠와 약사가 충분히 오랫동안 이야기를 나누었다면 훔치는 것 외에 다른 방법을 찾아냈을 것"이라고 확신한다. 제이크가 법에도 "오류가 있을 수 있다"고 생각하는 것처럼 에이미는 "사람들이 더 많은 것을 나눈다면 남의 것을 훔치는 일은 일어나지 않을 것"이라고 믿으며, 따라서 이 딜레마 자체를 오류라고 본다. 두 아동 모두 합의가 필요하다는 것은 인정하지만, 제이크는 논리와 법을 통해 합의가 이루어져야 한다고 생각하는 반면 에이미는 사적인 관계 속에서 대화를 통해 합의를 도출하는 방식을 선택한다. 제이크가 사람들이 논리적 규칙을 공유한다고 가정하며 규칙을 통해 딜레마를 해결하려 하는 것처럼, 에이미는 사람들 사이에 연결과 믿음이 있으며 사람들이 자신의 목소리에 귀를 기울여줄 것이라고 가정하며 대화를 통해 딜레마를 해결하려고 한다. 그러나 합의에 대한 제이크의 가정이 논리적으로 설명된 반면 에이미의 가정은 인터뷰 진행자가 그의 응답을 이해하지 못한 탓에 의사소통의 실패로 간주된다.

같은 질문이 반복되고 응답이 진전 없이 되풀이되는 것으로 보아 에이미와의 인터뷰가 실패했다는 것은 분명한데, 이는 에이미의 응답에 대한 연구자들의 평가에서 해석의 문제가 발생했기 때문이다. 콜버그의 도덕 발달 단계에 의하면 에이미의 도덕 판단은 제이크보다 성숙도가 전체적으로 낮은 것으로 보인다. 2단계와 3단계에 속하는 판단이 뒤섞인 에이미의 응답은 세상에 대한 무력감, 도덕이나 법 개념에 대해 체계적으로 사고할 수 없는 무능력, 권위에 도전하거나 주입된 도덕적 가치를 검토하지 않으려는 저항감, 생명을 구하기 위해 직접 행동하는 것은 상상도 하지 못하거나 설령 행동하더라도 그것의 영향에 대해 회의하는 태도 등으로 평가된다. 관계를 중요시하는 것이 지속적인 의존과 취약함의 표식으로 해석되기 때문에 대화로 도덕적 딜레마를 해결하려는 에이미의 굳건한 믿음은 순진하고 미성숙한 것으로 보인다.

그러나 자신에 대해 묘사하는 에이미는 확연히 다른 인상을 준다. 청년기 이전 단계에 속하는 아동은 확고한 자의식을 갖추고, 자신의 신념을 확신하며, 세상에 가치 있는 일을 할 수 있다는 자신감에 차 있다. 에이미는 11세의 자신을 "성장하고 변화하는" 상태로 묘사하면서 "이제는 나 자신과 세상에 대해 더 많은 것을 알기 때문에 어떤 것들을 이전과 다르게 보게 되었다"고 말한다. 에이미가 아는 세상은 콜버그가 구성한 하인츠 딜레마가 보여주는 왜곡된 세상과 다르다. 그의 세상은 사람들 사이의 관계와 진실한 마음이 중요시되고, 사람들이 그들 사이의 연결을 인식하며, 서로에게 책임을 갖고 응답할 필요를 알고 있는 세상이다. 이런 관점에서 볼 때 관계 인식에서 비롯되는 도덕에 대한 이해와 갈등 해결 방식으로써 대화에 대한 믿음, 설득으로 딜레마를 해결할 수 있으리라는 확신은 순진하거나 미숙한 것과는 거리가 멀다. 제이크의 판단이 정의의 논리를 반영하듯이 에이미의 판단은 돌봄 윤리의 핵심적인 통찰을 포함하고 있다. 에이미는 비폭력적 갈등해소의 중심인 "진실의 방법"을 인식하고 있고 돌봄 활동을 통해 관계를 복원할 수 있다고 믿기 때문에, 딜레마에 등장하는 인물들을 대립하는 권리로 다투는 적이 아니라 서로 의존하는 관계망에 속하는 구성원이라고 본다. 따라서 이 딜레마에 대한 에이미의 해결책은 대화를 통해 관계망을 활성화하고, 사람들 사이의 연결을 강화시켜서 관계망 속에 하인츠의 아내를 포함하는 것이다.

에이미의 응답에 전제된 다른 논리는 인터뷰의 해석 방식 자체에 주목하게 한다. 인터뷰는 질문과 응답을 통한 대화 형식으로 진행되며, 이러한 방식은 인터뷰 진행자의 권위와 관점 표현에 따른 자체적인 도덕적 차원을 포함한다. 인터뷰를 이렇게 이해할 때, 인터뷰 진행자가 에이미의 응답을 이해하는 데 어려움을 느낀 것은 에이미가 그가 의도한 것과 다른 질문에 답을 하고 있었기 때문임이 명백해진다. 에이미는 "하인츠가 약을 훔쳐야 **하는가?**(should Heinz steal the drug?)"에 대해서가 아니라 "하인츠가 약을 **훔쳐야** 하는가(should Heinz **steal** the drug?)"를 고민한다. 인터뷰 진행자는 절도라는 행위를 당연하게 생각하면서 그것을 기정사실로 가정한다. 그러나 에이미는 행동의 필연성을 전제로 그 행동이 어떤 형태여야 하는지를 고민한다. 콜버그의 도덕 발달 이론으로 해석할 수 없는 응답은 진행자가 예상치 못한 것이었고, 그는 에이미의 의구심이나 그의 대답 속에 있는 논리를 파악하지 못한다. 또한 어떤 관점에서 딜레마의 회피로 보이는 것이 다른 관점에서는 문제를 새롭게 인식하고 보다 적절한 해결책을 찾으려는 시도로 읽힐 수 있다는 사실을 깨닫지 못한다.

하인츠의 딜레마에서 두 아동은 매우 다른 두 가지 도덕 문제를 본다. 제이크는 딜레마를 논리적 추론으로 해결할 수 있는 생명과 재산 사이의 갈등으로 보지만, 에이미는 딜레마를 대화를 통해 해결해야 할 인간관계의 균열로 본다. 도덕에 대한 다른 관점에서 발생하는 상이한 질문들을 던지면서 아동들은 근본적으로 다른 대답에 도달하게 된다. 이러한 대답을 남아의 논리가 기준이 된 도덕적 성숙의 잣대로 평가하는 것은 여아의 판단에 내포된 다른 진실을 놓치게 한다. 콜버그의 이론은 제이크의 판단을 에이미의 판단보다 도덕적으로 더 높은 단계에 있는 것으로 평가하기 때문에 "여성은 보지 못하고 남성만 볼 수 있는 것은 무엇인가?"라는 질문에 준비된 대답을 할 수 있지만, "남성은 보지 못하고 여성만 볼 수 있는 것은 무엇인가?"라는 질문에는 아무 대답도 하지 못한다. 에이미의 응답은 대부분 콜버그의 이론으로는 설명되지 못하므로 그의 관점에서 에이미의 판단은 마치 도덕 영역 바깥에 있는 것처럼 보인다.

하지만 제이크가 정당화의 논리를 정교하게 이해하고 있듯이 에이미 역시 선택의 의미를 충분히 이해하고 있다. 에이미는 "방향이 완전히 다른 두 갈래 길 중에 한쪽을 선택한다면 다른 길을 선택했을 때 어떤 일이 일어날지 결코 알 수 없다"는 것을 인식하며, "그건 받아들여야 할 위험이에요. 다른 선택에 대해 생각하는 것은 추측에 불과하죠"라고 말한다. 에이미

는 자신의 요점을 "간단히" 설명하기 위해 여름 캠프에 가기로
했던 일을 예로 든다.

내가 집에 남는다면 캠프에서 어떤 일이 일어날지 결코 알 수 없
어요. 그리고 캠프에서 무언가 잘못된다고 해도 내가 집에 머무
르는 게 더 나았을지는 알 수 없을 거예요. 동시에 두 가지를 다
할 수는 없으니 달리 방법이 없죠. 그래서 결정을 해야 해요. 하
지만 그게 더 잘한 선택인지는 영원히 알 수 없을 거예요.

이렇게 영민하고 통찰력 있는 두 아이는 도덕을 이해하고 갈
등과 선택에 대해 사고하는 서로 다른 방식을 보여준다. 하인
츠 딜레마를 해결하면서 제이크는 절도를 선택하고, 그로 인한
분쟁을 중재하기 위해 법에 의지한다. 그는 가치의 위계를 권
력의 위계로 전환함으로써 사람들 사이에 증폭될 수 있는 갈등
을 비인격적인 법적 주장의 충돌로 대체하고 충돌의 가능성을
완화한다. 이런 방식으로 제이크는 특정한 상황에서 도덕 문제
를 추상화하고 공정성의 논리로 분쟁을 해결할 객관적 기준을
찾는다. 승패가 불가피하게 나뉘고 폭력의 가능성이 잠재된 제
이크의 위계적 구조는 에이미의 딜레마 구성에서는 대화를 통

해 지속되는 연결망과 관계의 그물 조직으로 대체된다. 이러한 관점에서 딜레마는 생명보다 재산을 우선시하는 부당한 처사에 대한 문제가 아니라 약사가 아내의 필요에 응답하지 않은 불필요한 배척의 문제로 전환된다.

이러한 도덕 문제와 관계 이미지의 변화는 두 명의 8세 아동의 응답에서도 볼 수 있다. 제프리와 카렌은 무엇이 옳은 행동인지 확신하지 못하는 상황이 어떤 것이냐는 질문에 아래와 같이 답한다.

제프리 친구들과 놀고 싶은데 어머니가 지하실 청소를 하고 있으면, 친구를 생각해보고 다음에 어머니를 생각해봐요. 그런 다음에 어떻게 하는 것이 옳을지 생각해요. (무엇이 옳은 일인지 어떻게 알아요?) 어떤 것은 다른 것보다 더 중요하기 때문이죠.

카렌 나는 친구가 많고, 늘 모두와 함께 놀 수는 없어요. 그래서 차례를 기다려야 돼요. 다 내 친구니까요. 그런데 누군가 혼자 있다면 난 그 친구와 놀 거예요. (그런 결정을 할 때 어떤 생각을 하나요?) 음... 혼자 있는 사람이요. 그 애가 외롭겠다는 생각을 해요.

제프리는 욕망과 의무가 충돌하는 상황을 해결하기 위해 순위를 정하는 반면 카렌은 모든 친구를 포섭하는 관계망을 만든다. 두 아이 모두 선택에 의해 생기는 배제와 우선순위의 문제를 다루지만 제프리가 무엇이 더 우선인지를 생각할 때 카렌은 누가 소외되는지에 초점을 맞춘다.

우월하거나 열등한 판단은 없다

도덕적 갈등과 선택에 관한 아동들의 생각에서 나타나는 위계 구조와 관계망의 대조적인 이미지는 순차적이거나 상반되는 것이 아니라 상호 보완적인 도덕의 두 관점을 보여준다. 그러나 이러한 해석은 도덕 관점의 위계를 정하는 기존 발달 이론의 이해 방식과 상충한다. 기존의 발달 이론이 남아의 사고 구조와 일치하는 것은 그것이 여아의 사고 구조와 불일치하는 것과 대비된다. 그러나 아이들의 관점을 비교할 때, 어떤 판단이 다른 판단에 비해 우월하다고 볼 근거는 없다. 따라서 두 관점이 어떤 관계인가에 관한 의문이 제기된다. 두 관점에는 어떤 관계가 있으며, 그 차이는 무엇을 의미하는가? 이러한 의문은 제이크와 에이미의 도덕에 대한 이해와 자신에 관한 판

설명을 살펴봄으로써 명확해진다.

(자신을 어떤 사람이라고 표현할 수 있을까요?)

제이크 완벽하죠. 이건 좀 잘난 체하며 말한 거고요. 어떤 방법으로 저를 설명하기를 원하세요?

에이미 제 성격을 말하는 건가요? (어떻게 생각해요?) 잘 모르겠어요. 나는 내가... 음... 어떤 의미로 물어보는 거예요?

(당신이 생각하는 자신을 묘사하라면 뭐라고 말할 건가요?)

제이크 11살이라는 것부터 시작할래요. 내 이름은 제이크예요. 내가 ××마을에 산다는 걸 덧붙여야겠어요. 그건 제게 중요한 부분이거든요. 그리고 아버지가 의사라는 것도요. 나는 그게 나에게 영향을 미친다고 생각해요. 그리고 하인츠의 경우를 빼면 저는 범죄가 해결책이 된다고 생각하지 않아요. 학교는 좀 따분해요. 학교가 내 성격을 좀 바꿔 놓는 것 같아요. 음... 나 자신을 어떻게 설명해야 할지 모르겠어요. 내 성격을 뭐라고 말해야 할지 모르겠거든요. (당신이 실제로 당신을 어떻게 생각하는지 말하라고 하면요?) 장난치는 걸 좋아해요. 공부는 좋아하지 않지만 학교에서 배운 건 전부 할 수 있어요. 학교에서 준 문제도 다 풀 수 있어요.

지식을 요구하는 문제는 예외지만 책을 읽으면 그런 문제도 풀 수 있어요. 하지만 너무 쉬운 숙제로 시간을 낭비하고 싶지는 않아요. 그리고 운동을 아주 좋아해요. 많은 사람과 달리 세상에는 여전히 희망이 있다고 생각해요. 내가 아는 대부분의 사람을 좋아하고, 꽤 행복하게 살고 있어요. 그리고 나이에 비해 키가 커요.

에이미 학교와 공부를 좋아해요. 공부는 계속하면서 살고 싶어요. 과학자나 그쪽 계통의 일을 하는 사람이 되고 싶어요. 그리고 다른 사람을 돕고 싶어요. 그게 지금의 나이고, 앞으로도 그렇게 살고 싶어요. 이게 나 자신을 설명하는 말이 될 것 같네요. 그리고 뭔가 다른 사람을 돕는 일을 하고 싶어요. (왜 그렇죠?) 글쎄요. 세상에는 많은 문제가 있고 모든 사람이 어떤 식으로든 다른 사람을 도와야 한다고 생각해요. 나는 그것을 과학을 통해서 하고 싶어요.

우리는 11세 남아의 목소리에서 익숙한 자기 정의의 형태를 볼 수 있다. 이는 젊은 스티븐 디덜러스[2]가 지리학 책에 쓴 "그 자신, 그의 이름 그리고 그가 있던 곳"이라는 구절과 자신의

---

2   제임스 조이스의 소설 《젊은 예술가의 초상》의 주인공.

위치를 규정하기 위해 시공간을 정렬하던《우리 읍내》의 서술 방식을 연상시킨다. 제이크는 세계에서 자신이 차지한 특정한 위치를 묘사하면서 자신의 능력과 신념, 키를 통해 남들과 자신을 구별한다. 에이미도 좋아하는 것과 원하는 것, 신념을 열거하긴 하지만, 그는 타인과의 연결로 자신을 설명하고 누군가에게 도움을 줄 수 있는 능력을 강조하며 세계와 자신을 연결시킨다. 제이크가 자신의 가치를 측정하기 위해 완벽함을 이상으로 삼는 것과 대조적으로 에이미는 돌봄을 자신의 행동 가치로 꼽는다. 에이미가 세계와의 관계 속에 자신을 위치시키고 과학을 통해 타인을 돕겠다고 할 때, 제이크는 그의 성격과 지위, 삶의 질을 규정하는 범위 내에서 세계를 자신과 관련시킨다.

독립을 통해 정의된 자아와 연결을 통해 정의된 자아, 완벽이라는 추상적인 이상으로 측정되는 자아와 특정한 돌봄 활동을 통해 평가되는 자아의 대조는 아동들이 타인에 대한 책임과 자신에 대한 책임 사이의 갈등을 해소하는 방식을 살펴보면 더욱 선명해진다. 우리는 일과 가족 사이에서 갈등하는 어떤 여성의 딜레마를 제시하고 이와 관련해 책임에 관한 질문을 했다. 이때 에이미는 갈등의 세부사항에 영향을 받았지만,

제이크는 친밀한 관계를 폭발하기 쉬운 균열을 내포한 관계로 대체하면서 그것이 속한 구체적인 맥락에서 책임의 문제를 추상화했다.

(자신에 대한 책임과 타인에 대한 책임이 충돌한다면 어떤 선택을 해야 할까요?)

제이크 다른 사람에게는 4분의 1 정도 책임이 있고, 자신에게는 4분의 3 정도 책임이 있어요.

에이미 상황에 따라서 달라지죠. 누군가에 대해 책임이 있다면 어느 정도까지는 책임을 져야겠지만, 그 책임을 감당하느라 자신이 다치거나 진심으로 원하는 뭔가를 못 하게 된다면 아마 자기 자신부터 챙겨야겠죠. 그런데 그 누군가가 나와 무척 가까운 사이라면 그 상황에서 나와 그 사람 중에 어느 쪽이 더 중요한지 선택해야 할 거예요. 예전에 말했듯이 이건 당신이 어떤 사람인지, 또 그 사람을 어떻게 생각하는지에 따라 달라져요.

(왜 그렇죠?)

제이크 뭔가를 결정할 때 가장 중요한 건 자기 자신이니까요. 다른 사람에 의해 좌지우지되면 안 되잖아요. 물론 그 사람들도 고

관계 이미지의 열쇠

려해야 하지만요. 그러니까 원자폭탄을 터뜨려 죽고 싶다고 해도 그것으로 인해 죽을 수 있는 이웃들을 생각해서 수류탄 정도로 만족해야 해요.

<u>에이미</u> 어떤 사람들은 자신을 가장 최우선에 두지만 어떤 사람들은 진심으로 타인을 걱정하잖아요. 나는 일이 남편이나 부모님, 혹은 아주 가까운 친구처럼 당신이 사랑하는 사람보다 더 중요하다고 생각하지 않아요. 단지 직업적으로 책임져야 하는 사람이거나 잘 모르는 사람이라면 당신이 우선이 될지도 몰라요. 하지만 당신이 정말로 아끼고 사랑하는 사람이라면 당신은 더 사랑하는 것이 그 사람인지 나인지를 결정해야 할 거예요. (어떻게 그렇게 할 수 있나요?) 잘 생각해봐야죠. 여러 측면을 생각해보고 어느 쪽이 그 사람이나 나에게 더 좋은지, 어느 쪽이 더 중요한지, 무엇이 모두를 더 행복하게 만드는지 생각해 봐야 해요. 만약 다른 누군가가 그 사람을 도울 수 있고 그래서 특별히 당신이 필요하지 않다면 당신이 원하는 것을 하는 게 더 나을지도 몰라요. 그 사람은 다른 누군가의 도움을 받을 테고, 당신은 당신이 하고 싶은 일을 할 수 있을 테니까요.

(책임이란 무엇인가요?)

제이크 무슨 일을 할 때 다른 사람에 대해 생각하는 거예요. 돌을 던지고 싶어도 남의 집 창문으로는 던지지 않는 것과 같아요. 그 유리창을 고쳐야 할 사람을 생각해야 하니까요. 또 나를 위해서도 그렇게 하지 않을 텐데 왜냐하면 나는 그 사람들과 함께 살아가야 하잖아요. 당신이 다른 사람에게 피해를 준다면 많은 사람이 고통받을 테니 이런 일이 바로 그른 행동이겠죠.

에이미 사람들이 당신에게 무언가를 바라고 있을 때 "이렇게 할래, 또는 저렇게 할래"하고 그냥 결정할 수 없는 거죠. (다른 책임도 있나요?) 글쎄요, 자기 자신에 대한 책임이 있죠. 만약 뭔가가 정말 재미있어 보이지만 안전하게 하는 법을 몰라서 다칠 수도 있다면, 친구들이 "해봐, 할 수 있어. 걱정 하지 마"라고 말하지만 정말 두렵다면, 당신은 그걸 하지 말아야 하고 선택은 당신 책임이에요. 당신은 자신을 잘 돌봐야 하고 그것이 자신에 대한 책임이니까요.

제이크는 여기서도 타인에게는 4분의 1, 자신에게는 4분의 3이라는 비율을 적용하며 딜레마를 수학 공식처럼 구성하여 해결책을 찾으려 한다. 그는 자신이 당연하게 여기는 자기 자신에 대한 책임을 먼저 고려하고 나서 다른 사람에 대한 책임을 생각한다. 그는 자신이 독립된 개체라는 생각을 전제로 하지만 "다른 사람들과 함께 살아야 한다"는 점을 인식하고 있기 때문에, 타인으로부터 받는 간섭을 제한하고 상처받을 가능성을 최소화하는 규칙을 추구한다. 그의 관점에서 타인에 대한 책임은 다른 사람의 행동이 자신의 영역을 침해할 수 있는 것처럼 자신의 행동도 다른 사람에게 영향을 미칠 수 있기 때문에 자신의 행동을 규제하고 타인의 영역을 침해하지 않도록 하는 것이다. 이러한 규칙은 모두에게 적용되는 상호적인 것이기 때문에 공동체의 삶을 안전하게 만들고 자율성을 보호하며 타인과 자신을 동일하게 고려한다.

에이미는 상충하는 책임에 대해서도 "상황에 따라 다르다"고 답하면서 선택하는 사람의 성향과 상황이 선택에 미치는 영향을 지적하고, 단정적인 대답이 아니라 맥락적인 대답을 한다. 그리고 "당신이 누군가에게 책임이 있다면 그 책임을 감당해야 한다"는 관계성의 전제에서 나아가 자기 자신에 대한 책임까지 고려한다. 독립이라는 변수를 탐색하면서 에이미는 자신이 원하는 것을 하면서 다른 사람의 행복도 감소시키지 않는 경우를 생각한다. 그에게 책임은 타인에게 응답하는 것이며, 행동의 제한이라기보다는 확장이다. 그러므로 그것은 침해의 규제라기보다는 돌봄의 행위를 수행하는 것이다. 에이미는 모든 사람의 욕구를 포괄하는 해결책을 찾으면서 "모두를 더 행복하게 만드는" 방식으로 딜레마를 해결하려고 한다. 에이미는 응답의 필요성에 집중하는 반면 제이크는 간섭을 최소화하는 데 중점을 둔다. 그러므로 그의 제한조건은 "타인이 당신을 좌지우지하게 내버려두지 말라"는 것이다. 이런 제한조건이 에이미에게는 "다른 사람들이 나에게 의지하고 있을 때" 발생한다. 이런 경우 "당신은 무엇을 선택할지 가볍게 결정할 수 없다." 이 두 관점 사이에 상호작용이 있다는 것은 에이미가 관계를 전제한 후에 독립의 변수를 고려하고, 제이크가 독립을 전제한 후에 관계의 변수를 고려한다는 점에서 명백하다. 그러나 독립과 관계 중 어느 것을 우선시하느냐에 따라 자아와 관계의 이미지는 상이해진다.

이 두 관점의 차이 가운데서 가장 놀라운 것은 남아의 대답에서 두드러지는 폭력의 이미지다. 남아들은 세상을 위험한 대결과 난폭한 관계가 난무하는 곳으로 묘사한다. 반면 여아들은 세상을 보살피고 보호하는 곳으로 설명하며 "자신만큼 혹은 자신보다 더 사랑하는" 누군가와 함께 살아가는 삶을 그린다. 도덕 개념이 사회관계에 대한 이해를 반영하기 때문에 관계 이미지에서 보이는 이러한 차이는 도덕관 자체의 차이로 볼 수 있다. 제이크에게 책임은 자신의 행동이 다른 사람의 권리를 침해할 때 자기가 원하는 것을 **하지 않는** 것이고, 에이미에게 책임은 자신이 무엇을 원하는가와 상관없이 사람들이 그에게 기대하는 바를 **하는** 것이다. 두 아동 모두 다른 사람에게 상처주는 것을 피하려 하지만 문제가 되는 상황을 다르게 구체화한다. 즉 제이크는 권리가 침해되었을 때 상처받는다고 생각하고, 에이미는 각자의 기대가 응답받지 못했을 때 상처받는다고 여긴다.

만약 두 아동의 대답을 통해 도덕 발달의 궤도를 그린다면 상당히 다른 경로가 나타날 것이다. 제이크에게 발달은 타인을 자신과 동일하게 보게 되는 과정이며, 평등으로 관계망이 안전해질 수 있다는 것을 깨달을 때 이루어진다. 에이미에게 발달은 확장하는 관계망에 자기 자신을 포함하는 것이며, 독립이 반드시 고립을 수반하는 것이 아니라 오히려 자신을 보호할 수도 있다는 사실을 인식할 때 이루어진다. 도덕 발달의 서로 다른 궤도, 특히 독립과 관계의 경험이 자아의 형성에 미치는 상이한 영향을 고려하면 남아의 발달 과정을 청년기 발달의 유일한 지표로 설정할 때, 여아의 발달을 해석하는 데 지속적인 문제가 발생하리라는 것을 알 수 있다.

우리는 언제 위험을 느끼는가

기존 이론에서 도덕 발달은 독립을 전제로 하고, 오이디푸스기 전 단계의 애착과 오이디푸스기의 환상, 청년기 이전의 우정과 청년기의 사랑 등 실패한 관계를 통해 서술되었다. 독립이 기반이 되는 삶 속에서 그와 대립되는 관계의 개념은 연속적으로 분화하며 점점 더 강조되는 개인화 과정에 자리를 내어준다. 이러한 관점에서 여아의 발달은 그들의 삶에서 관계가 계속 유지되기 때문에 문제가 있는 것처럼 보인다. 프로이트는 청년기에 여아들이 내향적으로 변하는 것을 일차적 나르시시즘의 심화로 보며 그것이 사랑이나 "대상이 있는" 관계에서의 실패를 의미한다고 주장한다. 그러나 이러한 변화를 지속적인 관계를 배경으로 해석한다면 그것은 자아의 새로운 대응이며 관계의 실패가 아니라 돌봄의 확장을 의미한다. 이와 같이 남성 경험을 토대로 한 관계의 범주에 맞지 않는 여아들은 고립의 가능성을 내포한 독립을 위험으로 인식하면서, 균열의 가능성 때문에 관계를 위험한 것으로 여기던 인간 발달의 기존 이론에 의문을 제기한다.

이런 변화의 의미는 수전 폴락Susan Pollak과 내가 주제통각검사에서 제시된 이미지를 보고 학생들이 쓴 이야기의 폭력성을 분석하는 과정에서 드러난다. 이 연구의 중심 주제는 독립과 관계를 연상시키는 장면에서 학생들이 무엇을 느끼는가이며, 학생들이 동기부여에 관한 심리학 강의에서 작성한 이야기를 분석한 자료를 기반으로 수행되었다. 우리는 이 연구에서 참가자들이 폭력을 묘사하는 장면과 그 상상의 내용에서 유의미한 성별 간 차이를 발견했다(Pollak and Gilligan, 1982). 이 연구는 폴락이 야트막한 다리가 있는 강가 벤치에 한 커플이 앉아 있는 평온한 장면에 대해 남성들이 기괴하고 폭력적인 이야기를 만들어내는 것을 포착하며 시작되었다. 강의를 듣는 88명의 남성 중 21퍼센트 이상이 이 장면에 대해 살인, 자살, 칼부림, 납치, 강간과 같은 폭력적인 이야기를 썼다. 이와 대조적으로 같은 수업을 듣는 50명의 여학생 중에 누구도 이 장면에 폭력을 투사하지 않았다.

친밀성에 관한 남성의 이야기에서 폭력성이 관찰되는 현상은 경쟁적 성공에 관해 여성이 쓴 이야기에서 폭력적 이미지

를 발견한 호너Horner(1968)의 연구와 한 쌍처럼 보인다. 호너
는 여성들이 성공에 따르는 부정적 결과를 예상할 때 "기이하
고 난폭한 이미지"를 떠올린다고 말하면서, 그 예로 의과대학
에서 수석을 하고 자신감에 차 있던 앤이 시기하는 급우들에
게 얻어맞아 평생 신체장애를 가지게 되는 이야기를 인용한
다. 친밀한 관계에서 남성이 떠올리는 난폭한 환상은 강가 벤
치 장면을 보고 쓴 한 남성의 글에서 잘 드러난다.

닉은 자신의 인생이 주마등처럼 지나가는 것을 보았다. 온몸으로
한기가 스며드는 것이 느껴졌다. 얼어붙은 강에 빠진 지 얼마나
되었을까? 30초, 아니면 1분? 그는 2월 중순 찰스강의 추위에 곧
굴복하게 될 것이다. 얼어붙은 강을 건너라는 샘의 도전을 덥석 받
아들이다니, 그는 자신이 얼마나 어리석었는지 통감했다. 샘이 자
신을 미워한다는 건 진작부터 알고 있었다. 샘은 닉이 부자라서 싫
어했고, 그가 어릴 때부터 좋아했던 메리와 약혼한 것 때문에 더욱
싫어했다. 그러나 닉은 메리 역시 자신을 싫어하며 실은 샘을 사랑
하고 있다는 사실을 알지 못했다. 두 사람은 강 옆 벤치에 조용히
앉아 닉이 죽어가는 것을 지켜봤다. 그들은 아마 곧 결혼할 것이고
메리가 수혜자인 생명보험으로 결혼 자금을 조달할 것이다.

폴락과 나는 위험을 감지하는 관찰자의 시선에 집중하면서, 남성과 여성이 위험을 인지하는 상황이 서로 다른지, 그리고 위험의 개념을 다르게 이해하는지 살펴봤다. 친밀성에 대한 남성의 이야기에서 폭력을 관찰한 이후, 우리는 성취나 친밀한 상황에서 나타나는 폭력적인 상상에 성차가 있는지, 그리고 친밀성과 경쟁적 성공을 폭력과 연결하는 데 남성과 여성이 다른 연상 과정을 거치는지 탐색했다. 연구 결과 남성이 쓴 이야기에서 폭력이 훨씬 더 많이 발생했고, 이는 공격성에 성차가 있다는 것을 밝힌 이전 연구(Terman and Tyler, 1953; Whiting and Pope, 1973; Maccoby and Jacklin, 1974)들과 맥을 같이했다. 동기부여 강의를 듣는 88명의 남성 중 51퍼센트가 폭력적인 이야기를 한 번 이상 쓴 반면, 50명의 여성 중에서는 22퍼센트가 폭력의 이미지를 차용했고, 그중 폭력이 소재가 되는 이야기를 하나 이상 쓴 여성은 아무도 없었다. 또한 우리는 폭력적 상상을 하는 상황이나 상상의 내용에서도 성차를 발견했는데 이는 남성과 여성이 관계를 인식하는 방식에 차이가 있다는 것을 보여준다.

주제통각검사에 나오는 6개의 사진 중 성취, 그리고 친밀한 관계의 상황을 명확하게 보여주는 4개의 사진이 분석 대상으로 선별되었다. 사진 중 2개는 가까운 관계로 보이는 남성과 여성을 보여준다. 하나는 앞에서 언급한 강이 보이는 벤치에 앉아 있는 커플이고, 다른 하나는 공중그네를 타는 곡예사들인데 남성이 공중그네에 무릎을 걸치고 있고 여성은 남성의 손목을 잡은 채 공중에 매달려 있다. 나머지 두 사진은 성취에 관한 것으로 일을 하는 사람들을 보여준다. 각각 고층 건물 사무실 책상에 혼자 앉아 있는 남성과 흰 가운을 입고 실험실에서 일하는 두 여성의 사진이다. 마지막 사진에서는 시험관을 다루는 여성을 다른 여성이 지켜보고 있다. 연구는 이 두 세트의 사진을 보고 학생들이 쓴 이야기를 비교하는 데 초점을 맞췄다.

같은 수업을 수강하는 남성들을 같은 집단이라고 설정할 때, 이 남성들은 공적인 성취 상황보다 친밀한 관계의 상황에 더 많은 폭력성을 투사했다. 남성의 25퍼센트가 친밀한 관계를 나타내는 사진에만 폭력적인 이야기를 썼고, 19퍼센트가 두 상황 모두에 폭력적인 이야기를 썼으며, 7퍼센트는 공적인 성취 상황에만 폭력성을 투사한 이야기를 썼다. 대조적으로 여성들은 친밀한 관계의 상황보다 공적인 성취 상황에서 더 자주 폭력적인 묘사를 했다. 여성의 16퍼센트가 성취 상황에서, 6퍼센트가 친밀한 관계 상황에서 폭력적인 이야기를 썼다.

남성이 쓴 닉 이야기가 친밀한 관계와 위험을 연관시키는 사례라면, 여성이 쓴 헤그스테드 선생님 이야기는 성취에 폭력을 투사하고 경쟁적 성공과 위험을 연관시키는 사례다.

실험실에서 보내는 또 다른 따분한 하루였다. 심술궂은 헤그스테드 선생님은 늘 학생들의 등 뒤에서 일거수일투족을 감시한다. 그는 니드햄 고등학교에서 40년간 근무했고 화학 수업은 언제나 똑같다. 그는 반의 모범생인 제인 스미스를 본다. 그는 오늘도 제인에게 제인이 실험을 제대로 하고 있으며, 제인만이 열심히 공부하는 유일한 학생이라고 칭찬한다. 제인이 자신이 오후에 마실 커피에 넣을 비소를 만들고 있다는 사실은 까맣게 모른 채 말이다.

공격성이 위험을 인지하여 나오는 반응임을 고려한다면 우리는 남성과 여성이 각기 다른 사회적 상황에서 위험을 감지할 뿐만 아니라 다른 방식으로 위험을 이해한다는 사실을 알 수 있다. 남성은 친밀한 관계에서 위험을 느끼고 친밀성에서 위험이 발생한다고 여기지만, 여성은 공적 성취 상황에서 위험을 느끼고 경쟁적 상황에서 성공했기 때문에 위험이 발생한다고 생각한다. 남성이 친밀성에 대하여 쓴 이야기에 나오는 위험은 함정에 빠지거나 배신당하는 상황, 혹은 질식할 것 같은 관계에서 빠져나오지 못하거나 거부와 기만으로 모욕당하는 상황에 따른 위험이다. 대조적으로 여성이 묘사하는 위험은 고립의 위험이며, 이는 성공으로 인해 남들보다 두드러지면 집단에서 분리되어 혼자 남겨질 것이라는 두려움이다. 헤그스테드 선생님 이야기에서 폭력이 발생하는 유일한 이유는 모범생인 제인이 다른 학생과 다른 대우를 받기 때문이다. 제인은 선생님의 커피에 비소를 넣어 복수하지만 선생님은 잘했다고 제인을 칭찬했을 뿐이다.

사진 속의 사람들이 가까울수록 더 많은 남성이 폭력적인 이야기를 쓴 데 반해 사람들이 멀어질수록 더 많은 여성이 폭력적인 이야기를 썼다. 여성들은 혼자 책상에 있는 남성의 사진에 폭력성을 가장 많이 투사했다. 이것은 사람이 혼자 있는 유일한 사진이었다. 반면 남성은 유일하게 사람들이 접촉하는 공중그네 곡예사의 사진에 가장 많은 폭력을 투사했다. 이런 결과로 보아 남성과 여성은 애착과 독립을 서로 다른 방식으로 경험하는 듯하며, 남성은 관계에서 여성은 독립에서 다른 쪽이 느끼지 못하는 위험을 감지하는 듯했다.

많은 여성이 일반적으로 더 위험하다고 여겨지는 곡예사의 상황보다 책상에 남성이 홀로 앉아 있는 장면에 더 큰 위험을 느꼈다는 사실은 우리가 보편적으로 적용하는 기존의 해석 방식에 의문을 제기한다. 또한 공격성에 있어서 성차는 보통 남성의 반응을 규범으로 삼아왔기 때문에 여성이 공격성을 보이지 않는 것은 설명이 필요한 문제로 파악되었다. 여성과 남성이 쓴 이야기에서 나타나는 폭력의 상이한 차이는 자연스레 여성이 곡예사들을 안전하다고 보는 이유에 주목하게 한다.

이 의문의 답은 공중곡예 장면에 관한 이야기를 분석해보면 알 수 있다. 사진은 곡예사들이 그물망 없이 높은 공중에서 연기하는 것을 보여주지만 연구에 참여한 여성의 22퍼센트는 그들이 쓴 이야기에 그물망을 포함했다. 반면 남성의 6퍼센트만이 그물망을 상상했고, 40퍼센트는 그물망이 없다고 명시하거나 한 명 혹은 두 명의 곡예사가 추락해서 죽음을 맞는 결말을 구성함으로써 그물망의 부재를 암시했다. 여성이 공중곡예 장면을 안전하다고 본 이유는 그들이 그물망을 제공하여 곡예사들이 떨어지더라도 생명을 보호할 장치를 마련했기 때문이다. 그러나 남성 심리학자들은 여성의 반응을 해석하면서 여성의 이야기에 폭력이 부재한 것은 위험의 부인 혹은 공격성의 억압 때문이라고 결론지었다(May, 1981). 남성에게 신비롭고 위험해보이는 친밀함의 세계는 관계를 엮고 이를 지속시키는 활동을 상상하는 여성에게는 일관되고 안전한 세계가 된다.

여성들이 인지하는 것처럼 공격성이 관계의 균열에서 발생한다면, 돌봄은 그들의 상상이 보여주듯 고립을 방지하고 공격을 예방해 사회를 안전하게 만드는 활동이다. 이런 관점에서 볼 때 공격성은 더 이상 억제되어야 하는 무절제한 충동이 아니라 연결이 끊어졌다는 신호이다. 또한 이 관점에서 보면 남성의 상상에 폭력이 만연한 까닭은 남성들이 세상을 사방에 위험이 도사리는 곳으로 보기 때문이다. 남성이 이런 세계관을 갖고 있기 때문에 그들이 관계를 맺을 때 문제가 발생하며, 유지해온 관계가 쉽게 무너지고 타인으로부터의 독립이 위험한 고립으로 변질되는 것이다. 여성이 공격적이지 않은 이유를 그들이 독립을 두려워하기 때문이라고 설명하는 전형적인 해석을 뒤집어보면, 남성의 이야기에 폭력이 만연한 이유와 친밀한 관계 안에 자리한 폭력성의 기묘한 위치를 볼 수 있다. 관계에 내재된 배신과 기만의 가능성은 남성들이 관계를 위험한 것으로, 독립을 안전한 것으로 여기게 한다. 그러므로 여성이 연결망을 위협한다고 생각하는 경쟁적 성취 상황은 남성에

게는 명확한 경계를 설정하고 공격성을 제한하는 관계의 방식
으로써 오히려 안전하다고 받아들여진다.

　한 여성이 공중그네 곡예사들에 관해 쓴 이야기는 이러한
관점을 잘 보여준다. 그의 이야기는 관계의 지속이 성공을 보
장한다는 것을 암시하면서 성취와 친밀한 관계가 대립한다는
통상적 개념에 의문을 제기한다.

　이들은 '플라잉 집시'라는 팀이고 링글링 브라더 서커스에서 공
　연을 하기 위해 오디션을 보고 있다. 그들은 오디션의 마지막 팀
　으로 우아하고 멋스러운 시연을 보였지만 다른 팀에서는 사용하
　지 않는 안전망을 쓴다. 단장은 안전망을 걷어내면 그들을 고용
　하겠다고 말하지만, 집시들은 위험을 무릅쓰느니 차라리 그 일을
　거절하고 오래 사는 편을 택한다. 그들은 둘 중 한 사람이 다치면
　공연 역시 끝난다는 것을 알고 있다.

　이 이야기에서 집시들에게 가장 중요한 일은 공연을 하는
것이 아니라 두 사람이 함께 잘 사는 것이다. 목숨을 위태롭게
하며 얻는 성공이 불러올 수 있는 부정적인 결말을 염려하면
서 그들은 안전망 대신 일자리를 포기한다. 그리하여 그들은

자신의 생명을 보호할 뿐만 아니라 "한쪽이 다친다면 끝장날 수 있는" 공연 자체도 보호한다.

이처럼 여성은 관계를 유지하기 위해 규칙을 바꾸려고 하는데 반해 남성은 규칙을 준수하면서 관계를 쉽게 대체할 수 있는 것으로 묘사한다. 가장 많은 수의 남성이 이 장면에 폭력성을 투사하면서 남성 곡예사가 여성 곡예사를 떨어뜨리는 것으로 끝나는 부정과 배신의 이야기를 썼다. 그들은 다른 곡예사와 함께 공연을 계속 이어나갈 수 있다고 생각하는 듯하다.

여자 곡예사는 남자 곡예사의 절친한 친구와 결혼했다. 공연이 시작되기 전 남자 곡예사는 여자 곡예사의 외도를 알게 된다. 남자는 여자에게 남편에게 사실을 털어놓으라고 말하지만 여자는 거절한다. 친구를 마주할 용기가 없던 남자는 사고를 가장하여 지상 30미터에서 곡예 중인 여자의 손을 놓는다. 여자는 그 사고로 죽지만 남자는 잘못된 상황을 바로 잡았다고 믿으며 죄의식조차 느끼지 않는다.

11세 남아가 도덕 판단을 하면서 폭력적인 이미지를 상상하고 분쟁을 해소하는 방법으로 절도를 제시하는 것에서 유추할 수 있듯이, 남성의 상상에 만연한 폭력은 공격성을 인간관계의 고유한 특성으로 보는 시각과 맥을 같이 한다. 이러한 남성적 상상은 관계가 파편화되고 소통에 실패한 세계, 진실을 알 수 없기 때문에 배신의 가능성으로 위협받는 세계를 보여준다. 11세의 제이크에게 어떤 상황이 진실인지 아닌지에 관해 생각해본 적이 있냐고 묻자 그는 "내 친구 중 한 명이 '걔가 그렇게 말했어'라고 할 때, 이따금 '걔가 말한 게 진실일까?' 하고 생각하게 되는 것처럼 사람들이 말하는 것이 진실인지 자주 의문을 가진다"고 답한다. 수학에 진리가 있고 논리학에 확실성이 있다고 생각하는 제이크는 영어 수업이나 개인적인 관계에서는 진실을 확립하는 '지침'을 찾지 못한다.

기존 이론은 공격성을 본능으로 보고 그것을 제한하기 위해 독립이 필요하다고 생각했지만, 실제로 남성의 폭력적인 상상은 의사소통의 문제와 인간관계에 관한 무지에서 나오는 듯하다. 그러나 11세의 에이미는 콜버그가 실패하리라고 생각했던 곳에서 관계를 만들었고, 여성들은 남성들이 죽음을 상상하는 상황에서 안전망을 만들어낸다. 여성의 목소리는 고립된 사람들과 인간관계의 위계적 구조에서 사람들이 직면한 공격성의 문제를 찾는다.

왜 여성은 사랑의 위험을 감수하는가

《문명과 불만》(1930)에서 프로이트는 젊은 시절 그를 사로잡았던 주제인 문화와 도덕을 다시 고찰하며 "삶의 진정한 가치는 무엇인지"(64쪽)를 측정하는 기준에 대해 생각한다. 로맹 롤랑Romain Rolland은 프로이트에게 쓴 편지에서 인간에게 궁극적인 위안이 되는 것은 "바다와 같은" 느낌을 주는 "'영원'에 대한 인식"이라고 말한다. 프로이트는 이 구절을 언급하며 친구의 말에 존경을 표하지만 "내 안에서 바다와 같은 느낌을 찾을 수" 없기 때문에 이러한 감정은 환상에 불과하다고 단언한다. "외부 세계 전체와 하나가 된 것 같은 연결의 감각"을 묘사하면서 그는 말한다. "내 경험으로는 그러한 느낌의 원초적인 본질을 확신할 수 없었다. 그렇다고 내게 다른 사람들이 이러한 느낌을 가지는 것을 부정할 권리가 있는 것은 아니다. 유일한 문제는 그것이 올바르게 해석되고 있느냐는 것이다." 그러나 해석의 문제를 지적한 후에 프로이트는 곧바로 "심리학의 구조에 잘 맞지 않다"는 이유로 연결된 느낌의 우선성을 거부하며 그가 제기했던 문제를 철회한다. 이 견해를 토대로 그는 연결의 느낌을 "정신분석학, 즉 유전학적 설명"으로 분석하면

서, 이것이 분리라는 근원적인 느낌에서 파생된다고 주장한다
(65쪽).

　프로이트의 주장은 "자율적이고 단일하게 인식되어 다른 모든 것과 확연하게 구분"되는 "자기 자신, 즉 자아의 느낌"에 중심을 두고 있다. 그는 즉시 "그런 인식이 기만"임을 지적하지만 그가 말하는 기만은 자아와 타아의 연결을 인식하지 못하는 데 있는 것이 아니라 "겉으로 드러난 면에 불과한" 자아[ego]와 무의식적 이드[id]의 연결을 보지 못하는 데 있다. 그는 유전학적 설명을 근거로, 자아가 융합된 느낌이 유아기에 자신의 자아와 감각의 원천인 외부 세계를 구분하는 데 실패했기 때문에 발생한다고 주장한다. 이러한 구분은 감각의 외부 원천이 유아를 회피할 때, "무엇보다 유아가 도와달라고 울어야만 나타나는 어머니의 가슴" 때문에 유아가 좌절을 경험할 때 생긴다(65~67쪽). 프로이트는 도움을 요청하는 울음 속에서 자아가 탄생하고 자아와 대상의 분리가 일어난다고 보았다. 이를 통해 유아는 타인을 만족감을 주는 외적인 대상으로 인식하고, 자아의 내부에 감각을 위치시킨다.

　외부 세계와 자아의 분리는 분화 과정의 시작일 뿐만 아니라 자율성을 추구하고, 실망과 상실의 위험에 맞서 행복을 지

키기 위해 즐거움의 근원과 대상을 통제하려는 소망이 나타나는 지점이기도 하다. 이렇게 연결은 프로이트에 의해 "유아기의 무력감"과 "끝없는 나르시시즘", 환상과 위험에 대한 부정적인 인식과 연관되고, 결과적으로 공격성과 관련된 주장이 인간관계의 기초가 된다. 이와 같이 실망감에서 발생하고 분노로 유지되는 원초적인 분리에 기반을 둔 자아는 도덕과 규칙에 따라 타인이나 '대상'으로부터 보호받아야 하는데, 이때 도덕은 폭발적인 파국의 잠재력을 보유한 채로 "가족, 국가, 사회 안에서 상호적 인간관계"를 조정한다(86쪽).

그러나 프로이트는 자기 이론의 전제인 "기본적인 상호 적대감", 즉 "사람들 사이의 모든 사랑과 애착 관계의 기초가 되는" "공격성"에 "유일한 예외"가 있음을 인정하는데, 이는 "어머니와 아들의 관계"로서 여성들의 경험에서만 발견된다(113쪽). 다시 한번 여성은 분노가 섞이지 않은 사랑을 통해 관계 규범의 예외적 존재로 나타난다. 이 사랑은 타인으로부터 분리된 상태나 외부 세계 전체와 하나가 되는 느낌에서 오는 것이 아니라 자아와 타아의 원초적 연결감에서 발생한다. 프로이트는 이러한 어머니의 사랑을 아들은 느낄 수 없다고 한다. 만약 아들이 어머니의 사랑을 느낀다면 "외부 세계, 즉 자신이 선택한 사랑의 대상에게 위험할 정도로 의존할 것이고, 만약 그 대상에게 거부당하거나 대상을 상실할 경우 극도의 고통에 노출될 것이기 때문이다."(101쪽)

프로이트는 "사랑할 때만큼 고통에 무방비한 경우는 없다"(82쪽)고 주장하지만, 사랑의 고통으로 인한 분노와 양심의 형성이 문명과 죄의식으로 이어진다고 설명한다. 더 흥미로운 질문은 왜 어머니들이 기꺼이 그 고통의 위험을 감수하느냐는 것이다. 어머니의 사랑도 실망과 상실의 가능성을 포함하기 때문에, 그 대답은 그들의 다른 관계 경험과 다른 반응 양식에 있는 것처럼 보인다. 프로이트의 저작 전반에서 여성은 관계에 대한 설명에 맞지 않는 예외적인 존재로 남아 있기 때문에 사랑에 대한 그들의 경험은 지속적으로 분석 주제가 된다. 그러나 그들이 경험하는 사랑은 아무리 나르시시즘적이거나 문명에 적대적으로 묘사되더라도 그 기저에 분리와 공격성이 있는 것처럼 보이지 않는다. 이런 대안적 관점에서 볼 때, 자아는 고립된 채 도움을 요청하거나 세계 전체와 융합되어 자신을 잃어버린 상태가 아니다. 그것은 기존의 이론과 분명히 다르지만 무어라 설명하기 어려운, 끊어지지 않는 관계에 결속되어 있다.

여성들은 이별과 상실을 마주하고도 지속적인 연결을 보여주면서 프로이트가 직면하는 공격성의 문제, 즉 "문명의 가장 거대한 걸림돌"이자 "공격적 행위 그 자체만큼이나 큰 불행을 야기하는" 공격성을 제거하는 방법에 관한 하나의 대안을 제시한다(142~143쪽). 이 문제를 고민하면서 프로이트는 더욱 근원적인 차원의 인간관계에서 해결책을 그리기 시작한다. 그것은 바다와 같은 느낌이 아니라 "타인과의 연결을 소망"하는 "이타적 충동"이다. 프로이트는 다른 사람과 연결되고자 하는 이 충동이 개인의 발달에 적대적이라고 평가하면서도 기존 설명에 새로운 발달 과정을 추가한다(141쪽). 새롭게 추가된 발달 과정은 공격성을 통해 타인으로부터 독립하는 것이 아니라 차이를 인정함으로써 상호 의존으로 이어진다. 프로이트는 이 충동을 "이타적"이라고 부르면서 공격성을 제한하는 것이 아니라 관계를 지속하는 새로운 도덕 개념의 존재를 암시한다.

프로이트는 도덕의 핵심이었던 행복과 문명 사이에 새로운 이해를 펼쳐놓는다. 사랑에 내재된 위험은 "죄의식과 양심의 근원"(132쪽)이기 때문에 문명에 수반되는 불편으로 은밀하게 조명되었지만, 이제 그곳에 새로운 이해가 등장한다. 이렇게 변화된 관점에서 볼 때 관계는 환상이거나 폭발 가능성을 내재한 것, 혹은 초월적인 것이 아니라 개인 심리와 문명화된 삶에 포함된 원초적인 특성으로 보인다. "개별 인간은 자신의 삶을 추구하는 동시에 인류의 발전 과정에도 참여하기"(141쪽) 때문에 기존의 관점에서 관계가 그랬던 것처럼, 이 관점에서는 분리가 허상에 불과해 보인다. 프로이트는 이런 연결의 개념을 심리 이론에 포함한다면 그가 묘사했던 본능적 삶뿐만 아니라 자아와 관계의 표상 또한 바뀔 것을 알고 있었지만 그렇게 하지 않았다.

심리학에는 새로운 언어가 필요하다

로버트 메이Robert May(1980)는 투사적 상상의 성차를 연구하면서 환상의 "남성적인 패턴"을 "자부심"으로 규정한다. 이것은 고양된 상태였다가 박탈로 이어진 후, 프로이트가 돌이킬 수 없는 상실, 영광스러운 성취 후에 따르는 처참한 추락이라고 말하는 분리를 경험하면서 관계 최초의 균열에 대한 설명을 뒷받침한다. 반면 메이가 "돌봄"이라고 명명한 환상의 여성적 패턴은 여전히 탐색되지 않은 영역으로 남아 있으며, 분리를 통해 나타나는 박탈은 결국엔 관계가 회복되거나 유지되어 연결이 강화되는 식으로 이어진다. 여성은 삶을 일직선상에서 일어나는 관계의 연속이 아니라 관계의 그물망으로 보며, 그들에게 허상에 불과하며 위험을 내포한 것은 친밀한 관계가 아니라 자율성의 실현이다. 이런 식으로 여성은 발달의 다른 형태를 알려주며 대립과 독립보다는 연속성을 강조하고, 상실을 대하는 다른 반응을 보여주며 기존의 발달 개념을 바꾼다.

진 베이커 밀러Jean Baker Miller(1976)는 관계가 지배와 종속의 틀로 형성될 때 생기는 문제를 열거한 후 "여성 발달의 매개변수는 남성과 같지 않으므로 동일한 조건을 적용할 수 없다"(86쪽)고 주장한다. 또 그는 심리학에는 "소속과 관계를 만들고 유지하는 것을 중심으로 하는"(83쪽) 여성의 자아 구성을 설명할 용어가 없다는 점을 지적한다. 그러나 그는 이러한 여성의 심리 구조에 내포된 "현재 통용되는 위험한 방식과는 다른 더 진보적이고 친밀한 삶의 방식"을 본다. 여성의 자아는 공격성이 효율적인 삶의 방식이라는 믿음이 아니라 관계가 필요하다는 인식에 기반을 두고 있기 때문이다(86쪽). 이와 같이 밀러는 더 창의적이고 협력적인 삶의 방식이 가능하다고 여기면서, 사회적 평등뿐만 아니라 불평등과 억압의 어휘에서 벗어나 돌봄과 관계를 설명할 수 있는 심리학의 새로운 언어가 필요하다고 주장한다. 그리고 이 언어가 관계와 관련한 여성의 경험에서 나올 것이라고 믿는다.

언어가 없는 상황에서 심리학자들은 여성의 경험을 이해하고 해석하지 못하는 것을 여성의 문제로 돌려왔으며, 여성이 자신의 경험을 제대로 표현하지 못하거나 왜곡하기 때문에 문제가 발생한다고 주장했다. 관계 그물망의 상호연결이 위계질서에 의해 찢겨 나가고, 연결이 인간을 추락으로부터 보호하는 것이 아니라 날아오르기를 방해하는 위험한 덫으로 묘사될 때, 여성은 자신이 목격한 것과 경험으로 터득한 것이 진실인지 의심하게 된다. 이런 문제는 현실과 본질에 대한 추상적 사유가 아니라 여성의 자기의식을 침해하는 개인적 의혹으로 제기된다. 이는 여성이 자신의 인식에 따라 행동할 능력을 손상시키고 자신의 행동을 책임지려는 의지마저 훼손한다. 이러한 의혹은 반성적 성격을 띠며, 해석이 발달 자체에 영향을 끼치는 청년기에 여성의 발달에 결정적인 영향을 준다.

두 명의 11세 아동은 도덕적 갈등과 선택에 대한 자신의 경험을 설명해달라는 요구에 동일한 이야기를 전혀 다른 관점에서 묘사한다. 서로 다른 대답은 청년기 남성과 여성의 발달을 미리 보여주는 듯하다. 두 아동은 모두 이야기를 해야 할지 말아야 할지 결정해야 했던 학교에서의 경험을 설명한다. 제이크에게 딜레마는 '부당하게' 다친 친구를 보호하려는 상황에서 생겼다. 피해자인 친구와 함께 이 사건을 교장 선생님께 알린 후 그는 가해자인 친구에게 교장 선생님이 이 사실을 안다는 것을 말해야 할지 고민한다. 가해자인 친구는 그저 친구의 도발에 반응했을 뿐이므로, 말하지 않는다면 친구의 입장에서는 부당하게 느껴질 수도 있다.

제이크는 자신이 처한 딜레마를 설명하면서 "말한 대로 행동해야 한다"는 그의 기준을 위반하는 것이 옳은지에 초점을 맞춘다. 이 경우 교장 선생님께 말한 것을 비밀로 하자는 약속을 지키는 것이 그가 평소에 하던 말과 일치한다. 이 딜레마의 해결은 그가 자신의 행동을 공정하다고 믿고 설명할 수 있는지, 그리고 두 친구를 배려해서 하는 행동이 그의 도덕적 신념과 부합하는지에 달려 있다. 행동이 정의의 기준에 맞다면 그는 "수치심"을 느끼지 않을 것이며 그가 한 행동에 "기꺼이 책임질" 것이다. 하지만 그렇지 않다면 그는 자신과 친구들에게 자신이 실수했다는 사실을 인정해야 할 것이라고 말한다.

에이미의 딜레마는 한 친구가 다른 친구의 책을 가져가는 것을 목격하면서 발생한다. 그는 이것을 신의의 충돌에 관한 문제라고 규정하면서, 한 친구에게 감응하기 위해 다른 친구에게 상처를 줄 위험을 감수해야 하는지 고민한다. 에이미는 자신이 본 것과 아는 것을 고려할 때 어떻게 행동해야 할지를 질문하는데, 친구에게 말을 하는 것만큼이나 말하지 않는 것도 답이 될 수 있다. 제이크가 친구에 대한 의리를 지키기 위해 자신의 원칙을 위반하는 것을 고려하는 것처럼, 에이미도 자신이 신뢰하는 나눔과 돌봄의 기준을 지키고 사람들을 상처로부터 보호하기 위해 고민한다. 그러나 에이미는 이 기준을 고려할 때 친구가 입을 상처를 생각하며, 자신의 행동이 불러올 결과를 평가하기 위해 상황의 변수를 살핀다. 제이크가 우정을 지키려는 행동이 자신의 개인적 신념과 어긋날까 봐 걱정하는 것처럼, 에이미는 자신의 신념을 지키는 것이 친구에게 상처를 줄까 봐 걱정한다.

에이미는 무엇을 해야 하는지에 대한 자기 생각을 설명하면서 내면에서 일어나는 대화를 재현하는데, 그 대화에는 자신의 목소리뿐만 아니라 타인의 목소리도 포함되어 있다.

내가 봤다는 것을 아무도 모르기 때문에 누구도 나를 미워하진 않을 거야. 하지만 나는 내가 알고 있다는 걸 잊을 수 없겠지. 나는 내가 본 것을 말하지 않았기 때문에 친구를 볼 때마다 마음이 불편할 거야. "누가 내 책 못 봤어? 어디 갔지? 다음 수업 시간에 그 책이 필요해. 도와줘! 여기에 없어. 도대체 어디에 있는 거지?" 만약 뭔가를 안다면 말하는 것이 더 중요하다고 생각해. 이건 고자질이 아니야. 왜냐하면 말하는 게 훨씬 낫기 때문이지.

도와달라는 누군가의 외침을 듣고도 침묵하는 것이 그 사람을 돌보지 않은 것이 되는 것처럼, 이 관계의 맥락에서 자신이 아는 것을 말하는 것은 고자질이 아니다. 그러나 관계의 맥락에 따라 돌봄 행위가 배반 행위로 바뀔 수도 있기 때문에 이러한 맥락적 분석은 달리 해석될 수 있다.

자신이 보고 들은 것을 다른 사람은 모를 수 있다는 사실과 자신의 행동이 얼마나 쉽게 오인될 수 있는지를 인식하자, 에이미는 아무 말도 하지 않는 것이 나을지 친구에게 본 것을 말하고 그것을 비밀로 하는 것이 나을지 고민한다. 여기서 알 수 있듯이 청년기 남성의 비밀이 공정성의 논리로 재현되지 않는 지속적인 애착과 관련이 있다면, 청년기 여성의 비밀은 자신의 목소리를 침묵시키는 것과 관련 있다. 청년기 여성의 침묵은 타인에게 상처 입히지 않으려는 소망과 자신의 목소리에 사람들이 귀 기울이지 않을 거라는 두려움에 의해 강화된다.

이런 침묵은 페르세포네 신화를 떠올리게 하는데, 청년기 여성의 자아는 지하 세계를 비밀로 유지함으로써 불가사의하게 사라진다. 이는 여성들이 사람들이 이기적이고 잘못된 것이라고 낙인찍은 모습을 내면 깊숙한 곳에 감추기 때문이다. 청년기에 자아 경험과 도덕에 관한 이해가 반성적 사고의 발달과 함께 변화할 때, 정체성과 도덕에 관한 질문은 해석의 문제로 수렴된다. 자신의 목소리에 귀 기울여야 하는지에 대한 11세 여아의 의문은 청년기 전반에 걸쳐 확장된다. 이렇게 여성들이 자신의 목소리를 듣는 데 어려움을 겪기 때문에 심리학자들이 여성의 목소리를 파악하는 데도 어려움이 가중된다. 이런 어려움은 정체성과 도덕적 신념의 위기를 설명하는 젊은 여성의 이야기에서도 선명하게 드러난다. 그가 당면한 위기는 자신의 목소리를 타인의 목소리와 분리하고, 자신의 경험과 자아의식을 대변할 언어를 찾는 과정을 중심으로 한다.

나 자신으로 함께하는 법

대학생 연구에 참여한 클레어는 대학 4학년 때 첫 인터뷰를 했고 27세에 다시 인터뷰에 참여했다. 4학년 때 자신을 어떻게 설명하겠냐고 묻자 그는 "혼란스럽다"고 답하면서 "나는 그때의 나에 대해 '어떠어떠하다'고 말할 수 있어야" 하지만 "과거 어느 때보다도 확신이 없다"고 말한다. 그는 "사람들이 나를 어떤 특정한 방식으로 본다"는 것을 인식한 후에 이런 이미지가 모순적이고 강압적이라고 느꼈으며, "좋은 엄마이자 좋은 딸이어야 한다거나, 열정적으로 경력을 추구해야 한다는 말들에 갇혀서 나 자신이 밀려나는 것을 발견했다"고 말한다. 그러나 4학년 때 나 자신을 위한 말들에 갇혀 있다는 느낌이 행동의 제약과 "결정을 강요받는 느낌"으로 바뀌면서 그는 "나에게 기대되는 역할들이 꼭 옳은 것은 아니라는 것을 깨달았다"고 한다. 클레어는 다음과 같이 결론짓는다.

나는 다른 사람들이 생각하는 나와 일치하는 사람이 될 필요가 없어요. 또 부모님이 기대하는 딸의 모습과도 다르죠. 타인이 나를 보는 방식으로 자신을 정의하며 자라다가 갑자기 그들의 기대와 분리되어 누구도 내가 어떤 사람이어야 하는지 결정할 수 없다는 사실을 깨닫는 것은 매우 힘겨운 일이에요.

다음 해에 진로를 선택해야 하는 졸업반이 되자 그는 자신에 대한 타인의 인식을 자기 인식과 분리하려고 노력한다. 타인의 눈을 통하지 않고 직접 자신을 보려는 것이다.

오랫동안 나 자신을 다른 사람들의 시선으로 보고 있었어요. 남자 친구는 아내가 영어 교수면 좋겠다고 생각했죠. 난 그것이 내 소망이 아니라는 생각을 밀쳐내면서, 어쩌면 이게 내가 정말 원하는 것인지도 모른다고 느꼈어요. 교수가 되는 것을 긍정적이라고 생각했죠. 왜냐하면 그의 눈으로 상황을 봤으니까요. 그러다가 불현듯 더 이상 이렇게 지낼 수 없다는 걸 깨달았어요. 이제 내가 원하는 방식으로 나 자신을 봐야겠다고 생각했죠. 나는 학계에 답답함을 느꼈고 이것이 **내게** 적합한 길이 아니라는 걸 깨달았어요. 교수가 된다면 이상적인 아내는 될 수 있겠지만요. 그런 후에는 자연히 나에게 적합한 것이 무엇이냐는 문제에 직면했어요. 이건 아주 어려워요. 이 문제를 생각할 때 나는 내가 더 이상 성장할 수 없다는 느낌에 휩싸이거든요.

클레어가 자신을 직접적으로 바라보기 시작하면서 도덕 문제는 "무엇이 옳은가"에서 "무엇이 내게 옳은가"로 바뀐다. 하지만 이 도전에 직면하자마자 그는 "성장할 수 없을 것 같다"는 느낌에 막혀 주춤거린다.

"나 자신을 범주화하거나 분류하는 것"에 저항하고 있는 상황에서 인터뷰 진행자가 자신을 설명해보라고 하자 클레어는 "나 자신을 정의하지 않으려고 애쓰는 과정에서 내가 어떤 사람인지를 규정하기란 무척 힘든 일"이라며 과거에는 어떤 "파문"도 일으키고 싶지 않아서 "감정을 숨기기에 급급"했다고 말한다. 자기 자신을 "정이 많은 사람"이라고 정의한 클레어는 그 표현이 적용되는 두 가지 맥락 사이에 끼어 있다. 한 맥락은 자신을 "타인과 타인이 정의하는 나와 분리시키는" 지하 세계이고, 다른 한 맥락은 그를 자기 자신으로부터 동떨어지게 하는 관계의 세계다. 클레어는 독립된 동시에 연결된 자신의 감각을 설명하고, 자아와 인간관계의 새로운 이해를 전달하려 애쓰지만 그것을 옮길 '용어'의 문제에 부딪힌다.

나는 두 가지에 대해 말하려고 해요. 하나는 타인과 별개의 존재로서, 그들이 규정하는 나와 떨어져 오롯이 나 자신이 되려고 애쓰는 거예요. 그러나 동시에 정반대로 하고 있기도 해요. 다른 사람들과 함께 있고 관계를 맺으려고 하는 거죠. 어떻게 말해야 할지 잘 모르겠는데 이 두 가지가 배타적이라는 생각은 들지 않아요.

이런 식으로 그는 새로운 독립의 감각을 이전과는 다른 관계 경험과 연결한다. 이는 그가 자기 자신으로 있으면서 타인과 함께하는 방법이다.

클레어는 이러한 인간관계의 정의되지 않은 감각을 전달해 줄 이미지를 찾는 데 실패한다. 그때 친구의 제안으로 로렌스D.H.Lawrence의 《사랑에 빠진 여인들》의 주인공 구드룬을 만난다. 구드룬의 이미지를 통해 클레어는 자기 내면의 "어린아이 같고" "길들지 않은" 측면을 찾아내고, 자연과 자기 자신에게 감각적으로 반응하기 시작한다. 이러한 "감각적인 즐거움"의 세계는 클레어의 "예술적이고 보헤미안적"인 측면을 드러내는데 그 모습은 "여성스럽고 교양 있는" 이미지와는 상반된다. 구드룬의 이미지가 새로운 형태의 연결을 보여줌에도 클레어는 결국 이 관점에 도덕적인 문제가 있다고 판단하는데, 그 이유는 구드룬의 이미지가 "타인에 대한 무관심"을 내포하기 때문이다.

클레어는 다시 딜레마에 빠진다. 하지만 이 새로운 딜레마는 다른 사람들의 모순된 기대 사이에서 발생하는 것이 아니라 타인에 대한 책임과 자신에 대한 책임 사이에서 발생한다. 그는 두 종류의 책임이 "상호 배타적이지 않다"는 것을 깨닫고 둘을 분리했던 과거의 도덕 판단을 점검한다. 이전에 클레어는 "도덕적인 사고방식"이 "타인에 대한 책임"을 중심에 두는 것이라고 생각했다. 그러나 지금은 과거에 명확하다고 생각했던 진리, 즉 "타인을 위해 옳은 일을 하는 것이 자신에게도 옳은 일"이라는 명제에 의문을 품게 된다. 클레어는 혼란스러워한다. 그는 "나 자신을 알지 못한다면 그 누구에게도 좋은 사람이 될 수 없다고 생각하게 되었다"고 말한다.

"나를 알아가는" 과정에서 클레어는 "내 것이 아니라고 생각되는 꼬리표를 제거"하기 시작한다. 그것은 예전의 해석 방식과 자신의 인식을 구분하여, 자기 자신은 물론 타인까지 직접 자신의 시각으로 보기 위한 것이었다. 그 과정에서 클레어는 어머니에게서 "잘못"을 발견한다. 그는 어머니를 끝없이 베푸는 존재라고 인식해왔다. "어머니는 사람들에게 베풀 때 자신이 다치는 것도 개의치 않으셨어요. 자신이 다치는 것이 가까운 주변 사람에게도 영향을 미친다는 걸 모르는 거죠, 아니 알면서도 그렇게 하신 거예요." 클레어는 돌봄의 기준과 어긋나는 자기희생에 대한 이상을 걷어내고 "모든 구성원이 개인으로서 격려받고 동시에 서로가 서로를 돕는 가족"을 비전으로 받아들인다.

클레어는 이 관점을 하인츠 딜레마에 적용한다. 그는 이 딜레마에서 권리의 충돌보다는 대응 실패에 초점을 맞추며 11세 에이미와 같은 방식으로 도덕 문제를 인식한다. 클레어는 하인츠가 약을 훔쳐야 한다고 믿지만("아내의 생명은 무엇보다 중요해요. 그는 아내를 구하기 위해서라면 무엇이든 해야 해요") 권리 중심의 해석이 자신의 해석과 부딪힌다는 것을 깨닫는다. 약사에게도 "법적 권리가 있지만 이 경우 그에게는 연민을 보여야 할 도덕적 의무도 있다고 생각해요. 그에게는 거절할 권리가 없는 거죠." 클레어는 약을 훔치는 행동의 정당성을 "아내가 스스로 행동할 수 없기 때문에 약을 구하기 위해서는 하인츠가 필요하고, 아내에게 필요한 것을 구하는 것은 하인츠에게 달려 있다"는 점에서 찾는다. 클레어는 에이미가 말한 것과 동일한 책임의 개념을 설명한다. 두 사람은 모두 다른 사람이 당신에게 의존하고 당신이 그들을 도울 수 있다면 필요에 응답하는 것이 책임이라고 본다.

하인츠가 아내를 사랑하느냐 아니냐의 문제는 클레어의 도덕 판단과 무관한데, 그것은 생명이 애정보다 중요하기 때문이 아니라 그의 아내가 "도움이 필요한 사람"이기 때문이다. 그러므로 하인츠가 약을 훔쳐야 하는 이유는 그가 아내를 사랑하기 때문이 아니라 아내의 필요를 인식했기 때문이다. 이러한 인식은 타인과의 동일시가 아니라 대화를 통해 일어난다. 클레어는 약사가 하인츠의 요구를 거절한 것에 대해 도덕적 책임을 져야 한다고 생각한다. 이런 점에서 볼 수 있듯이 클레어는 도덕이 연결에 대한 인식과 관련이 있다고 여긴다. 그에게 도덕적 인간은 행동을 추진하면서 "관련된 모든 이에게 가해질 결과를 진지하게 고려하는" 사람이다. 그러므로 그는 타인에 대한 책임에 소홀했던 자신을 비판하는 동시에 자신의 어머니를 "자신에 대한 책임을 소홀히" 했다는 이유로 비판한다.

하인츠 딜레마를 판단하는 클레어의 기준은 콜버그 이론의 범주에 맞아떨어지지는 않지만, 법에 대한 이해나 법 기능을 제도적 방식으로 서술하는 능력으로 볼 때 콜버그 이론의 4단계에 속하는 성숙도를 보여준다. 그런데 5년 후 27세에 다시 한 인터뷰에서 클레어가 4단계에 속한다는 판단이 의문시된다. 이는 클레어가 법을 책임감 안에 포함시키기 때문인데 그 책임감에는 약사와 하인츠, 하인츠의 아내에 대한 자신의 생각이 반영되어 있다. 클레어는 법을 보호를 받는 사람의 관점에서 판단하면서 책임의 윤리를 사회관계망이라는 더 넓은 범위로 확장한다. 그러나 기존의 정의 개념과 불일치하는 이 관점은 콜버그의 척도를 적용하면 도덕적 퇴보로 나타나게 된다.

클레어의 도덕 판단이 퇴보한 것으로 보이는 지점에서 그의 도덕적 위기는 해소되었다. 콜버그의 수업을 들으면서 클레어는 자신의 경험이 콜버그의 이론에서는 발달로 여겨지지 않는다는 것을 알게 된다. 그러므로 다시 인터뷰에 응할 의향이 있냐는 편지를 받았을 때 그에게 떠오른 생각은 이랬다.

혹시 내가 퇴보했으면 어떡하지. 예전에는 이 딜레마에 대해 훨씬 더 확신을 갖고 "그래, 이건 절대적으로 맞고 저건 완전히 틀렸어"라고 말할 수 있었어. 그런데 지금 나는 불확실의 수렁 속에 점점 더 깊이 빠져들고 있어. 이것이 좋은지 나쁜지도 확신할 수 없어. 하지만 그것에 대해 고민한다는 점에서 어떤 방향성이 있다고 생각해.

판단의 절대적 기준과 자신의 복잡한 경험을 대조하면서 클레어는 자신의 발달을 해석하는 방향에 문제를 제기한다.

해석의 문제는 클레어가 결혼을 하고 의과대학에 막 진학하려던 27세에 이루어진 두 번째 인터뷰 전체에서 되풀이된다. 그는 위기의 경험을 되돌아보면서 자신의 삶과 생각이 어떻게 변화했는지 묘사한다. 자신의 근황을 설명하면서 클레어는 "모든 것이 제자리를 찾았다"고 말했다가 곧바로 덧붙인다. "이렇게 말하면 누군가가 상황을 정돈했다는 말처럼 들릴 수도 있겠네요. 하지만 그런 일은 없었어요." 그가 말하는 해석의 문제는 연결의 방식을 설명할 때 두드러진다. 그 연결은 클레어가 "다소 이상한 이야기지만" 자신을 "모든 의미에서 모성적인" 사람이라고 묘사할 때 명확하게 드러난다. 자신을 "어머니이자 의사"라고 규정하는 클레어는 "내가 돌보는 사람들을 생각하지 않고 나 자신을 생각하는 건 매우 어려운 일"이라고 말한다. 에이미처럼 클레어 역시 자아의 경험을 연결과 돌봄 행위와 관련시킨다. 자기 어머니의 이미지를 자신의 것과 결합하면서 그는 자신을 모성적인 의사라고 규정하는데, 이는 과학자가 되어 세상을 돌보겠다던 에이미의 경우와 유사하다.

클레어는 수년간 지속된 위기가 어떻게 해소되었는지 얘기하면서 "모든 것에 내재하고 있던 방향성"을 어떻게 발견했는지 설명하기 위해 자신이 밟았던 단계를 되짚는다. 위기는 대학교 2학년 때 시작되었다.

일어나야 할 이유가 없었기 때문에 주말 내내 침대에서 나오지 않았어요. 도무지 몸을 일으킬 수가 없었죠. 막상 침대에서 나와도 무엇을 해야 할지 막막했어요. 실은 2학년 내내 그런 식이었어요. 내가 무엇을 하고 있는지, 왜 해야 하는지 알 수 없었죠. 그 어떤 것도 서로 연결되어 있지 않은 것 같았어요.

클레어는 연결되지 않았다는 느낌과 자신의 절망감을 연관시키면서 그 경험에 적합한 언어나 이미지를 찾는다.

침대 밖으로 나오면 모든 게 멀쩡해졌기 때문에 그때가 전환점이라고 할 수는 없어요. 그건 아니었죠. 대단한 직관이나 뭐 그런 것도 아니었고요. 그때는 전혀 대단한 경험처럼 느껴지지 않는데 기억하고 있을 뿐이에요. 나에게 일어난 일이 아닌 것 같아요. 하지만 지금 돌이켜보면 그건 강렬한 경험이었어요.

클레어는 기존 심리학에서 쓰이는 위기와 변화에 대한 비유로 자신의 경험을 측정하면 자신에게 일어난 일이 그리 강력하거나 중요한 경험이 아니라고 해석된다는 것을 깨닫는다. 그는 완전히 실패하지도 않았고 그렇다고 어떤 깨달음을 얻거나 "궁극의 절망"을 경험하지도 않았기 때문이다.

침대에 누워서 내 인생이 완전히 쓸모없다고 생각한 건 아니었어요. 그렇지는 않았거든요. 무슨 엄청난 불행 같지도 않았어요. 그러니까 그건 아무것도 아니었어요. 어쩌면 바로 그게 궁극의 절망일 수도 있지만 그 당시에는 그렇게 느끼지 않았어요. 그것이 한 몸인 양 내게 붙어 있다는 생각이 들었어요. 아무런 느낌도 없었거든요. 또 나는 가족을 버린 친척에게 극도의 배신감과 혐오를 느꼈어요. 앞의 것과 정반대의 느낌이었고, 너무나 강렬했죠.

아무것도 느끼지 못하는 경험과 극심한 혐오의 경험에서 클레어는 타인과 연결될 방법을 찾지 못했다. 그는 이러한 절망의 경험이 부분적으로 가족관계의 불화에 의한 단절감에서 발생했다고 해석한다.

타인과 단절되었다고 느끼면서 클레어는 자신이 돌봄을 받을 자격이 있으며, 자신을 위해 행동해도 정당할 만큼 "가치 있는" 사람이라고 생각하려고 애쓴다. 그는 자신이 원하는 것을 하기 위해 위험을 감수하게 된 과정을 설명하면서 그 과정에서 도덕의 개념이 어떻게 바뀌었는지 알려준다. 그는 이전에는 좋은 사람을 "타인을 위해 최선을 다하는 사람"이라고 정의했지만, 이제 "누군가의 경험을 이해할 수 있는" 능력을 도덕적 반응의 전제 조건으로 여기기 때문에 관계의 경험에서 나오는 이해심과 도덕을 결부시킨다.

거대한 집단의 일부

클레어는 하인츠 딜레마를 재구성하면서 아내의 생명과 약사의 탐욕을 명백하게 대비시킨다. 그는 약사가 이윤에 집착함으로써 아내의 필요에 대응하지 못했을 뿐만 아니라 상황을 이해하지도 못했다고 본다. 클레어는 "모든 사람은 살아갈 권리가 있기" 때문에 생명이 돈보다 훨씬 더 귀중하다고 말한다. 그러나 곧 관점을 바꿔 "그런 식으로 말해도 될지 확신이 들지 않는다"고 덧붙인다. 이때 그는 권리의 위계질서를 관계의 그물망으로 대체한다. 이를 통해 클레어는 권리 개념의 기초가 되는 독립의 전제에 도전하고 "연결의 원리"를 보다 구체화한다. 그는 관계를 독립에서 파생되는 것이 아니라 그 자체로 근본적인 것이라고 본다. 또한 사람들 사이의 상호 의존성을 고려하면서 "사물이 존재하는 방식"과 "사물이 존재해야 하는 방식"이 "모두가 속하고, 모든 이들의 기원이 되는" 관계의 그물망이라고 간주한다. 이런 식으로 사회 현실을 바라볼 때 약사의 주장은 근본적으로 모순이다. 클레어는 삶을 관계에 의존하고 돌봄 활동으로 지속되는 것, 합의에 의한 계약이라기보다는 애착으로 결속되는 것으로 보기 때문에 하인츠가 아내를 사랑하건 아니건 "두 사람이 관계를 맺고 있기 때문에" 약을 훔쳐야 한다고 생각한다. 어떤 사람이 다른 사람을 좋아하지 않는다고 해도 "당신은 그들과 뗄 수 없는 관계이기 때문에 그 사람을 사랑해야 해요. 그건 당신의 오른손을 사랑하는 것과 같아요. 오른손은 당신의 일부잖아요. 그 사람은 모두가 모여 만드는 거대한 집단의 일부예요." 클레어는 상호 관계를 인식하면서 생기는 책임의 윤리를 분명하게 설명한다. "낯선 사람도 인간이라는 집단에 속한 사람이겠지요. 당신은 다른 사람을 통해 그 사람과 연결되어 있어요."

클레어는 도덕을 "더 큰 무언가의 일부가 되는 것과 자족적 실체 사이의 끊임없는 갈등"이라고 설명하면서, 그러한 긴장을 안고 살아가는 능력이 도덕적 인격의 원천이라고 본다. 이러한 갈등은 그가 직면한 도덕적 딜레마들의 중심이었다. 이는 진실과 책임의 문제였으며 관계를 인식함으로써 해결될 수 있었다. 진실의 문제가 분명해진 것은 클레어가 대학을 졸업한 후 임신 중지 진료소에서 상담자로 일할 때였다. 그때 그는 포궁에서 떼어낸 태아를 보고 싶다는 여성에게 "지금 이 시기엔 아무것도 볼 수 없어요. 지금 이건 젤리처럼 작아요"라고 말하라는 지침을 들었다. 이런 설명은 진료소에서 일하는 동안 클레어가 느꼈던 도덕적 혼란을 가중했기 때문에 그는 "현실을 직시"하기로 결심했다. 클레어는 임신 말기에 행해진 임신 중지 수술에서 적출되는 태아를 보기로 했고, 다음과 같은 깨달음을 얻었다.

더 이상 안이하게 자궁 안에는 아무것도 없고 그저 작은 점이 있을 뿐이라고 말할 수 없었어요. 그건 사실이 아니에요. 사실이 아니라는 건 이미 알았지만 그걸 눈으로 확인해야만 했어요. 그리고 보기 전에도 무슨 일이 일어나고 있는지 알았죠. 나는 임신 중지가 옳고, 할 수 있어야 한다고 굳게 믿었어요. 하지만 나는 "이건 옳고 저건 잘못된 거야"라고 말하지는 못했어요. 그저 끊임없이 분열하는 상태였죠.

무슨 일이 일어나고 있는지 보고, 무엇이 옳은지 결정하기 위해 세상을 자신의 눈으로 관찰하자 도덕 판단의 절대적 기준이 사라진다. 결과적으로 그는 "끊임없이 분열하는 상태"였고 임신 중지라는 주제에서 불확실성에 빠져 있었지만 더욱 책임감 있는 방식으로 행동할 수 있었다.

나는 이 문제와 오래 씨름했지만 결국은 나 자신과 화해해야 했어요. 생명은 신성하지요. 하지만 삶의 질 또한 중요하기 때문에 임신 중지의 경우 삶의 질이라는 요인이 결정적인 역할을 해야만 해요. 나는 지금의 결론을 굳게 믿고 있지만 이것은 아무런 감정이나 회한 없이 간단히 말할 수 있는 것이 아니에요. 나는 쓰레기통에 담긴 아기들의 사진을 무수히 봤어요. 여성의 삶의 질과 태어나지 않은 아기의 삶의 질 중에 "이것 혹은 저것"을 말로 선택하기는 쉽지요. 하지만 실제로는 그렇지 않아요. 나는 "그래, 이건 살해야. 그걸 달리 말할 방법은 없어. 하지만 기꺼이 받아들이고 나아갈 거야. 이건 힘들고 가슴 아픈 일이야"라고 말해야 했어요. 어떻게 설명해야 할지 모르겠어요. 이런 내 생각을 말로 정당화할 수 있을 것 같지 않아요.

클레어가 자신의 도덕적 입장을 설명하지 못하는 이유는 그가 특정 장소와 특정 공간에만 적용되는 맥락적 판단을 한다는 사실에서 일부 기인한다. 그러다 보니 그의 판단은 항상 "그 어머니"와 "그의 태어나지 않은 아이"에게 집중되며, 이 때문에 범주로 나누어 공식화하기가 어렵다. 그가 상상하는 임신 중지의 상황들은 일반화하기에는 너무 다양하다. 클레어는 자신의 도덕적 사고가 부적절하다고 생각하면서 무기력해 하는데 이것은 자신의 입장이 임신 중지 반대나 임신 중지 찬성이 아닌 제3의 입장, 즉 어머니의 삶과 아이의 삶이 연결되어 있다는 인식에 기반을 둔 새로운 입장을 표명하기 때문이다.
　클레어는 하인츠 딜레마를 권리 간의 충돌이 아니라 관계의 분열로 보며, 언젠가는 마주해야 할 책임의 문제에 초점을 맞춘다. 아이를 지속적으로 돌볼 수 없다면 임신 중지가 더 나은 해결책이 될 수도 있다. 그러나 임신 중지든 양육이든 도덕은 연결을 인식하고 결정에 대한 책임을 지는 데 있다. 비록 "임신 중지가 필요한 상황이 있다 하더라도 결코 수월하게 진행해서는 안 된다. 태아가 그저 젤리에 불과하다고 생각하거나면 남의 일처럼 처리할 수는 없다." 따라서 도덕과 생명 보전은 "다른 누군가가 당신을 위해 살해하는 것을 책임감 없이 허용하지 않는다"는 원칙을 지키며 관계망을 유지할 때 지속된다. 클레어는 다시 한번 절대적 판단을 유보하고 관계의 복잡성에 초점을 맞춘다. 삶이 관계에 의해 유지된다는 사실은 클레어가 "생명"이 아니라 "연결"의 손을 들게 하고, 권리의 문제를 인식하면서도 책임의 윤리를 명확히 하도록 이끈다.

클레어는 직업을 구하려는 친구가 추천서를 써달라고 부탁했을 때 진실의 문제를 마주했고, 에이미가 설명한 것과 비슷한 딜레마에 부딪힌다. 에이미는 "우정을 유지할 것인지 정의의 원칙을 지킬 것인지"에 대한 딜레마를 결국 타인에게 응답하고 자신의 평온을 유지하는 방향으로 해결했다. 반면 클레어의 딜레마는 "어떻게 정직한 동시에 정의를 행할 수 있을까?"의 문제로 정직의 문제가 처음부터 관심의 중심에 있었다. 클레어에게 정의의 문제는 책임의 문제이기도 했는데, 친구와 친해지는 과정에서 그가 한 행동이 상대에게 기대를 주고, 어려울 때 자신에게 도움을 요청하고 의지할 수 있을 거라고 믿게 했기 때문이다. 클레어는 자신이 그 친구를 "좋아하지 않는다"는 것과 그들의 가치체계가 "아주 다르다는 것"을 깨달으면서, 관계라는 현실 속에서 정직하고 공정해지기가 거의 불가능하다는 것을 인식한다. 클레어가 어떻게 해야 할지는 자신의 행동이 친구에게 미칠 영향과 친구가 성공적으로 취업하게 될 때 그 주변 사람들에게 미칠 영향에 대한 판단에 달려 있었다. 그는 이번에는 추천서를 쓰는 편이 낫겠다고 결정하면서 "애초에 친구에게 솔직했더라면" 딜레마가 생기지 않을 수도 있었다는 사실을 깨닫는다.

정직이라는 문제를 고려하면서 클레어는 결국 "미스터 바른생활"과 "미스터 제멋대로"의 이야기를 고찰하게 된다. 이 이야기는 개인적인 관계의 문제를 객관화하기보다는 도덕적 진실을 개인화함으로써 관계와 책임, 그것에 대한 해석을 고려한다. 미스터 바른생활은 호너의 이야기에 나오는 앤처럼 의과대학의 수석이었고 성적을 유지하기 위해 "일요일에는 온종일 공부만 하고 싶어 했다." 그래서 그는 토요일 밤을 클레어와 함께 보내지 않고 늘 집으로 돌아갔다. 클레어는 외로웠고 버림받았다고 느꼈을 뿐만 아니라 자신이 "이기적"이고 "잘못된" 사람이라고 느꼈다.

난 뭐가 잘못되었기에 자꾸 더 많은 걸 원하는 걸까요? 분명 뭔가가 있어요. 난 끔찍할 만큼 이기적인 사람이에요. 두려움 때문에 그와의 관계에 문제가 있다는 사실을 직면하려 하지 않았죠.

이 경험을 통해 클레어는 미스터 바른생활이 "내게 적합한 사람"이 아니라고 느끼게 된다. 그러나 관계를 끝내고 싶지 않았기 때문에 그는 미스터 바른생활과 헤어지는 대신 미스터 제멋대로에게 관심을 돌린다.

4학년 때 이 모든 일이 일어났어요. 나는 "내가 원하는 대로 할 거야. 더 이상 이걸 감당하지 않겠어"라고 말하는 대신 그의 등 뒤에서 비도덕적인 일을 했어요. 그리고 그에게 모두 털어놓았죠. 그뿐 아니라 눈물로 고백했어요. 그건 사죄 같았지만 실은 그에게 상처를 주기 위해 무의식적으로 계산된 행동이었어요.

클레어는 처음에는 "일부일처제를 지지"하는 자신의 도덕 판단과 실제 행위가 일치하지 않았기 때문에 갈등이나 딜레마가 발생했다고 설명한다. 하지만 곧 진정한 갈등은 "이전에 갖고 있던 순수하고 깨끗한 이미지와 새로 형성되기 시작한 전혀 다른 이미지"사이의 충돌이었다고 덧붙인다. 문제가 생긴 이유는 클레어가 "그 시점에서 어떻게 하고 싶은지 결정하지 못했기 때문"이다. 상반되는 자신의 두 이미지 사이에서 방황하다가 두 개의 관계 사이에 붙잡힌 것이다.

첫 번째 관계는 나에게 많은 것을 의미했기 때문에 포기하고 싶지 않았어요. 미스터 바른생활은 모든 사람에게 좋은 사람이었지만 그를 잘 아는 내게는 그렇지 않았죠. 반면 미스터 제멋대로는 동물적인 사람이었지만, 나는 그 역시 포기할 수 없었어요.

자기 내부의 불일치를 직면하면서 클레어는 "누군가에 의해 부여되는 도덕적 기준이 반드시 내게 적합한 것은 아니라는 사실"을 깨달았다. 미스터 바른생활이 그렇게 바르지 않았듯이 미스터 제멋대로도 그리 나쁘지만은 않았던 것이다.

풀리지 않은 내적갈등이 표면화된 자신의 행동에 주목하면서 그는 "갈등에 연루된 두 사람은 바로 나 자신의 두 자아였다"고 말한다. 내면의 분열과 함께 자신이 형성한 관계를 탐구하던 클레어는 "행동에 따르는 책임"을 지지 않으려던 것이 고통의 순환을 지속시켰다는 것을 깨닫는다.

내가 감당해야 할 몫을 감당하지 않으려 한 것이 문제의 주된 원인이었어요. 또한 그가 나에게 상처를 준 만큼 그에게 상처를 입히겠다는 마음에서 계산된 행동이기도 했죠. 사실 그가 나를 고통스럽게 하는 것을 멈추려고 노력한 적도 없지만요. 나는 한 번도 "이번 토요일은 여기에 있어. 이번에도 가버린다면 우리 관계는 끝이야"라고 말하지 않았어요. 2~3년 후에야 겨우 무슨 일이 일어났는지 깨달았죠.

미스터 바른생활과 미스터 제멋대로의 딜레마를 되돌아보던 클레어는 그 문제가 자기주장을 하지 못한 탓이기도 하지만 "자기주장을 **해야 한다**는 것을 이해하지 못한" 탓이기도 하다고 말한다. 주장은 공격이 아니라 소통의 행위이다. 미스터 바른생활에게 진심을 말했다면 클레어는 자신의 공격성을 예방할 뿐만 아니라 상대에게 응답할 기회를 줄 수도 있었을 것이다. 11세 무렵 분명했던 "나"에 대한 확신은 청년기가 되면서 "혼란"에 빠진다. 그 혼란은 자신에 대한 반응과 타인에 대한 반응이 서로 반대되는 것이 아니라 연결되어 있다는 발견을 통해 해결된다.

클레어는 존경하는 사람들에 관해 이야기하면서 어머니는

"있는 그대로 내어주는" 사람이며, 남편은 "자신이 믿는 대로 행동하는" 사람이라고 묘사한다. 그는 돌봄에 집중하는 고결한 삶을 꿈꾼다. 이런 생각은 병원에서 어느 외로운 노인에게 "루트 비어 플로트³를 사주고, 곁에 앉아 시간을 보내는" 행동으로 구체화된다. 이렇듯 이상적인 돌봄은 관계를 맺는 행위이며, 타인의 필요를 파악하고 응답하여 누구도 외롭지 않도록 연결을 유지하고 세상을 돌보는 것이다.

기존 심리학 이론으로는 여성의 경험이 가진 진실을 볼 수 없지만, 여성의 경험은 기존 심리학자들이 설명하지 못한 폭력이 거의 없고 안전한 인간관계가 가능한 세계를 보여준다. 여성의 경험을 해석하거나 분별하는 것이 어려웠던 이유는 관계의 이미지에 약간의 변화만 있어도 해석에 문제가 생기기 때문이다. 여성과 남성의 환상과 생각에서 나온 위계질서와 그물망의 상이한 이미지는 그들이 관계를 다르게 구성한다는 것을 보여준다. 남성과 여성은 이처럼 도덕과 자아의 관점도 다른 방식으로 이해한다. 이러한 이미지는 상대의 표현을 왜곡하기 때문에 서로를 이해하는 데 문제가 생긴다. 위계 구조적 인간관

---

3   아이스크림이 들어간 음료수.

계의 꼭대기는 그물 구조적 인간관계의 가장자리가 되고, 그물 구조의 중심은 위계 구조의 중간이 되기 때문에 이 두 관점은 상대가 안전하다고 파악하는 장소를 위험하다고 규정한다. 그러므로 위계 구조적 이미지와 그물 구조적 이미지는 서로 다른 형태의 열망과 반응 양상을 보인다. 위계 구조적 관점에서는 꼭대기에 혼자 있고자 하는 열망과 타인과 가까워지는 것에 대한 두려움을 볼 수 있고, 그물 구조적 관점에서는 관계의 중심에 있고자 하는 소망과 가장자리로 떠밀리는 것에 대한 두려움을 볼 수 있다. 이렇듯 추월당하는 것과 소외되는 것에 각각 두려움을 느끼는 것은 성취와 소속에 대해 전혀 다른 그림을 그리게 하고, 다른 방식으로 행동하게 하며, 선택의 결과를 평가하는 데 있어서도 상이한 결과를 이끌어낸다.

여성의 경험을 그들의 관계 이미지로 재해석하는 것은 그들의 경험을 선명하게 만들 뿐만 아니라 인간관계에 대한 비위계적인 비전을 제시한다. 위계질서로 보는 관계는 본질적으로 불안정하고 도덕적으로 문제가 있는 것으로 평가되지만, 이를 그물망으로 바꾸면 불평등한 질서가 상호연결성으로 대체된다. 위계질서와 그물망의 이미지와 그것이 불러일으키는 감정이 반복되는 현상은 이 두 이미지가 인간의 삶의 주기에 뿌리 내리고 있음을 나타낸다. 부모와 자녀 관계에 내재된 불평등과 상호연결의 경험은 정의의 윤리와 돌봄의 윤리, 즉 인간관계의 이상향을 형성한다. 정의의 윤리는 권력의 차이에도 불구하고 자아와 타인이 동등한 가치를 지닌 존재로 공정하게 대우받을 것이라는 비전을 만들며, 돌봄의 윤리는 모든 이가 서로에게 응답하고 융합하여 누구도 외로이 남겨지거나 상처 입는 일이 없으리라는 비전을 제시한다. 갈등 관계에 있는 상이한 두 비전은 인간 경험에 내재된 역설적 진실을 반영한다. 우리는 타인과 연결되어 살아가는 범위에 한하여 자신을 개인으로 인식할 수 있으며, 자아와 타인을 구분하는 범위에서만 인간관계를 경험할 수 있다는 것이다.

3

자아와 도덕

"도덕이 당신에게 의미하는 바는 무엇인가요?"라는 질문에 한 대학생은 이렇게 답한다.

'도덕'이라는 단어를 생각할 때, 저는 의무를 떠올려요. 도덕은 개인적 욕망과 사회적 상황의 충돌이나 자신의 욕구와 다른 사람의 욕구 사이에 생기는 갈등과 관련이 있다고 생각해요. 도덕은 이런 충돌을 해결하는 방식 전반을 이야기하죠. 도덕적인 사람은 남들을 자신과 동등하게 여길 때가 그렇지 않을 때보다 더 많은 사람이고요. 진정 도덕적인 사람이라면 항상 타인을 자신과 동등하게 대하겠지요. 사회적 상호작용이 이루어지는 상황에서 개인이 다른 사람에게 피해를 주는 것은 도덕적으로 잘못된 거예요. 모든 사람이 더 좋아진다면 그건 도덕적으로 옳은 것이고요.

진정으로 도덕적이라고 생각하는 사람이 있냐고 질문하자 그는 "글쎄요, 바로 떠오르는 건 알버트 슈바이처인데요, 그는 타인을 돕는 데 자기 삶을 오롯이 바쳤으니까요"라고 답한다. 이 대답으로 미루어 그는 의무와 희생을 평등의 이상보다 우선하는데, 이는 그의 생각에 근본적인 모순을 유발한다.

또 다른 학생도 "도덕적으로 옳거나 그르다는 것은 무엇을 의미하나요?"라는 질문에 책임과 의무에 대해 이야기한다.

그건 책임과 의무, 그리고 가치와 관련이 있어요. 특히 가치가 중요해요. 개인적인 경험으로 볼 때, 나는 도덕이 상호적인 인간관계 속에서 타인과 나를 존중하는 것과 관계가 있다고 생각해요. (왜 타인을 존중해야 하나요?) 그들에게는 생각이나 감정이 있어서 상처를 받을 수 있으니까요.

타인에게 상처를 입히는 것에 대한 염려는 "왜 도덕적이어야 하는가?"라는 질문에 답하는 두 명의 다른 여학생에게서도 나타난다.

수백만 명의 사람이 함께 평화롭게 살아야 하니까요. 저는 사람들을 아프게 하고 싶지 않아요. 그게 제게는 정말 중요한 기준이에요. 그것이 저의 정의감을 지탱하죠. 타인을 고통스럽게 하는 것은 좋지 않아요. 난 고통으로 힘겨워하는 모든 사람에게 연민을 느껴요. 남을 다치게 하지 않는 것은 제 개인적인 도덕 원칙에서 매우 중요해요. 몇 년 전이라면 나는 연인에게 피해를 주지 않기 위해서라면 창문 밖으로라도 뛰어내렸을 거예요. 좀 병적이긴 했죠. 하지만 요즘도 나는 인정받고 사랑받고 싶어요. 적은 만들고 싶지 않아요. 어쩌면 사람들이 인정과 사랑, 우정을 얻을 수 있도록 하기 위해 도덕이 있는 지도 모르죠.

내게 가장 중요한 원칙은 나의 양심에 반하지 않고 나 자신에게 충실하면서 다른 사람에게도 피해를 주지 않는 거예요. (…) 임신 중지나 징병, 살인, 절도, 일부일처제 등 많은 도덕 문제가 있죠. 이런 논란이 많은 주제에 관해 나는 늘 그건 개인의 선택에 달려 있다고 말해요. 각자 양심에 따라 결정하고 따라야 하죠. 도덕적으로 절대적인 것은 없어요. 법은 실용적인 도구이지만 절대적이진 않거든요. 지속가능한 사회를 위해 매번 법에 예외를 만들 수는 없지만, 개인적인 실천은 할 수 있어요. (…) 언젠가 지금 만나는 사람과 큰 위기에 봉착할 것 같다는 예감이 들어요. 누군가 다

자아와 도덕

치게 되겠죠. 아마 나보다는 그가 더 많이 상처받을 것 같아요. 나는 그에게 상처를 주지 않아야 한다는 의무감을 느끼지만, 동시에 거짓말을 하지 말아야 한다는 의무감도 느껴요. 거짓말하지 않으면서 상처를 주지 않는 것이 가능할지 모르겠네요.

이런 진술에는 타인에게 피해를 주지 않으려는 바람과 도덕에 누구도 상처받지 않는 갈등해소의 방법이 있으리라는 희망이 있다. 네 명의 여성 모두 아주 일반적인 질문에 구체적으로 대답하면서 이런 소망을 말했다. 도덕적 인간은 타인을 돕는 자이고, 선은 가능하다면 자신을 희생하지 않으면서 자신의 의무와 타인에 대한 책임을 충족시키는 봉사 행위다. 네 명 중 첫 번째 여성은 처음에 언급한 갈등을 부인하면서 이야기를 마무리했지만 마지막 여성은 자신에게 진실한 것과 타인을 다치게 하지 않겠다는 원칙을 고수하는 것 사이에 충돌이 있으리라는 것을 예상했다. 여기서 발생하는 딜레마는 타인을 돕는 일이 자신에게 피해를 주는 경우다.

"논쟁적 주제"에 명확한 입장을 취하지 않고, "늘 예외를 허용하려는" 태도는 다른 여자 대학생들에게서도 반복된다.

나는 내가 누군가를 비난할 수 있다고 생각한 적이 없어요. 난 매우 상대적인 견해를 갖고 있어요. 내가 기본적으로 가장 중요하다고 생각하는 건 인간의 생명이 신성하다는 거예요. 하지만 나는 내 생각을 다른 사람에게 주장하는 게 꺼려져요.

나의 도덕적 신념을 다른 사람이 받아들여야 한다고는 주장할 수 없어요. 나는 절대적 가치를 믿지 않아요. 도덕 판단에 절대적으로 옳은 것이 있다면 그건 인간의 생명이에요.

다른 예로 31세 대학원생은 타인을 위해서는 약을 훔치는 것이 옳다고 믿지만 자신의 목숨을 구하기 위해 약을 훔치는 것은 허용할 수 없다고 하는데, 그 이유를 이렇게 설명한다. "나 자신을 위해 규칙을 어기면서 그 행위를 방어하는 게 매우 어렵기 때문이에요. 우리는 사회적 합의에 따라 살아가잖아요. 자신만을 위한 행동에는 어떤 합의도 존재하지 않아요. 그것은 지금 우리 사회에서 변명의 여지가 없는 사실이에요."
이런 목소리에는 여성이 자신의 입장을 표명하지 못하는 이유가 자신의 취약성을 인지하고 있기 때문이라는 사실이 드러난다. 조지 엘리엇^{George Eliot}은 이런 취약성을 타인의 부정적인 판단에 부딪히는 여아들이 느끼게 되는 "민감성"이라고 말하는데, 이것은 여아들의 힘이 부족해 "살면서 뭔가를 이룰" 능력을 발휘할 수 없기 때문에 생긴다(365쪽). 콜버그와 크레이머(1969)가 한 연구와 콜버그와 길리건(1971)이 한 연구를 보면, 남성의 경우에도 청년기에 맞는 정체성과 신념의 위기로 도덕 판단을 꺼리는 성향이 나타난다. 이는 도덕 개념 자체에 의문을 제기하는 형태로 발현된다. 하지만 여성은 자신이 도덕 판단을 내릴 권리가 있는지에 대해 확신하지 못하거나 도덕 판단에 따르는 대가를 염려한다.

여성다움의 딜레마

사회에 직접 참여하지 못하고 배제된다고 느낄 때 여성들은 자신을 기존의 사회적 합의, 다시 말해 남성이 만들고 남성에 의해 시행되는 합의나 판단에 순응할 수밖에 없는 존재라고 여긴다. 그들은 남성의 보호와 지지를 받아야 하고 남성의 이름을 통해야만 자신들이 알려질 수 있다고 느낀다. 대학 주변의 수준 높은 공동체에 거주하고 있으며, 청년기의 딸을 둔 이

혼한 중년 여성은 다음과 같이 말한다.

여성으로서 나는 내가 한 인간이고, 결정을 내릴 수 있으며 그럴 권리가 있다는 것을 한 번도 제대로 이해하지 못한 것 같아요. 늘 아버지나 남편, 혹은 남성 성직자로 대변되는 교회에 속해 있다고 생각했죠. 아버지, 남편, 목사님은 내 인생에 존재하는 세 남자였고, 그들은 내가 해야 할 일과 하지 말아야 할 일에 대해 나보다 더 할 말이 많았어요. 나는 그들을 권위자로 인정했죠. 최근에야 내가 한 번도 그들에게 반발한 적이 없다는 사실을 깨달았어요. 내 딸들은 이걸 훨씬 더 잘 알고 있더군요. 공격적인 차원이 아니라 인식의 차원에서요. 난 아직도 상황을 주도하거나 선택을 하기보다는 상황이 일어나는 걸 지켜보고 있어요. 어떤 선택지가 있는지 모두 알면서도 말이죠. (왜 이런 일이 일어난다고 생각하나요?) 글쎄요. 어떤 의미에서는 책임이 덜 하다고 생각해요. 만약 바보 같은 결정을 한다면 책임을 져야 하겠죠. 그러나 자신에게 선택권이 없다고 느끼면서 자란다면, 불만을 느낄 수는 있지만 책임이 있다는 느낌도 들지 않는 것 같아요. 선택을 해야 책임감도 드는 법이니까요.

도덕 판단의 핵심은 선택권을 행사하고 그 선택에 수반되는 책임을 기꺼이 감수하는 것이다. 여성들이 자신에게 선택권이 없다고 인식하면 그들은 선택에 따르는 책임 역시 모면할 수 있다고 여긴다. 여성들은 다른 사람에게 의존하고 있기 때문에 버려지는 것에 두려움을 느끼며 아이처럼 취약한 상태에 있다. 이때 그들은 남을 기쁘게 하고 싶을 뿐이라고 주장하지만 실은 자신의 선행에 대한 보상으로 사람들에게 사랑과 돌봄을 기대한다. 이것은 항상 위태로운 "이타주의"다. 이타주의는 순수함을 전제로 해야 하지만 여성들이 내세우는 이타주의는 거래를 포함하기 때문에 순수함이 손상될 위험이 항상 존재하기 때문이다. 자신을 설명해달라는 요청에 한 대학교 4학년 학생은 다음과 같이 답한다.

양파 껍질 이론을 들은 적이 있어요. 나 자신을 여러 겹의 껍질을 가진 양파로 보는 거죠. 가장 겉껍질은 내가 잘 모르는 타인에게 보여주기 위한 거예요. 쾌활하고 사교적인 모습이죠. 그리고 안으로 들어갈수록 내가 아는 사람들에게만 보여주는 모습들이 나와요. 가장 내면에 대해선 뭐라고 확신할 수가 없네요. 어떤 핵심이 있는 건지 혹은 자라면서 여러 영향을 받은 무언가가 있는 건지 모르겠어요. 나에 대해서는 중립적 태도를 가지고 있지만, 선과 악의 관점에서도 보려고 해요. 나는 다른 사람들을 배려하고 사려 깊게 대하려고 노력해요. 그리고 공정하고 관용적인 자세를 지향하지요. 이런 것이 나의 선한 모습이에요. 나는 이것을 말로 했지만 실제로도 그렇게 행동하기 위해 노력해요. 악한 모습에 대해서는 사실 그것이 정말 악한지, 아니면 이타적인지 혹은 타인의 인정을 받으려고 그러는 건지 확신이 들지 않아요. (어떤 것들인가요?) 내가 상대에게 맞추려고 하는 행동들이죠. 대개 인간관계와 관련이 있어요. 만약 타인의 인정을 받기 위해서만 어떤 것들을 하고 있다면 나는 꽤 초라해질 거예요. 내가 바라는 응답을 받지 못한다면 그 일들은 모두 쓸모없어질 테니까요.

입센Ibsen의 희곡《인형의 집》은 선의 개념에 관련된 도덕적 딜레마를 통해 가식의 세계를 폭로한다. "다람쥐 아내" 노라는 아버지에게 순종하며 살았듯이 남편과 함께 살면서도 선의 개념을 희생으로 실천하며 선한 의도로 법을 위반한다. 그러나 선의의 수혜자인 남편이 노라의 선의를 부인하자 위기가 발생한다. 그는 처음에 선의 궁극적인 표현으로 봤던 자살을 거부하고, 대신 정체성과 도덕적 신념에 대한 보다 확실하면서도 새로운 답을 찾기로 한다.

현대에 들어 선택과 그에 따른 책임은 여성의 가장 사적인 영역까지 확대되고 있다. 과거에는 여성이 자신의 성욕을 거부하거나 희생하고 억제할 때에만 임신과 출산을 통제할 수 있었기 때문에 수 세기 동안 여성의 성욕은 적극적이기보다는 소극적인 자세를 취했다. 프로이트(1908)에 의하면 그러한 희생은 여성들의 지적 능력 감퇴를 수반했는데, 그는 "많은 여성의 의심할 여지없는 지적 열등함"은 "성적 억압에 필요한 사고의 억제"(199쪽)와 관련이 있다고 생각했다. 성적 관계의 정치학에서 여성들이 거절과 거부를 전략으로 채택한 것은 그들이 도덕적 영역에서 판단을 회피하거나 보류하는 것과 비슷해 보인다. 여성들이 자신의 성욕을 주장하는 것을 꺼리는 것처럼 인간의 생명 가치에 대해서도 자신의 신념을 주장하지 못하는 것은, 그들이 자신의 힘을 확신하지 못하고, 선택의 상황을 꺼리며, 대립을 회피한다는 것을 보여준다.

따라서 여성들은 남성의 판단이 자신의 감성과 다르다는 것을 암시하면서도 일반적으로 남성들의 판단을 따라왔다.《플로스 강가의 물방앗간The Millon the Floss》에서 매기 털리버는 필립 웨이컴과의 비밀스러운 관계가 발각되자 오빠가 쏟아낸 비난에 대응하는 과정에서, 오빠의 도덕 판단을 수용하면서도 동시에 자신의 우월성을 입증하는 다른 기준을 주장한다.

변명하고 싶지는 않아요. 나는 내가 잘못했다는 것을 알아요. 하지만 같은 잘못을 오빠가 했다면 비난받지 않고 무사히 넘어갔으리라는 생각이 들더군요. 오빠가 뭔가 잘못된 일을 했다면, 그것이 몹시 잘못된 일이라고 해도 나는 그로 인해 오빠가 겪을 고통에 마음이 아플 거예요. 그리고 난 오빠가 어떤 처벌도 받지 않기를 원할 거예요.

매기의 항의는 생각과 감정, 정의와 자비 사이의 오래된 이분법에 대한 주장으로, 성별의 차이에 관한 진부한 생각과 고정 관념을 내포한다. 그러나 다른 관점에서 보면 그의 항변은 이전의 회피를 대체하는 대면의 순간이기도 하다. 이러한 대립은 두 가지 판단 양식과 도덕 영역을 구성하는 서로 다른 방식을 보여준다. 하나는 전통적으로 남성성과 공적 세계의 사회 권력과 관련이 있고, 다른 하나는 여성성과 사적공간인 가정의 상호교환과 관련이 있다. 이 두 관점을 발달 순서로 줄세우는 이유는 남성성을 여성성보다 더 적절한 것으로 간주해왔기 때문이며, 따라서 개인이 성숙하는 과정에서 남성성이 여성성을 대체하는 것으로 생각했다. 그러나 이 두 관점의 차이를 어떻게 이해해야 할지는 명확하지 않다.

노마 한Norma Haan(1975)의 대학생 연구와 청소년과 그 부모를 대상으로 3년간 진행된 콘스턴스 홀스타인Constance Holstein(1976)의 연구는 여성의 도덕 판단이 공감과 연민의 감정에 영향을 받으며, 가상의 딜레마보다는 현실적 해결에 더 관심을 보인다는 점에서 남성의 도덕 판단과 다르다는 것을 보여준다. 그러나 발달을 평가하는 범주가 남성 연구에서 파생되는 한, 남성적 기준과의 차이는 발달 실패로 간주될 수밖에 없다. 결과적으로 여성의 사고는 종종 아동의 사고 수준과 유사한 것으로 분류된다. 여성 발달을 아우르는 대안적 기준이 없다는 사실은 남성과 남성 청소년을 표본으로 검증된 이론의 한계를 지적할 뿐만 아니라 권력이 결핍되고 제약만이 부과될 때 여성들이 자신감을 잃고 자신의 목소리로 공개적으로 말하는 것을 꺼리게 된다는 것을 보여준다.

"여성들이 얼마나 남성과 비슷하게 생각하는가, 여성들이 얼마나 잘 추상적이고 가상적인 현실을 구성할 수 있는가?"와 같은 질문을 뛰어넘으려면, 여성의 사고 범주를 포괄하는 발달 기준을 파악하고 정의할 필요가 있다. 한은 오랫동안 여성의 도덕적 관심의 중심이었던 "현실에서 빈번하게 발생하며, 인간관계와 관련이 있고, 공감을 느끼게 하며, 유대감을 불러일으키는 도덕적 딜레마"의 해결책에서 그런 기준이 나와야 한다고 주장한다(34쪽). 그러나 여성의 도덕적 담론에서 발달 기준을 도출하기 위해서는 먼저 여성이 남성과 다른 언어로 도덕적 영역을 구축하는지, 그 언어는 발달을 정의하는 데 있어서 동등한 신뢰를 받을 만한지 살펴야 한다. 이를 위해서는 여성이 자신의 의지로 선택할 힘이 있고 자신의 목소리로 기꺼이 말할 수 있는 장소를 찾아야 한다.

피임과 임신 중지가 출산을 통제하는 효과적인 수단이 되자, 선택의 딜레마가 여성의 삶의 중심 영역으로 부각된다. 이때 전통적으로 여성의 정체성을 정의하고 그들의 도덕 판단을 규정하던 재생산 능력은 더 이상 필연적으로 부과되는 것이 아니라 통제할 수 있는 결정의 문제가 된다. 여성들을 의존 상태로 결박하던 수동성과 성적 억압에서 해방되면서 그들은 자신이 원하는 것에 관한 프로이트의 이론에 이의를 제기하고, 그 문제에 대한 자신의 대답을 내놓을 수 있게 된다. 이러한 변화로 사회는 여성의 선택권을 공적으로 인정하게 되었지만, 선택권의 행사는 사적으로 전통적 여성성, 특히 자기희생과 선의를 도덕적인 것으로 여기는 인습과 충돌했기 때문에 여성들에게 여전히 어려운 일이었다. 즉 독립적으로 판단하거나 행동하는 능력이 도덕적 성숙의 특징으로 여겨지지만, 여성들은 타인에 대한 돌봄과 배려를 기준으로 자신을 판단하기 때문에 문제가 생기는 것이다.

그러므로 자아와 타아의 대립은 여성의 핵심적인 도덕 문제를 구성하며, 이는 여성다움과 성인다움이 타협해야만 해소될 수 있는 딜레마를 안고 있다. "착한 여성"은 회피하는 것으로 자신의 주장을 감추고, 자신은 타인의 욕구를 충족시키기만 하면 된다고 항변하면서 책임을 부인한다. 반면 "못된 여성"은 기만이나 배신을 강요하는 의무를 거부하거나 포기한다. 바로 이 딜레마, 공감 대 자율, 선과 권력 사이의 대립이야말로 여성들이 자신을 되찾고 누구도 다치지 않는 방법으로 도덕 문제를 해결하려고 노력하면서 해소하려는 것이다.

임신 중지는 자신과 타인 모두에게 영향을 미치는 결정이며 타인에게 상처를 주는 것과 직접 관련된다. 선택은 궁극적으로 여성의 몫이고 책임 또한 여성의 것이기 때문에, 이것은 오랫동안 여성들에게 가장 난감한 과제였던 판단의 문제를 제기한다. 이제 여성들은 오랜 세월 그들을 의존적이고 수동적이게 만들며 돌봄의 책임을 부여했던 삶의 흐름을 중단하고 싶은지에 대한 질문에 닿는다. 이렇듯 임신 중지에 관한 결정은 조앤 디디온Joan Didion(1972)이 "해소할 수 없는 격차, 수면 아래 깊은 곳에서 살아가는 느낌, 피와 탄생과 죽음에 깊이 관여하는 기분"(14쪽)이라 칭하는 것을 소환하며 책임과 선택의 문제를 여성이 가지는 불안의 핵심으로 가져온다.

여성이 삶의 딜레마를 다루는 방식

'임신 중지 연구'의 중심 주제는 여성이 선택을 다루는 방식이다. 이 연구는 여성이 임신 중지 딜레마를 해결하는 방식을 분명히 밝히기 위해 고안되었다. 15세부터 33세까지 인종적 배경과 사회계층이 다양한 29명의 여성이 임신 상담 서비스를 통해 연구에 참여했다. 이 여성들은 다양한 이유로 연구에 참여했는데 어떤 이는 자신이 갈등했던 결정에 관해 더 명료한 설명을 얻기 위해, 어떤 이는 반복되는 임신 중지에 대한 상담자의 우려에 응답하려고, 또 어떤 이는 학문적인 연구에 기여하고자 참여했다. 이 여성들이 임신하게 된 환경은 다양했지만 그들에게는 공통점이 있었다. 청년기 여아들은 자신의 가임 능력을 부정하거나 불신했기 때문에 피임하지 못했다. 어떤 여성은 성관계를 예상치 못한 상황에서 피임을 빠뜨려 임신하게 되었다. 어떤 임신은 여성들이 그 관계를 끝내려는 과정과 겹쳐졌는데, 그들은 남성에 대해 모순되는 감정을 느꼈을 수도 있고 혹은 임신을 관계에 대한 결정적인 시험으로 봤을 수도 있다. 이런 여성들은 임신을 진실을 시험하는 하나의 방법으로 봤는데, 이때 아이는 남성의 지지와 보호를 확보하는 데 도움을 주는 협력자가 될 수도 있지만 남성이 거부하는 경우 공동의 희생자가 될 수도 있다. 결과적으로 여성들의 임신은 피임의 실패거나 이후를 생각한 협상의 결과였다. 29명의 여성 중 네 명이 아이를 낳기로 했고, 두 명은 자연유산했으며, 21명은 임신 중지를 선택했다. 인터뷰 당시 결정을 내리지 못했던 나머지 두 명은 후속 연구에서 연결되지 못했다.

인터뷰는 두 번씩 이루어졌다. 첫 번째 인터뷰는 임신을 확인하고 임신 중지 결정을 하던 첫 3개월 안에 이루어졌고, 두 번째는 다음 해 말에 진행되었다. 임신 중지 상담은 여성이 상담원이나 진료소에 연락하는 시기와 임신 중지 사이에 간격을 둘 것을 요구한다. 이런 규정과 더불어 일부 상담원이 이 연구에 참여하는 것이 위기 개입의 효과적인 수단이 될 수 있다고 판단한 것을 볼 때, 인터뷰에 참여한 여성들이 결정을 앞두고 보통의 여성들보다 더 많은 갈등을 느끼고 있었다는 것을 유추할 수 있다. 연구는 임신 중지 자체가 아니라 판단과 행동의 관계에 초점을 맞췄기 때문에 임신 중지에 관해 고민하거나 임신을 중지하는 여성을 대표하는 표본을 구하려는 노력은 하지 않았다. 그러므로 연구 결과는 여성들이 임신 중지에 대해 생각하는 방식이라기보다는 삶의 딜레마에 대해 생각하는 방식과 더 깊은 관련이 있다.

첫 번째 인터뷰에서 여성들은 그들이 직면한 상황과 그것에 대응할 방법을 비롯하여 그들이 고려하고 있는 대안, 각 선택지를 택하는 이유와 반대하는 이유, 관련된 사람, 수반되는 고민, 그리고 이 결정이 자신에 대한 인식과 타인과의 관계에 어떤 영향을 미치는지 설명해달라는 질문을 받았다. 두 번째 인터뷰에서는 콜버그의 연구에서 인용한 하인즈 딜레마를 포함한 세 가지 도덕적 딜레마를 해결해달라고 요청했다.

콜버그(1976)는 피아제가 서술하는 아동들의 도덕 판단을 청소년과 성인 들의 도덕 판단까지 확장하면서 도덕적 갈등과 선택에 대한 관점을 세 가지로 구분한다. 콜버그는 청년기의 도덕 발달을 그 시기의 반성적 사고의 성숙도와 관련시키며 개인적인 관점에서 사회적인 관점으로, 사회적인 관점에서 보편적인 관점으로 확장되는 도덕적 이해를 반영하여 도덕의 세 가지 관점을 각각 전인습적, 인습적, 후인습적 관점이라고 명명했다. 이런 구조 속에서는 인습적인 도덕, 즉 기존의 사회규범과 가치관의 유지가 옳음과 좋음의 기준인 단계가 항상 출발점이 된다. 그러므로 전인습적 도덕 판단은 사회적으로 공유된 관점을 구축하지 못한 단계이며, 후인습적 도덕 판단은 인습적 관점을 초월한 단계이다. 전인습적 판단은 자기중심적이어서 개인의 욕구를 중심으로 도덕적 틀을 구성한다. 그에 반해 인습적 판단은 인간관계, 집단, 공동체, 사회의 유지에 필요한 규범과 가치를 중심으로 한다. 후인습적 판단은 사회적 가치를 반성적으로 바라보는 관점을 채택하고 보편적으로 응용 가능한 도덕 원칙을 형성한다.

이렇듯 도덕 관점은 점점 포괄적이면서 반성적인 방향으로 차별화되어 간다. 그 과정은 실제 딜레마와 가상의 딜레마를 대하는 여성의 반응에서 찾아볼 수 있다. 그러나 여성의 도덕 판단을 형성하는 인습이 남성의 판단에 적용되는 인습과 다르듯이 도덕 영역에 대한 여성의 정의^{definition} 또한 남성에 대한 연구에서 도출된 것과는 다르다. 정의^{justice}로서의 도덕 개념은 발달을 평등과 상호호혜의 논리와 연결한다. 여성들은 도덕 문제를 권리와 규칙의 문제라기보다는 돌봄과 책임의 문제로 구성한다. 이는 도덕 발달이 책임과 관계를 이해하는 방식의 변화와 관계가 있다는 것을 암시한다. 말하자면 돌봄 윤리에 전제된 논리는 인간관계에 내포된 인간 심리의 논리이기도 한데, 이는 정의의 윤리에 전제된 공정성의 논리와 대비된다.

특히 여성들이 이해하는 임신 중지 딜레마는 발달 과정과 더불어 진화하는 도덕적 언어의 존재를 보여준다. 이 언어의 중심은 이기심과 책임감의 대립으로, 도덕을 타인을 돌보고 타인에게 상처를 주지 않아야 할 의무로 정의한다. 여성들은 상처를 주는 것을 타인에 대한 무관심으로 보아 이기적이고 부도덕한 것으로 간주하는 한편, 누군가를 돌보는 것은 도덕적 책임을 이행하는 것으로 여긴다. 이 언어가 반영하는 도덕적 지향을 생각할 때, 여성들이 도덕적 갈등과 선택을 말할 때 "이기심"과 "책임감"이라는 단어를 반복해서 사용하는 것은, 여성이 콜버그의 연구 대상이던 남성과는 다르다는 것과 도덕 발달에 대한 다른 이해가 가능하다는 점을 암시한다.

임신 중지 결정 연구에서 드러난 세 가지 도덕 관점은 돌봄 윤리의 발달 과정을 보여준다. 돌봄에 대한 여러 견해와 그 견해들의 전환은 '해야 한다', '더 낫다', '옳다', '좋다', '나쁘다'와 같은 여성들의 도덕적 언어 사용 방식과 생각의 변화 과정, 그리고 자신의 사유를 반추하고 판단하는 방식을 분석하면서 드러났다. 이 발달 과정의 첫 번째 단계에서 여성은 생존 보장을 위해 자신을 돌보는 것에 오롯이 집중한다. 그리고 자신이 내렸던 판단이 이기적이라고 비판하는 과도기가 뒤따른다. 그 비판은 자신과 타인 간의 관계에 대한 새로운 이해가 형성되고 있음을 의미하는데 이는 책임의 개념으로 구체화된다. 두 번째 단계의 특징은 정교화된 책임 개념과 자신에게 의존하는 사람이나 약한 사람을 보살피고자 하는 모성적 도덕이 융합된다는 점이다. 이런 관점에서 선의는 타인에 대한 돌봄과 동일시된다. 그러나 오직 타인만 보살필 때 여성은 정작 자신을 보살핌의 대상에서 배제하게 되고, 이로 인해 발생한 관계의 불균형에서 두 번째 변화가 시작된다. 돌봄과 순응을 동일시하는 인습적 정의의 모순과 타인과 자아 사이의 불평등을 인식한 여성들은 여성적 선이라는 관념에 내재된 자기희생과 돌봄 사이의 혼동을 정리하기 위해 관계를 재고한다. 세 번째 관점은 관계의 역학에 집중하며 타인과 자아의 상호 연관성을 새로운 시각으로 이해함으로써 이기심과 책임감 사이의 갈등을 해소한다. 돌봄은 여성이 스스로 선택한 판단의 원칙으로 관계와 그 속에서 일어나는 상호작용에 대한 관심에서 기인했다는 점에서 심리적이지만, 착취와 가해 행위를 비난한다는 점에서 보편적인 도덕 원칙이 된다. 인간관계의 심리에 대한 보다 발전적인 이해, 즉 자신과 타인을 구분하고 사회적 상호작용의 역동을 이해하는 것이 가능했기 때문에 돌봄 윤리가 발달할 수 있었다. 이런 윤리는 인간관계에 대한 축적된 지식을 반영하는데 특히 자신과 타인이 상호 의존적이라는 통찰을 중심으로 성숙한다. 상호 의존적 관계를 둘러싼 여러 사고방식과 염려가 세 가지 관점과 각각의 과도기로 수렴된다. 이런 과정에서 사람들이 상호 연결되어 있다는 사실은 폭력이 결국 모두에게 파괴적이듯 돌봄 행위는 타인과 자신 모두를 향상시킨다는 핵심적 인식을 반복하여 알려준다.

첫 번째 전환: 이기심에서 책임감으로

가장 단순한 첫 번째 관점에서 임신 중지 결정은 자아에 집중한다. 이때의 관심사는 실질적인 것이며 쟁점은 생존이다. 여성은 자신이 혼자라고 느끼기 때문에 자신을 돌보는 것에 집중한다. 이 관점에서 '해야 한다'는 말은 '할 것이다'라는 말과 같다. 이때 그들은 결과에 영향을 미칠 만한 사람이 아닌 한 그 누구의 영향도 받지 않는다. 18세인 수전은 임신했다는 사실을 아는 순간 어떤 생각이 들었느냐는 질문에 이렇게 답한다. "내가 임신을 원하지 않는다는 것을 제외하고는 어떤 생각도 들지 않았어요. (왜 그랬죠?) 난 임신을 원치 않았어요. 준비도 되지 않았고요. 그리고 내년이면 졸업 학년인데 학교에 계속 다니고 싶었어요." 임신 중지와 관련해서 올바른 결정이나, 결정을 내리는 올바른 방식이 있냐고 묻자 그는 이렇게 말한다. "올바른 결정은 없어요. (왜죠?) 나는 임신을 원하지 않았으니까요."

수전에게 올바름의 문제는 자신의 욕구가 충돌할 때만 나타난다. 그런 경우에는 어떤 욕구가 우선인지 결정해야 하기 때문이다. 욕구의 충돌은 또 다른 18세 여성 조앤의 딜레마이기도 한데 그는 임신을 "결혼해서 집을 벗어날 수 있는 절호의 기회"인 동시에 "많은 것을 해볼" 자유를 제한하는 족쇄라고 생각한다.

이렇게 상황을 이해할 때, 유일한 관심 대상인 자아는 단절된 느낌으로 인해 무기력에 시달리며 사실상 혼자라고 느낀다. "많은 것을 하고 싶다"는 소망은 사실 이미 벌어진 일로 인해 끊임없이 제지당한다. 관계는 대부분 실망스럽다. "남자와 관계를 지속할 때마다 상처만 입어요." 결과적으로 어떤 여성들은 상처 입지 않고 자신을 보호하기 위해 고립을 의도적으로 선택하기도 한다. 자신과 특별히 가깝던 남동생이 사고로 사망한 것에 책임감을 느끼는 19세의 마사는 자신을 설명해보라고 요청하자 이렇게 답한다.

정말 모르겠어요. 생각해본 적이 없어요. 내 성격이 어떤지는 대충 알아요. 아주 독립적이죠. 누구에게도 뭘 부탁하고 싶지 않아요. 나는 혼자인 채로 살아왔어요. 누군가가 옆에 있는 것보다 혼자 있는 게 더 좋아요. 나는 친구가 거의 없어요. 일부러 그렇게 해요. 더 이상 무엇을 말해야 할지 모르겠어요. 난 홀로 지내는 사람이고 그게 좋아요. 오늘은 여기 있지만 내일은 다른 곳에 있겠죠.

생존에 대한 우선순위는 하인츠 딜레마에 관한 16세 베티의
판단에서도 잘 나타난다.

사람이 추구하는 것 중 가장 중요한 것이 생존이라고 생각해요.
약을 훔치지 않는 것보다 더 중요하죠. 훔치는 건 잘못된 일일 수
있지만, 살기 위해 훔치거나 혹은 누군가를 죽여야 한다면 당신
은 그렇게 해야 해요. 자기보존이야말로 가장 중요한 것이니까
요. 삶의 그 어떤 것보다도 중요해요.

생존을 중시하는 첫 번째 관점 이후의 과도기에는 이기심과
책임감의 개념이 처음으로 등장한다. 처음에 이러한 개념은
여태까지 판단의 근거가 되었던 자기 이익의 개념을 수정하
는 가운데 자아와 관련해 나타난다. 과도기의 주된 문제는 타
인에 대한 애착이나 관계와 관련이 있다. 임신은 즉각적인 연
결을 나타낼 뿐만 아니라 가장 구체적이고 물리적인 방법으로
성인 여성의 역할을 수행할 능력이 있다는 것을 확인한다는
점에서 이 문제를 부각시킨다. 처음에는 임신이 청년기의 외

로움에서 벗어나 의존과 독립의 갈등을 해소해주는 것처럼 보이지만, 실제로 청년기에 임신을 지속하는 것은 고독과 소외 문제를 더욱 악화시켜 사회적 고립을 심화시키고 독립을 불가능하게 한다.

개인적으로나 사회적으로나 어머니가 된다는 것은 아기를 돌보고 보호할 책임을 지는 것을 전제한다. 그러나 다른 이를 돌보기 위해서는 먼저 자신을 책임감 있게 돌볼 수 있어야 한다. 17세 조시는 임신에 대한 자신의 반응을 다음과 같이 설명하며 이기심에서 책임감으로의 전환을 통해 아동기에서 성인기로의 성장을 보여준다.

임신을 하자 기분이 나쁘기는커녕 마냥 좋았어요. 그 상황을 현실적으로 보지 않았기 때문이죠. 나는 외로웠기 때문에 이기적인 욕구로만 상황을 봤어요. 그때 일이 잘 풀리지 않았기 때문에 내가 돌볼 수 있는 아기가 생긴다는 점이나, 나의 일부이기도 한 어떤 존재가 생긴다는 것이 기뻤어요. 그러나 나는 책임져야 할 현실적인 측면을 보지 않았죠. 임신 중지를 해야겠다고 결심한 건 아기를 가지는 것이 얼마나 큰 책임이 따르는 일인지 깨달았기 때문이에요. 늘 아기 옆에 있어야 하니까 집 밖에 나갈 수 없는데

난 나가는 것을 정말 좋아하거든요. 그리고 내가 나를 책임져야 하고, 많은 문제를 해결해야 한다는 것을 깨달았어요.

조시는 외로움을 이겨내고 관계를 맺기 위한 방법으로 아기를 가지려던 자기 생각이 "이기적"이고 "비현실적"이었다고 비판한다. 아기를 갖고 싶다는 소망과 "언제든지 집 밖에 있을" 자유를 향한 갈망의 충돌, 즉 연결과 독립이 상충하는 모순은 우선순위를 새롭게 규정하면서 해소된다. 판단 기준이 바뀌면서 딜레마는 도덕적 차원으로 넘어간다. 그리고 소망과 필요의 갈등은 "하고 싶은 것"과 "해야 하는 것"의 차이로 재구성된다. 이 구조에서 하고 싶은 것을 하는 "이기심"은 "책임감" 있는 도덕적 선택과 대립한다.

내가 하고 싶은 것은 아기를 갖는 거지만 해야 한다고 느끼는 것은 당장 임신 중지를 하는 거예요. 때로는 내가 원하는 것이 옳지 않은 것이기도 해요. 가끔은 꼭 해야 하는 일이 하고 싶은 일 보다 우선되죠. 내가 하고 싶은 것이 늘 옳은 일은 아니니까요.

조시가 말하듯이 임신 자체는 자신의 여성성을 확인시켜준다. "정말 기분이 좋았어요. 임신하고 나서 내가 여자라는 걸 느꼈거든요." 하지만 임신 중지 결정은 그가 성인으로서 책임감 있는 선택을 행할 기회가 되기도 한다.

(자신을 어떻게 설명하시겠어요?)

내가 감당해야 할 큰 결정을 하고 난 후 나는 나 자신을 다르게 보고 있어요. 그렇게 어려운 결정을 해야 하는 경우는 많지 않았거든요. 그리고 나는 임신 중지를 결정했어요. 그렇게 하면서 책임질 일이 있었죠. 어려운 결정을 했고 나는 변했어요. 그건 좋은 일이에요. 예전이라면 나는 현실적으로 상황을 파악하지 못했을 거예요. 아마 내가 원하는 걸 했겠죠. 그게 옳지 않은 일이라 하더라도요. 지금은 결정을 내리고, 나 자신을 돌보고, 나를 위해 뭔가를 하면서 좀 더 성숙해졌다고 생각해요. 이 경험이 다른 방면으로도 나에게 도움이 되리라고 생각해요. 가령 책임감을 갖고 뭔가를 결정을 해야 하는 상황이 또 온다면 이 경험이 도움이 되겠죠. 그리고 나는 앞으로도 내가 잘 결정할 수 있으리라고 생각해요.

이런 식으로 인식이 재구성되면서 오래된 것이 새로운 것으로 변형된다. "나 자신을 위해 뭔가를 하고 싶다"는 소망은 남아있지만 그것을 수행하는 방식은 달라진다. 조시에게 임신 중지 결정은 돌봄과 책임이 통합되는 계기였고 자신의 여성다움과 성인다움을 긍정한 경험이다. 또 다른 청소년은 도덕을 "자기 자신에 대해 생각하는 방식이에요. 자신을 돌보아야겠다는 결심을 하게 되거든요. 합당한 이유로 임신 중지를 한다면 그 일은 다른 일을 시작할 때도 힘이 될 거예요"라고 말한다.

이런 변화가 자아 존중감 향상의 계기가 되기 위해서는 자아 개념 안에 자신이 "올바른 일"을 할 능력이 있으며, 선한 사람이 될 자질과 사회적 일원이 될 만한 가치가 있다는 인식이 있어야 한다. 여성에게 자신감이 결여되어 있을 경우 과도기적 문제가 해결되지 않고, 성장 또한 방해받는다. 문제의 요점을 이해하면서도 변화의 첫 관문을 통과하지 못하는 사례는 20대 후반인 앤을 통해 볼 수 있다. 그는 이기심과 책임감의 충돌을 경험하지만 결국 세 번째 임신 중지를 해야 할지에 대한 딜레마를 해소하지 못한다.

나 자신을 포함해서 이 일과 관련된 주변 사람들을 모두 생각해야 해요. 그것이 무엇이든 올바른 결정을 하려면 내가 책임져야 할 것들과 아이와 생존할 수 있을지, 아이 아버지와의 관계는 어떻게 될지, 그리고 이것이 그에게 정서적으로 어떤 영향을 미칠지를 알아야 해요.

"암시장에 아기를 팔아서 많은 돈을 벌겠다는 생각은 잘못됐어요. 나는 원칙에 따라 움직이는 사람이에요. 그런데 내가 내 아기를 팔다니요. 생각만 해도 기분이 나빠요." 앤은 자신의 생존 문제와 대립하는 책임의 개념을 수용하기 위해 애쓴다. 그러나 다음 단계로의 이행은 끊임없이 모순되는 자기 이미지에 막혀있는 듯하다.

(자신을 어떻게 설명하시겠어요?)

이건 모순이지만 나는 충동적이면서 계산적이고 또 도덕적이면서 비도덕적이기도 해요. 일관되게 모순되지 않은 유일한 특성은 게으름이에요. 많은 사람이 게으름을 내가 한 번도 정확히 지적할 수 없었던 어떤 원인에 대한 증상이라고 했어요. 나 자신을 좋아하는 데 한참이 걸렸어요. 사실 지금도 내가 마음에 들지 않을 때가 있어요. 어느 정도까지는 이것도 건강한 측면이라고 봐요. 때로는 내가 나를 너무 좋아하는 것 같기도 해요. 그러나 전반적

자아와 도덕

209

으로 나 자신을 너무 많이 회피하다 보니 나와 나를 좋아하는 사람들에 대한 책임까지 피하게 됐어요. 나는 나를 별로 믿지 않아요. 내가 인간이라는 걸 믿고 싶지 않을 때도 있는데, 왜냐하면 더러운 일이 너무 많이 일어나고, 사람들은 정말 형편없고 둔감하기 때문이에요.

자신이 책임을 회피한다고 보기 때문에 그는 임신 중지 딜레마를 해결할 근거를 찾지 못한다. 어떤 결정에도 이르지 못하니 열패감만 더해질 뿐이다. 앤은 자신이 청소년일 때 부모가 원치 않던 임신 중지를 강요함으로써 자신을 배반한 것을 비난하면서, 이제 자기 자신을 배반한 스스로를 비난한다. 이런 관점에서 그가 자신의 아이를 판다는 생각을 하는 것은 놀라운 일이 아니다. 앤은 부모가 자신들의 명예를 지키기 위해 그를 팔았다고 느끼고 있기 때문이다.

첫 번째 관점에서 두 번째 관점으로의 전환, 즉 이기심에서 책임감으로의 전이는 사회적 참여로 가는 길이다. 첫 번째 관점에서 도덕은 자신이 속한 사회에서 부여하는 제약에 어떻게 대처하느냐의 문제인데 반해, 두 번째 관점에서 도덕은 공유된 규범과 기대에 부응하는 것과 관련있다. 이때 여성은 사회적 가치를 수용함으로써 자신이 사회 구성원임을 주장한다. 그리고 타인의 인정 여부에 자신의 생존이 달려있다고 보면서, 선에 대한 합의된 판단을 가장 중요한 것으로 여기게 된다.

여기서 인습적 단계의 여성적 목소리가 또렷하게 나타난다. 이 목소리는 여성의 가치가 타인을 돌보고 보호하는 능력에 기초한다고 주장한다. 이때 여성은 브로버만과 동료들Broverman et al.(1972)이 연구한 성적 고정관념이 반영된 여성적 선의 가설로 세상을 구성한다. 여기서 여성에게 바람직하다고 간주되는 모든 속성은 타인을 전제로 하며, 여성은 "재치와 부드러움, 그리고 감정을 쉽게 표현할 수 있는 능력"을 통해 타인에게 민감하게 반응하고 타인을 돌볼 수 있다. 이때 타인은 여성의 돌봄을 받는 수혜자이자 여성의 "안전하고자 하는 강한 욕구"를 충족시켜주는 존재다(63쪽). 이런 두 번째 관점의 강점은 돌봄의 능력에 있으며, 직접적인 표현을 하는 데 제약을 받게 된다는 한계가 있다. 이러한 특성은 19세 주디의 말에 잘 나타난다. 그는 남자 친구가 직설적으로 말하는 데 반해 자신은 누군가를 비판하는 것 자체가 어렵다고 한다.

나는 누구에게도 상처를 주고 싶지 않아요. 그래서 아주 예의 바르게 말하고 그들 각자의 의견을 존중해요. 그러면 사람들은 그들이 원하는 방식대로 행동할 수 있어요. 반면 내 남자 친구는 사람들에게 단도직입적으로 말해버려요. 나는 혼자 하는 일들을 그는 공개적으로 하죠. 그게 더 나은 것 같아요. 하지만 난 그렇게 못 하겠어요.

주디도 분명 상황이나 사람을 판단하지만 적어도 이를 공개적으로는 표현하지는 않는다. 타인의 감정을 배려한다는 것은 또한 이를 존중한다는 말이기도 하다. 하지만 주디는 배려라는 말 뒤에 자신의 취약성과 이중성이 숨겨져 있다는 걸 알기에 타인의 감정을 존중한다고 말하는 것을 석연찮아 한다.

도덕 발달의 이 단계에서 특히 타인에게 피해를 주는 것과 관련해 갈등이 발생한다. 모든 사람의 이해를 충족하는 선택지가 존재하지 않을 때, 책임이 충돌할 때, 결정에 누군가의 욕구가 희생될 때, 여성은 피해자를 선택해야 하는 불가피한 상황에 놓이게 된다. 19세인 캐시는 두 번째 임신 중지가 자신에게 끼칠 영향을 두려워하면서도, 가족과 연인이 모두 임신을 반대하는 상황에서 생긴 딜레마에 대해 묘사한다.

어떤 선택을 해야 할지 모르겠어요. 아이를 낳거나 임신 중지를 하거나 그중 하나를 선택해야 하잖아요. 나를 혼란스럽게 하는 것은 그것이 나를 다치게 하거나 주변 사람들을 다치게 하는 선택이라는 거예요. 무엇이 더 중요할까요? 모두가 행복한 다른 선택지가 있으면 좋겠어요. 하지만 그런 건 없잖아요. 어떤 선택을 하든 누군가가 다치거나 내가 다칠 거예요.

선을 자기희생과 동일시하는 여성적 관점으로 보자면 이 딜레마의 "올바른" 해결책은 이미 정해져 있다. 그러나 캐시에게 그것은 너무 많은 것을 포기해야 하는 일처럼 보인다. 또한 다른 결정의 결과로 태아가 희생된다는 것은 타인을 염려해 선택한 임신 중지의 이타성을 훼손시킨다. 사랑과 배려의 표현으로 선택한 임신 중지가 여성성 자체와 상충하기 때문에 임신 중지라는 해결책은 모순으로 가득 찬다.

"누구도 자신이 사랑하는 두 가지 중에 하나만 선택해야 하는 상황에 놓이면 안 돼요"라고 25세 데니스는 말한다. 그는 원치 않는 임신 중지를 했다. 연인에 대한 책임뿐만 아니라 그의 아내와 아이들에 대해서도 책임감을 느꼈기 때문이다.

난 그저 아이를 원했어요. 그리고 정말 임신 중지는 옳지 않다고 봐요. 생명이 언제 시작된다고 누가 말할 수 있죠? 난 임신하는 순간부터 생명이 시작된다고 생각해요. 내 몸에 변화가 일어난다는 걸 느꼈고 매우 방어적이 되었죠. 하지만 책임감도 느꼈어요. 그의 아내에게 무슨 일이 일어난다면 그건 내 책임이라고요. 그는 내게 선택지가 단 하나, 임신 중지밖에 없다고 느끼게 했어요. 내가 다음번에도 언제든지 아이를 가질 수 있다고 하면서요. 그는 내가 아이를 낳으면 나와 헤어질 것처럼 행동했어요.

데니스에게 임신 중지는 그가 절대 하지 않을 선택이었다. 하지만 그는 임신 중지를 선택한다. "그것은 나의 선택이었고, 그렇게 해야만 했어요." 그는 임신보다 자기 삶의 전부라고 생각하는 관계의 연장을 더 우선시하기로 했다. "그를 만난 후 그는 나의 삶이 되었어요. 나는 그를 위해서는 무엇이든 할 수 있어요. 내 삶은 그를 중심으로 돌아가요." 데니스는 아이를 갖고 싶어했고 동시에 관계도 지속하기를 원했기 때문에 어떤 선택을 하든 이기적인 것으로 해석될 수 있다. 게다가 두 가지 선택 모두 누군가에게 상처를 줄 것이기 때문에 어느 것도 도덕적이라 할 수 없다. 데니스는 피할 수 없는 상황에 직면하여 내린 선택을 연인과 그의 아내를 위한 자신의 희생이라고 규정함으로써 책임을 회피하려 한다. 그러나 책임이라는 이름으로 감행된 공개적 희생은 억울함이 되어 폭발했고, 이것은 그가 그토록 지키고 싶어했던 바로 그 관계를 뒤흔들었다.

그 후에 우리는 안 좋은 시기를 보냈어요. 이건 말하고 싶지 않고 내가 틀렸다는 것도 아는데, 내가 그를 비난했기 때문이에요. 마지못해 그의 말을 들었잖아요. 하지만 중요한 것은 내가 그 결정을 했다는 거예요. 나는 "아이를 낳을 거야, 당신이 원하든 원치 않든"이라고 말할 수도 있었지만 그렇게 하지 않았어요.

같은 사람의 아이를 다시 임신하고 예전의 상황을 돌아보면서 데니스는 그 선택이 실은 자신의 것이었음을 인정한다. 그는 성장의 기회를 놓쳤던 그 지점으로 다시 돌아와 있다. 데니스는 이번에는 결정을 포기하지 않고 스스로 결정을 내리려고 한다. 그는 이 문제를 "강인함"의 문제로 보면서 자신의 무기력하고 의존적인 모습에서 벗어나려고 애쓴다.

이제 나는 내가 훨씬 더 강해질 수 있는 사람이라고 생각해요. 이제까지는 상황에 따라 떠밀려왔지만요. 내면의 힘이라고 할 만한 것이 없었죠. 나는 이제 강인해져서 스스로 중요한 결정을 하길 원해요. 그것이 옳은 것인지 아닌지 여부를 떠나서요.

이전에는 자기희생의 도덕으로 임신 중지를 정당화했지만, 자신의 목소리를 되찾고 선택에 책임을 지려면 과거의 판단 기준을 버려야 한다. 이 과정에서 데니스는 지난 관점에 전제되었던 명제, 즉 자신이 타인의 행동에 책임을 지는 만큼 타인 역시 그의 선택에 책임을 진다는 명제에 의문을 제기한다. 이런 책임의 개념을 받아들일 때, 여성들은 책임을 통해 누군가를 간접적으로 통제할 수 있다고 생각했다. 다른 사람의 필요에 응답하면서 자기주장을 감춘다. 이는 책임의 소재를 뒤바꾸고 에둘러 행동함으로써 결국 모두가 이용당하고 배신당했다는 느낌을 지울 수 없게 만든다. 이 관점의 논리는 상호 돌봄의 도덕이 의존 심리에 내재되어 있기 때문에 혼란스러워진다. 자기주장은 타인에게 상처를 줄 수 있기 때문에 잠재적으로 부도덕한 것으로 규정된다. 이런 혼란은 콜버그의 도덕 발달 단계 중 3단계에서 포착되는데, 이 단계에서는 타인을 돌보고 도와주려는 소망과 인정의 욕구가 모두 나타난다. 따라서 수동적인 의존과 돌봄 활동 사이의 딜레마에 갇히게 되면 여성의 행동과 사고는 주도권을 잃는다. 그래서 데니스가 자신을 "흐름에 떠밀려왔다"라고 말하는 것이다.

두 번째 전환: 선에서 진실로

이런 판단 이후의 두 번째 과도기에서는 선에서 진실로 관심이 이동한다. 이 전환은 여성이 돌봄의 도덕을 중심으로 자기희생의 논리를 들여다보면서, 자아와 타아 사이의 관계를 재고하는 것으로 시작된다. 이러한 전환은 임신 중지 인터뷰에서 "이기적"이라는 단어의 재등장으로 나타난다. 주도적인 판단을 시작하면서 여성은 자신의 욕구를 돌봄과 관심의 범위에 포함하는 것이 이기적인 행동인지 책임감 있는 행동인지, 도덕적인지 부도덕한 것인지 질문하기 시작한다. 이런 질문을 통해 여성은 타인의 평가에 대응하는 새로운 내적 판단을 형성하고 책임의 개념을 다시 점검한다.

자신의 목소리를 타인의 목소리와 분리함으로써, 여성은 타인에게 책임감을 느끼는 것처럼 자신에게 책임감을 느끼는 것이 가능한지, 그리고 상처를 주는 것과 돌보는 행위 사이의 충돌을 해소하는 것이 가능한지 묻는다. 자신에 대해 책임을 지려면 새로운 판단 양식이 필요한데, 그것의 첫 번째 조건이 정직이다. 자신을 책임지려면 자신이 무엇을 하고 있는지부터 인식해야 한다. 행위의 도덕을 판단하는 기준이 타인의 눈에 비친 모습에 근거하지 않고 의도와 결과의 현실성에 근거해 평가될 때, 도덕의 판단 기준은 선에서 진실로 바뀐다.

24세의 가톨릭 신자인 재닛은 결혼 후 첫 아이를 출산하고 2달 만에 다시 임신을 했고, 자신의 딜레마를 선택의 딜레마라고 규정한다. "이제 결정을 해야 해요. 지금은 임신 중지를 할 수 있으니까요. 임신 중지를 할 수 없다면 선택의 여지도 없겠죠. 그러니 지금은 해야 할 일을 하면 돼요." 만약 임신 중지가 합법이 아니라면 아이를 돌보고 보호하기 위해 자기희생의 도덕이 필요할 것이다. 그러나 희생이 선택사항이 되면서 문제가 전적으로 달라진다.

재닛은 처음에 타인에 대한 책임을 다한다는 관점에서 임신 중지를 결정했다. 그 시점에서 둘째 아이를 갖는 것이 의학적 차원에서도 바람직하지 않고, 가족의 정서적·경제적 자원에도 부담을 줄 것이기 때문이다. 그러나 그는 그것 말고도 임신 중지를 선택한 다른 이유가 있다고 말한다. "말하자면 감정적인 이유죠. 이기적인지 아닌지는 모르겠지만 둘째를 갖는 것은 정말 나를 얽맬 거예요. 그리고 난 아직 두 명의 아이에게 묶일 준비가 되지 않았어요."

재닛에게는 임신 중지 결정과 관련하여 책임감 있는 이유와 이기적인 이유가 있지만 이에 맞서는 종교적 신념도 있다.

> 그건 생명을 앗아가는 거죠. 아직 사람의 형태를 갖추지는 않았지만, 잠재력을 가진 존재이므로 내게 임신 중지는 여전히 생명을 빼앗는 거예요. 하지만 나와 내 아들과 남편의 삶도 생각해야 해요. 처음에는 이기적인 이유라고 생각했지만 그게 다는 아니에요. 물론 이기적인 부분이 있다는 걸 부인할 수는 없어요. 하지만 나는 지금 둘째를 원하지 않아요. 난 아직 준비가 되지 않았어요.

그에게 딜레마는 생명을 빼앗는 것을 정당화하는 문제에서 발생한다. "그냥 덮을 수는 없어요. 나는 이것이 생명을 빼앗는 일이라고 생각하거든요. 만약 이 사실을 숨기려고 한다면 나는 혼란에 빠질 거예요. 그건 내가 하고 있는 일을 부인하는 것이 될 테니까요." 자신에게 "나는 옳은 일을 하고 있는가? 이 건 도덕적인가?"를 물으면서 재닛은 임신 중지에 대한 자신의 신념과 임신을 지속할 경우 발생할 결과를 비교한다. 그는 자 신이 "오로지 나의 도덕적 신념 때문에 세 사람을 힘들게 하는 결정을 내릴 만큼 도덕적으로 엄격하지는 않다"고 결론 내리 면서, 타인에 대한 선의가 딜레마 해결에 여전히 중요하다는 것을 알게 된다.

이 딜레마에는 도덕적 요소가 있어요. 내게 임신 중지는 생명을 앗아가는 것이지만 나는 그것을 선택하려고 해요. 마음이 무거워 서 신부님과 이야기도 나누었어요. 신부님은 죄책감은 앞으로도 계속 존재할 거라고 하시더군요. 하지만 그런 마음을 안고 살면 서도 여전히 자신이 선하다고 믿을 수 있는가는 당사자에게 달려 있다고 하셨어요.

그러나 자신이 옳지 않다고 여기는 임신 중지를 한 후에도 여전히 자신을 선하다고 여기는 것은 객관적인 시각에서 이기 적이라고 보일 수 있기 때문에 재닛의 선의 기준은 자기 내면 으로 향한다. 자신에게 최선인 행동과 자기를 희생하는 행동

중 어느 것이 도덕적인 행동인지 문자 그는 이렇게 대답한다.

> 그 문제를 내가 제대로 이해했는지 모르겠네요. 내가 처한 상황
> 에서 보자면, 나는 지금 임신 중지를 원하고 있으므로 그렇게 하
> 지 않는다면 그것이 자기희생이 될 것 같아요. 난 정말 오도 가도
> 못하는 처지에 놓여 있어요. 하지만 나는 내가 도덕적인 사람이
> 라고 생각해요. 재정적 어려움이나 신체적 문제 혹은 가족과 관
> 련된 여러 이유가 없다면 임신 중지를 하지 않았을 거예요. 그렇
> 게 본다면 이 선택은 자기희생적인 거죠.

재닛은 결정 과정에 자신이 적극적으로 관여했다는 것을 명
확히 해두고 싶어 한다. 그것은 그가 임신 중지를 결정하는 과
정에서 "자신의 감정을 억압했는지" 판단하기 위해 자신의 감
정을 확인한다는 점에서 분명히 드러난다. 이기심에서 책임
감으로 넘어가는 첫 전환에서 여성들은 자신의 욕구가 아니
라 타인의 욕구를 먼저 고려한다. 그러나 도덕적 기준이 선에
서 진실로 바뀌는 두 번째 전환에서는 먼저 자아의 욕구를 신
중하게 밝혀내야 한다. 임신 중지를 원하는 자신의 소망을 직
면하고 나서야 재닛은 이기심의 문제를 다루며 자신의 결심을

오로지 "선"이라고 단정할 수 없음을 깨닫는다. 그러나 이기심에 대한 우려는 정직함이나 진실함에 대한 관심이 커지면서 누그러진다.

나는 어떻게 보면 이기적이고 매우 감정적이에요. 동시에 이해심이 많고, 현실적이며 삶에서 일어나는 상황을 잘 다루는 사람이기도 해요. 그래서 나는 내가 옳다고 생각하는 일이면서 나 자신과 주변 사람들에게 최선인 일을 선택할 능력이 있다고 믿어요. 나는 이 결정을 하는 데 나 자신에게 상당히 공정했다고 생각해요. 어떤 감정도 숨기지 않았고 진실하게 결정했어요. 나는 이게 좋은 결정이고, 정직하며 현실적인 결정이라고 생각해요.

이와 같이 재닛은 자신과 타인의 욕구를 두루 고려하며, 타인에게 책임감 있게 행동함으로써 "선"이 되는 동시에 자신에 대해 책임을 지고, "진실"하면서도 "현실"적이고자 한다.

어떤 관점에서는 자신의 욕구에 집중하는 것을 이기적이라고 하지만 또 다른 관점에서 보면 그건 정직할 뿐만 아니라 공정하기도 하다. 이렇게 상이한 두 관점이 있음을 깨닫는 것이 선이 새로운 개념으로 전환되는 시기의 본질적 특성이다. 새로운 선의 개념은 여성이 자기 자신을 인정하고 선택에 대한 책임을 받아들이면서 내재화된다. 하지만 "정당한 이유"를 찾으려고 한다는 점에서 외적 정당화가 재닛에게 여전히 중요하다는 것을 알 수 있다. "나는 여전히 임신 중지가 옳지 않다고 생각해요. 어쩔 수 없는 상황이 아니라면 그건 옳지 않아요." 그러나 정당화를 위한 이유를 탐색하는 과정에서 그의 생각은 "엄청나지는 않지만 약간" 달라진다. 그는 임신을 지속할 경우 자기 자신뿐만 아니라 최근 들어 "짜증나는" 남편까지 응징한다는 것을 깨닫는다. 이렇게 그는 자기희생이 자신과 타자 모두에게 미치는 영향을 고려하게 된다. 마지막으로 재닛은 말한다. "신은 벌을 내리죠. 하지만 용서도 하는 존재예요." 이제 그에게 남은 우려는 이 결정이 타인의 욕구를 충족시키는 동시에 "나에게도 올바르고 최선"인 결정이기 때문에 신에게 구한 용서가 훼손되지는 않을까 하는 것이다.

이기심이 부도덕성과 같다고 생각하는 관점은 29세의 가톨릭 신자이자 간호사인 산드라와의 인터뷰에서도 나타난다. 그는 자신의 임신 중지 결정에 대해 이렇게 이야기한다. "난 늘 임신 중지가 살해의 다른 이름이라고 생각했어요." 처음에 그는 이 살해를 덜 심각한 수준의 살해라고 단정한다. "임신 중지는 해야 해서 하는 것이지 원해서 하는 것이 아니기 때문"이다. 따라서 그는 임신 중지가 "그렇게 나쁘지 않"으며 "살해와는 다르다고 정당화할 수 있다"고 말한다. "아이를 돌볼 수 없는 현실적인 이유가 수도 없이 많기 때문에" 그는 임신 중지나 입양을 자신에게 가능한 선택지로 본다. 하지만 이전에 아이를 입양 보낸 경험 때문에 "심리적으로 다시 입양을 고민하고 받아들일 수는 없었어요. 정신을 차리는 데 4년 반이 걸렸어요. 다시 이런 일을 겪을 수는 없어요"라고 말한다. 그러므로 그에게 결정은 태아를 살해하거나 자신을 해하는 것 중 하나로 좁혀진다. 선택은 아이를 낳으면 자신뿐만 아니라 같이 사는 부모님에게도 상처가 되리라는 사실 때문에 더 복잡해진다. 산드라는 이런 중첩된 도덕적 모순에 처했지만 솔직해야 한다는 상담 조건 덕분에 마침내 어떤 결정에 이르게 된다.

혼자 생각할 때는 나를 위해서가 아니라 부모님을 위해 임신 중지를 하려고 했어요. 또 의사가 권유해서 그러려고 했을 뿐 한 번도 나를 위해 하겠다는 결심을 한 적은 없어요. 하지만 곰곰이 생각해본 후에 인정하지 않을 수 없었어요. "난 아직 엄마 노릇을 하고 싶지 않아. 엄마가 되고 싶은 마음은 전혀 없어." 지금 보면 그게 그렇게 나쁜 말도 아니거든요. 하지만 상담원과 이야기하기 전까지는 이렇게 생각하지 못했어요. 그동안은 그 생각이 끔찍하다고 생각해서 깊이 가둬두었거든요.

그가 계속 "도덕적"이려면 임신 중지는 타인을 위해 자신을 희생하는 행위거나, 선택의 여지가 없는 불가피한 상황이어야만 했다. "도덕 문제를 겪으면 자존감 문제에 함께 부딪히게 되죠. 도덕적으로 그른 일을 하게 되면 인간으로서 자존감의 일부를 상실하게 되니까요." 이렇게 임신 중지를 합리화함으로써 그는 자기 비난을 피한다. 산드라가 자존감을 유지하는 데 꼭 필요하다고 여기는 순수함을 위해서는, 임신 중지 결정에 있어 자신에게 책임이 없다고 생각할 수 있어야 한다. 그러나 책임의 회피는 스스로 임신 중지를 결정한 현실과 모순된다. 이렇듯 정직하지 못한 희생의 논리로 갈등이 발생하고, 이것은 포괄적인 이해를 요구한다. 그는 이제 "옳음"과 "그름"의 개념 사이에 생기는 모순을 해결해야만 한다. "임신 중지는 도덕적으로 잘못된 것이지만, 내 상황에서 보면 옳은 거예요. 그래서 임신 중지를 하려고 해요. 하지만 결국 임신 중지와 내가 처한 상황은 함께 가야 해요. 그러니까 나는 그 둘을 어떻게든

결합해야 할 거예요." 어떻게 그것이 가능할지 질문하자 그는
답한다.

도덕적으로 잘못된 것을 도덕적으로 올바른 것으로 바꾸어야겠
죠. (어떻게 말이죠?) 모르겠어요. 당신이 도덕적으로 옳지 않다고
여기는 것이 있다고 쳐요. 그것을 상황이 정당화한다고 해서 잘
못된 것이 옳은 것이 되지는 않을 거예요. 옳은 것과 그른 것은
반대이기 때문에 같아질 수 없어요. 결합될 수 없죠. 그런데 어떤
잘못된 것이 있는데 당신이 그것을 행하면 그게 옳은 것이 되기
도 한다는 뜻이에요.

이런 모순은 산드라가 안락사 문제에 직면했을 때 발생하는
갈등과 비슷하다. 그는 "뇌사 판정을 받은 환자 몇 명을 돌보
면서 환자의 가족이 감수해야 하는 일"들을 보고 안락사가 도
덕적으로 잘못된 것이 아니라고 생각하게 되었다. 그 경험을
통해서 그는 깨달았다.

당신은 그 상황에 부딪히기 전까지는 무엇이 옳고 그른지 알 수
없어요. 안락사나 임신 중지 문제에 직접 개입하기 전까지 나는

두 가지 모두 살해라고 생각했어요. 옳고 그름이 있지 중간은 없다고 말이죠. 그러나 중간의 회색지대가 있었어요.

회색지대를 발견하고, 이전에 절대적 기준이라 생각했던 도덕 판단에 의문을 제기하면서 산드라는 두 번째 전이에서 나타나는 도덕적 위기를 맞이한다. 과거 도덕 판단의 근거였던 인습은 이제 새로운 비판의 대상이 된다. 그는 도덕의 이름으로 타인에게 상처를 입히는 것이 정당화된다는 생각과 자기희생이 "올바르다"는 생각에 의문을 제기한다. 그러나 선과 자기희생을 동일시하는 인습을 비판하기 위해서는 자신의 독립적인 판단 능력과 관점의 정당성을 입증해야 한다.

여기서도 전환은 자아 개념에 전적으로 달려있다. 자신의 가치를 확신하지 못하면 여성은 평등을 주장하지 못하게 되고, 자기주장은 이기적이라는 오래된 비판의 대상이 된다. 그렇게 되면 여성은 돌봄이라는 명분 아래 자기를 파괴하는 부적절한 도덕마저 거절하지 못하고 계속 끌려다니다가, 생존을 위협하는 지경이 되어서야 비로소 폐기한다. 도덕적 의무는 자아를 포함하면서 확장되기보다는 적절한 응답을 받지 못한 채 더 이상 타인을 보호하고 싶지 않은 상황까지 몰린 후 완전히 배제된다.

이렇듯 도덕의 개념이 부재할 때는 어떤 행위가 아무리 "이기적"이고 "부도덕"하다 하더라도 생존이 최고의 관심사가 된다.

　20대 후반의 음악가 엘렌은 이런 전환적 고착 상태를 잘 보여준다. 자신의 일을 중심으로 독립적인 생활을 하던 엘렌은 자신을 "강한 의지와 통제력을 갖고 있으며 합리적이고 객관적인" 사람이라고 생각했으나, 어느 날 강렬한 사랑에 빠지면서 "완전히 차원이 다른" 자신의 면모를 발견하게 된다. 자신이 "엄청나게 순진한 이상주의"에 빠져 있었다는 사실을 인정하면서, 그는 "언제부턴가 아이가 우리의 관계를 공고히 해주리라고 막연하게 믿었어요. 아이를 가진다면 내 삶이 온통 창의적인 생각으로 반짝거릴 거라고 생각했죠"라고 말한다. 그는 "그 관계가 이상적이라고 생각했기 때문에 인공적이나 인위적인 그 어떤 물건도 사용하지 않기로" 했고, 어떤 방식의 피임도 하지 않았다. 그는 자신의 삶을 통제하는 것을 포기하고 대신 "모호한 상태로 일어나는 상황을 내버려두기로" 작정했다. 그는 임신을 하고서야 임신이 가능한 자신의 몸과 기혼의 연인이라는 "현실"에 직면한다. 그는 "점점 무너지는" 관계를 끝내고 싶다는 소망과 "오랜 시간 지속될 연결을 의미하는" 아이에 대한 소망 사이에서 자신의 모순이 초래하는 딜레마를 해결하지 못하고 마비된다.

엘렌은 "일단 한 생명이 시작되면 인공적으로 멈춰서는 안된다"는 "도덕적" 신념과 아이를 가진다는 것은 생각보다 훨씬 더 많은 지원이 필요하다는 "놀라운" 발견 사이에서 갈등한다. 그는 아이를 **지켜야 한다**는 도덕적 신념에도 불구하고 "혼자 아이를 키우고 그 책임을 떠맡는" 일을 심리적으로 감당할 수 있을지 확신하지 못한다. 이런 상황에서 태아의 생명을 지키는 것이 자신의 도덕적 의무라는 생각과 그것이 불가능하다는 현실적 판단이 충돌하며 폭발한다. 그는 "아이를 낳을지 낳지 않을지를 결정하고 결정에 따른 책임을 져야 한다"는 것을 인식하고 딜레마를 해소할 실현 가능한 기반을 찾으려고 애쓴다.

엘렌은 임신 중지를 찬성하거나 반대하는 입장 모두에 "철학적 논거"를 제시할 수 있다. 그는 인구과잉의 세계에서는 아이를 잘 돌볼 수 없으면 아이를 가지지 말아야 한다고 생각하면서, 한편으로는 아이를 키우는 것이 불가능할 때에만 임신 중지가 가능하다고 주장한다. 하고 싶은 것과 해야 한다고 생각하는 것 사이에 차이가 있냐는 질문에 그는 자신이 반복해서 직면해온 고착 상태를 묘사한다.

네, 늘 있어요. 많은 선택의 상황에서 이러지도 저러지도 못하는 상태에 빠졌죠. 나는 왜 내가 하고 싶은 일과 반대되는 것들을 내가 해야 할 일이라고 믿게 되는지 알아내려고 애쓰고 있어요. (이 상황에서는 어떤 것이 그런가요?) 그리 분명하지 않아요. 나는 아이를 원하고 또 그래야 한다는 생각도 들어요. 또 임신 중지를 해야 하고 그걸 원하는 것 같기도 해요. 지금 더 강하게 드는 생각은 임신 중지라고 말할 수 있어요. 그렇지만 아직 내가 내리는 결정에 충분히 자신감을 갖지는 못해요. 이 문제에 있어서 계속 정체된 느낌이에요. 결국 임신 중지로 이 문제를 풀겠지요. 임신 상태를 지속할 수는 없으니까요.

임신 중지가 "감정적이지만 실용적인" 해결책이라고 말하면서도 그것에 대해 자신이 없는 엘렌은 자신의 해결책을 "더 적절하고 논리적이며 올바른" 연인의 해결책과 비교한다. 그의 연인은 엘렌이 아이를 낳아야 하며 자기가 곁에 없고 재정적인 지원을 하지 않더라도 아이를 키워야 한다고 주장한다. 자신이 모든 것을 베푸는 선한 이미지로, 창조적인 삶 속에서 타인에게 어떠한 요구도 하지 않으면서 아이의 욕구를 충족시킬 수 있는 존재로 비친다는 것을 알게 된 엘렌은 이미지 자체가 아니라 그것을 충족시킬 자신의 적합성에 대해 의문을 제기한다. 자신은 그렇게 이상적이지 않다고 결론 내리면서 엘렌은 그렇게 갈등하고 고민한 것이 이기적이면서 상당히 타협된 "생존을 위한" 싸움이었다고 말한다. 하지만 그는 이렇게 덧붙인다.

어쨌거나 나는 고통스러울 거예요. 임신 중지를 하게 되면 정신적으로나 감정적으로 힘들겠지만, 임신 중지를 하지 않는다면 더욱 고통스러울 거예요. 그러니까 임신 중지가 두 가지 선택 중에 차악인 것 같아요. 이건 내가 생존할 수 있는 쪽을 선택하는 문제라고 생각해요. 정말 그래요. 이기적이죠. 임신 중지는 내 생존이 달린 문제에서 내가 해야 하는 일이에요. (왜 이것이 이기적인가요?) 글쎄요, 나의 생존을 먼저 생각하니까요. 관계의 유지나 아이의 생존 혹은 타인의 생존과 상반된 위치에 있잖아요. 난 우선순위를 정해놓고 내 생존의 욕구를 제일 꼭대기에 뒀어요. 나는 그걸 부정적 관점에서 보는 것 같아요. 하지만 다른 긍정적인 면에 대해서도 생각해요. 아직 살아갈 날이 남아 있으니까요. 잘 모르겠지만요.

엘렌은 돌봄의 의무를 다하지 못하고 지속되기를 원하던 관계마저 무너지자 자신의 생존이 자신의 일에 달려 있다고 생각한다. 그는 일이 "내 존재의 의미를 얻는 곳이에요. 그건 누구에게나 마찬가지겠죠"라고 말한다. 자신의 능력을 확신하지 못하여 이 생존이 위태로워지기도 하지만 임신 중지를 선택하는 것 또한 당사자를 "매우 내향화시키는" 행위라는 측면에서 위태롭다. "누군가를 사랑하고 아이를 갖는 것은 관계가 한발 나아가는 일"인 반면 임신 중지는 "한발 후퇴하는 것"이다. 관계 단절로 인한 감정적 위축은 임신 중지에 따른 대가를 예견할 때 분명하게 나타난다.

아마도 감정을 차단해야겠죠. 감정이 언제 회복될지, 또 그렇게 하고 난 후 감정이 어떻게 변할지는 모르겠어요. 그 어떤 것도 느낄 수 없기를, 그래서 냉정해지기를, 그런 상황을 냉담하게 헤쳐 나갈 수 있기를 바라요. 그렇게 할수록 다시 사랑하거나 신뢰하거나 감정을 느끼기가 어려워지겠죠. 감정에서 멀어질수록 관계를 피하는 것이 점점 수월해질 거예요. 하지만 나는 감정적인 측면을 차단하게 될까 봐 정말 걱정스러워요.

엘렌은 이기심과 책임감 가운데 한 가지를 선택해야 할 상황에 직면하자 누구도 해치지 않는 해결책을 찾는다. 하지만 그런 해결책을 발견하는 데 실패하며 그의 딜레마는 도덕과 생존이 충돌하는 갈등 상황으로 전환된다. 성인다움과 여성다움 또한 제대로 통합되지 못한 채 분리되자 엘렌은 일에 몰두하겠다는 선택을 하지만, 이것은 관계와 아이를 포기하겠다는 결심일 뿐만 아니라 사랑과 돌봄에 전념할 경우 수반되는 취약성을 사전에 차단하겠다는 결심이기도 하다.

세 번째 전환: 책임에 대한 새로운 인식

이런 식의 상황 이해로부터 불거진 문제에 직면하면서 무엇이 돌봄을 구성하는지 재고할 때, 여성은 세 번째 관점을 얻게 된다. 25세의 세라는 관계를 변형된 방식으로 이해하면서 처음에는 별개로 느꼈던 이기심과 책임감을 화합시키는 방법을 찾는다. 인습은 여성이 자기부정과 자기희생을 자청하도록 강요해왔다. 그는 이런 인습이 부도덕한 권력의 횡포라고 판단하고 이를 거부한다. 대신 누구에게도 해를 입히지 말라는 비폭력의 원칙을 모든 도덕 판단과 행동의 으뜸 원칙으로 격상시킨다. 이로써 그는 자신과 타자의 도덕적 평등을 주장할 수 있게 되며 자신과 타자를 모두 돌봄의 대상으로 끌어안는다. 이렇게 돌봄은 인습적인 해석에서 벗어나 보편적 명령이자 자신이 채택한 윤리가 되며, 선택의 기로에서 책임감 있는 선택을 가능하게 한다.

　세라는 현재의 임신을 계기로 이전의 임신은 물론 연인과의 관계에서 해결되지 못한 부분까지 표면으로 끄집어 올린다. 첫 번째 임신에서 세라는 연인이 떠난 후 임신 사실을 알게 되었고 거부당한 데 대한 분노를 단숨에 무마하려고 임신 중지를 택했다. 그는 임신 중지를 일종의 위안으로 기억하면서도 당시를 "완전히 실패한" 시기라고 기억한다. 세라는 "삶을 통제"하기를 희망하지만 연인이 다시 나타나자 관계를 재개한다. 2년 후 "피임 기구를 서랍에 넣어두고" 관계를 한 그는 다시 임신을 하게 된다. 그는 임신 소식에 "황홀"할 정도로 기분이 좋았으나 연인이 아이를 낳는다면 떠날 것이라고 말하는 바람에 마음이 갈가리 찢겼다. 이런 상황에서 그는 두 번째 임신 중지를 고려하지만, 그 선택에 대한 책임을 받아들이고 싶지 않았기 때문에 병원 예약 시간을 번번이 여겼다. 첫 번째 임신 중지가 "순전한 실수"로 보였다면 두 번째 임신 중지는 그를 "걸어 다니는 도살장"이 된 것처럼 느끼게 했다. 아이를 키우기 위해서는 경제적 지원이 필요하기 때문에 책임을 회피하려는 그의 첫 번째 전략은 그 일을 "사회 복지 제도"에 떠넘기는 것이었다. 그곳에서 양육 기금 제공을 거부한다면 그걸 빌미로 임신 중지를 선택할 수 있고, 그것이 자신의 딜레마를 해소해줄 것이라 희망한 것이다.

그렇게 되면 어깨를 누르던 책임감이 떨어져 나가고 "그건 내 잘못이 아니야. 국가가 내게 돈을 주지 않았잖아"라고 말할 수 있겠죠. 하지만 정부가 양육비를 제공할 수 있다더군요. 그래서 결국 원점으로 돌아갔어요. 나는 임신 중지 시술을 예약하고서도 계속 전화해서 취소하고 다시 예약을 하고 또 취소했어요. 도저히 마음을 정할 수가 없었어요.

자기 자신을 다치게 하거나 아이의 생명을 끝내는 두 가지 악 가운데 하나를 선택해야 하는 상황에서 세라는 딜레마를 새로운 방식으로 재구성한다. 결정을 할 수 있도록 새로운 우선순위를 정하면서 그는 현실을 잘못 해석했기 때문에 갈등이 발생했다는 것을 알게 된다. 그는 일이 진행된 과정을 다시 곱씹어본 후 고독감을 해소하거나 다른 사람들에게 인정받으려는 소망에 기반한 해결책은 적합하지 않다고 판단하고 이를 폐기한다. 결국 그는 아이의 아버지와 아이뿐만 아니라 자신에 대한 책임까지 포함하여 임신 중지를 고민하게 된다.

글쎄요, 아이를 낳는 것의 장점은 여성이 외로이 순교자가 되어 아이를 키우면 찬사를 받을 수 있다는 거죠. 또 예쁜 아이의 사랑을 받으면서 얻게 될 기쁨도 있고요. 또 아이가 생기면 오랫동안 잊고 지냈던 가정적인 생활을 할 수 있겠죠. 기본적으로 그래요. 하지만 이런 이야기는 완전히 환상일 따름이라 현실성이 없어요. 아이를 낳지 말아야 할 이유는 애인과의 관계를 더 빨리 끝낼 수 있다는 거예요. 아이를 낳는다면 난 아마 생활보호대상자가 되겠죠. 부모님은 평생 나를 보고 싶어 하지 않을 것이고, 나는 지금 다니는 직장을 잃고 독립성도 잃게 되겠죠. 혼자가 될 거고요. 어쩌면 오랫동안 많은 사람의 도움을 받아야 할 거예요. 그러나 죄책감을 생각하면 임신 중지를 반대해야 해요. 하지만 임신 중지를 해야만 나날이 나빠지는 아이 아빠와의 관계를 더 책임감 있게 다루고 능동적으로 처리할 수 있을 거예요. 또 대책도 없이 임

신할 정도로 어리석었던 나 자신을 벌하면서 25년을 견디지 않
아도 되겠죠. 임신 중지로 인한 죄책감을 느끼긴 하겠지만요. 아
니 정확하게는 두 가지 선택 중에서 좀 덜 악한 것 같기도 하고
요. 결국은 내가 대가를 치르고 정리해야 하는 일인지도 모르겠
네요. 내가 왜 다시 임신을 했고, 두 번째 임신 중지를 결정했는
지 살펴보면서 나 자신을 직면해야 할 테니까요.

세라는 두 번째 임신 중지가 "기분이 좋지는 않지만" 다음과
같이 결론 내린다.

아이를 낳는 건 나 자신이나 아이에게나, 또 세상에도 좋은 일은
아닐 거예요. 그러니 이 아이를 통해 세상에 진 가상의 빚을 갚겠
다고 다짐할 필요도 없고, 또 그런 목적으로 아이를 세상에 태어
나게 하는 것도 옳지 않은 일이에요.

자신에 대해 설명해보라고 요청하자 그는 도덕을 이해하는
방식과 함께 자아 개념도 바뀌게 되었다고 말하면서, 그 두 가
지 변화의 밀접성에 대해 말한다.

최근에 나 자신에 대해 많은 생각을 했어요. 평소 무의식적으로 생각하던 나와는 다르더군요. 나는 관심을 기울이지 않아도 될 사람들에게 빚을 갚는 것처럼 봉사했어요. 언젠가부터 나의 욕구가 다른 사람들의 욕구보다 부차적이라는 인상을 받았거든요. 내 욕구를 채우려고 다른 사람들에게 뭔가를 요구하는 것이 괴로웠어요. 그래서 타인을 배려하면서 나 자신을 감추게 되었는데 결국 그것이 화살이 되어 내게 돌아오더군요. 그 사람들에게 화가 치밀어 오르는 거예요. 그러니 마찰이 생기고 관계가 틀어지죠. 그럼 나는 다시 시작하고요. 나 자신에 대해 어떻게 설명하겠느냐고요? 나는 상당히 좌절했고 생각보다 훨씬 더 화가 났어요. 또 엄청나게 공격적이고요.

그는 인습에 내재된 여성적 자아 개념의 미덕을 살펴보면서 말한다. "실은 이 모든 미덕 때문에 내가 꼼짝달싹하지 못했던 거예요. 이제야 깨달았죠." 그는 어머니의 목소리로 구체화된 미덕을 듣고 자랐다. 그는 이런 사실을 자신의 힘과 가치를 인식하며 깨닫게 되는데, 그것은 예전에 그가 투사하던 이미지에는 없는 것들이었다.

불현듯 깨달았어요. 내가 하고 싶어 하는 것과 관심을 가지는 것, 믿는 것, 그리고 나라는 사람이 선반에서 먼지가 쌓이기만 기다려야 할 정도로 형편없지는 않다는 걸요. 나는 과거에 사람들이 내 행동을 보면서 짐작한 나보다 훨씬 더 가치 있는 사람이에요.

예전에 세라에게 "선한 사람"의 특성은 그의 어머니가 보여줬던 근면, 인내, 자기희생이었으나, 이제 그는 거기에 단도직입적인 모습과 정직함을 포함한다. 그는 이런 새로운 이상이 "자신을 훨씬 더 편하게" 만들겠지만 그런 생각을 솔직하게 내비치면 비판의 대상이 된다는 것도 안다.

사람들은 "뭐야, 저 여자 공격적이잖아. 맘에 안 들어"라고 말하겠죠. "내게 잘 보이려고 저 여자가 자신을 꾸미는 게 맘에 들어"라고 하지는 않을걸요. 난 그저 더 단단하고 독립적인 사람이 되고 싶어요.

세라의 이전 관점에서 임신 중지는 "회피" 수단이었다. 그것은 너무 강한 책임감 때문에 "자신의 실수를 책임지고 자신의 실수가 아닌 것도 늘 책임지려는" 인습적인 여성의 모습이

되지 않도록 그를 구해준 방식이었다. 그러나 새로운 관점에서는 "나 자신에게 올바른 것"의 개념이 바뀐다. 그는 "선한 사람"의 개념에 "자아 존중감", 즉 "자신을 과소평가하지 않고, 어리석은 행동이나 원하지 않는 행동을 하도록 내버려두지 않는" 마음의 자세를 포함한다. 이러한 관점의 전환은 책임에 대한 새로운 인식에 초점을 둔다.

나에 대해 책임감이 생겼어요. 그리고 이게 정말 중요하다는 걸 깨달았어요. 내가 원하는 것을 하고 내가 이기적이라며 죄책감을 느끼는 대신 그것이 사람들이 살아가는 일반적인 방식이란 것을 알게 되었죠. 자신의 욕망과 욕구가 중요하니까 자신이 하고 싶은 걸 하는 거예요. 다른 사람이 아닌 바로 자기 자신을 위해서요.

책임질 대상에 타인뿐만 아니라 자기 자신까지 포함하면서 이기심과 책임감의 갈등은 해소된다. 물론 자아와 타자 사이의 갈등이 여전히 남아 있기는 하다. 하지만 딜레마의 발생 자체가 비폭력적 해결 방식을 배제한다는 것을 깨닫자 도덕 문제를 재구성할 필요가 생긴다. 임신 중지 결정은 자신과 타인에게 영향을 미치는 "심각한" 선택으로 간주되어왔다. "나는 의식적으로 태아의 삶을 끝내겠다고 결정했는데, 이건 아주 중대한 문제예요." 이제 세라는 임신 중지가 상당히 타협된 해결책이라는 것을 받아들이면서 임신 자체에 집중한다. 이 임신은 그에게 책임의 실패이자 타인과 자신을 돌보고 보호하지 못한 행위였다.

첫 전환에서처럼 두 번째 전환에서도 임신으로 촉발된 갈등은 심리적 발달에 중요한 문제를 제기한다. 이 문제는 타인과의 관계에서 자신의 가치를 인식하는 것, 선택할 권리가 있음을 인식하는 것, 그리고 자신의 선택에 따르는 책임을 수용하는 것과 관련이 있다. 임신 중지 위기는 여성을 선택하고 결정해야 할 상황에 직면하도록 부추김으로써 "아주 귀한 시간이 돼요. 당신은 임신을 배움의 기회이자 새로운 출발점으로 유용하게 활용할 수 있어요." 다른 여성들도 위기 속에서 성장의 가능성을 알아본다. 그들은 이런 과정에서 관계를 새롭게 이해하고, "새로운 시작" 혹은 "삶을 통제할 수 있는" 기회를 갖게 된다.

두 번째 임신 중지에 직면한 세라가 삶의 통제권을 얻기 위해 거쳐야 할 첫 단계는 자신을 "별 볼일 없는 존재"로 만들던 관계를 책임감 있게 끝내는 것이다. 그는 거부당할 때 불가피하게 상처가 생긴다는 것을 알기에 "나의 욕구를 훼손하지 않는 한도 내에서 최선을 다해" 연인의 욕구를 배려하려고 애썼다. "이건 내게 굉장히 중요해요. 불과 얼마 전까지만 해도 상대의 욕구에 맞추느라 내가 상처를 입었거든요. 하지만 이젠 그렇게 하지 않으려고요." 대신 그는 "품위 있고 인간적인 방식, 약간 흔들리더라도 완전히 파괴되지는 않는 방식"으로 행동하려고 한다. 따라서 "별 볼일 없는 사람"이라고 자신을 비하하던 세라는 자신이 가진 파괴력을 알아채면서, 자신과 타인을 모두 다치지 않게 하는 새로운 행동을 타진한다.

세라는 하인츠 딜레마를 "돈을 잃을 약사와 목숨을 잃을 사람 중 누가 더 큰 피해를 입는가"라는 질문으로 접근한다. 이때 도덕적 우려는 누가 피해를 입는가에 집중된다. 세라는 추상적으로 재산권과 생명권의 논리적 우선순위를 평가하는 것이 아니라, 이러한 권리가 침해될 때 관련된 사람의 삶이 어떠한 영향을 받는지에 초점을 둔다. 세라는 여전히 맥락을 중심으로 사고하고 돌봄의 감정을 중요하게 여기지만, 상처를 주지 말아야 한다는 도덕적 의무를 관계의 심리적 역학에 대한 심도 있는 이해를 토대로 인지하기 시작한다.

따라서 불평등한 지위 때문에 위축되어 있던 여성들이 여태

껏 유보하던 판단을 표현할 수 있게 된다. 여성들이 말하는 것은 새로운 도덕이 아니다. 다만 이전에 그들의 인식을 혼란스럽게 하고 판단을 방해하던 제약으로부터 벗어난 것이다. 예전에는 여성들이 자신이나 타인, 관계에 직접 관여하지 않고 에둘러 말하거나 모호하게 행동한 까닭에 많은 심리적 대가를 치렀다. 그들은 이제 그런 경험을 딛고 자신의 판단을 표현하고 그것을 책임지고자 한다. 그리하여 돌봄의 책임은 자신과 타인을 포함하게 되며, 인습적 명령에서 해방되어 선택권이 주어진 현실에 집중하면서도 돌봄의 이상을 유지할 수 있다.

상처에 관한 판단은 루스의 이야기를 통해 잘 드러난다. 29세의 기혼 여성으로 미취학 자녀의 어머니인 루스는 두 번째 임신이 학위 취득 시기와 충돌하면서 딜레마에 빠진다. 그는 "고의로 나쁜 일을 하거나 남을 해칠 수는 없어요. 그렇게 살 수는 없으니까요"라고 말하지만 불가피하게 누군가를 해쳐야 하는 상황에 부딪힌다. 루스는 자신과 타인을 가장 잘 보호할 수 있는 방안을 찾다가, 자신이 도덕 판단을 내리고 선택하는 자임을 자각하고, 자신과 타인의 상호 관계를 인식하는 방식으로 판단과 선택을 중재한다.

도덕은 자신이 처한 상황에서 적절하게 행동하는 거예요. 이상적으로는 이러한 행위가 다른 사람에게 영향을 미치지 않아야겠죠. 실은 "이상적으로는 다른 사람에게 부정적인 영향을 미치지 않아야 한다"고 말하려고 했어요. 하지만 결정은 늘 누군가에게 영향을 미치게 되어있으므로, 영향을 미치지 않는 것은 터무니 없는 말이에요. 어쨌든 내가 하고자 하는 말은 무엇이 옳고 그른지 결정하는 것은 바로 당사자라는 거예요.

임신 중지 결정의 한가운데 있는 루스는 자신의 욕구와 책임이 격돌하는 것을 부인하다가 나중에는 그 격돌의 본질을 인정한다. 그는 "대학 학장이 되고자" 하는 바람과 "도자기를 굽고 꽃을 키우고 아이를 돌보면서 집에 있고자 하는" 바람 사이에서 발생하는 내적갈등이 임신을 계기로 표출되었다고 여긴다. 루스는 여성다움과 성인다움의 충돌에 대해 고심한다. 그는 "내년 이맘때든 2주 후든 내가 임신 중지를 하는 것이 나에게나 가족에게나 부담이 덜 되기 때문"에 임신 중지가 "더 나은" 선택이라고 생각하면서 이렇게 결론 내린다.

무엇보다 당사자인 여성이 그 결정 이후에도 잘 살아갈 수 있어야 해요. 감당할 수 있을 만한 결정이거나 적어도 감당하기 위해 애쓸 수 있는 것이어야 하죠. 그리고 지금 그의 상황과, 그의 삶에 중요한 사람들의 상황을 기초로 해야 해요.

첫 인터뷰에서 루스는 타인을 배려하라는 인습적 여성성의 구조 안에 있었다. 그래서 임신 중지 딜레마를 아이를 가지고 싶은 자신의 소망과 학업을 계속하기를 원하는 타인의 소망 사이에 발생하는 갈등이라고 설명한다. 이런 구조 속에서 그는 계속 임신을 유지하는 것이 "내가 원하는 것"이기 때문에 "이기적"이라고 생각한다. 그러나 자기 생각을 점검하면서 그는 이런 사고가 잘못되었다고 판단하고 자신의 진실된 내적 갈등을 인정한다. 그리고 자신이 추구하는 여성다움과 직업인으로서 성인다움이 충돌하는 지점을 세심하게 살펴본다. 그는 자신이 "양립할 수 없는 두 방향으로 가고 있다"고 묘사하면서도, "믿을 수 없을 만큼 열정적이고 민감한" 그의 일부, 타인의 욕구를 인식하고 충족시키는 능력을 가치 있게 여긴다. 그는 전문직에서 발전을 추구하는 것이 "잃고 싶지 않은" 능력인 "연민"을 위협한다고 판단한다. 그가 이전에 자기기만과 허구적인 순진함을 지속하려 했던 이유는 아이를 갖고 싶지 않다고 말하는 것을 두려워했기 때문이다.

내가 야망을 가진 사람이고 권력과 지위를 추구한다는 것, 매일 9시부터 5시까지, 때로는 저녁이나 주말까지도 일하는 삶을 살고 싶다는 사실을 인정한다는 뜻이죠. 그건 가족은 부차적이라는 말이기도 해요. 무엇이 최우선이 되어야 할지를 두고 심각한 갈등이 따를 테지만 나는 그런 갈등에 휩쓸리고 싶지 않아요.

"야망을 가진 사람"이 무슨 뜻이냐는 질문에 그는 이렇게 답한다.

야망을 가진다는 건 권력을 추구하고 다른 사람에게 무감각하다는 뜻이지요. (왜 무감각한가요?) 권력을 향해 가는 과정에서 다른 사람들을 짓밟게 되니까요. 위로 가려면 사람들 위로 올라서야 하죠. 가족이건 동료건 고객이건 상관없이요. (불가피하게요?) 늘 불가피한 건 아니겠지만 직장에서 일하는 짧은 기간 동안 그런 경우를 너무 자주 봐서 두려워요. 나는 그렇게 변하고 싶지 않으니 무서울 수밖에 없죠.

루스는 성인으로서 권력을 확보하는 것이 여성적인 민감성과 연민을 잃는 것과 같다고 보기 때문에 여성다움과 성인다움의 갈등을 도덕 문제라고 생각한다. 그는 임신 중지 딜레마를 계기로 이런 사회에서 여성이자 성인이 되는 것의 의미를 생각하게 되는데, 이를 통해 권력을 추구하는 것과 돌봄 활동 사이에 충돌이 생길 수 있다는 것을 인식하게 된다. 자연스럽게 그는 관계와 일에서 여성다움과 성인다움 모두를 감싸 안는 해결책을 찾기 시작한다.

도덕 발달에 대한 여성의 관점에서 진실을 발견하고 이를 인정하는 것은 자아와 타아 사이의 연결이 성별에 관계없이 모두의 삶에 중요하다는 점, 즉 연민과 돌봄에 대한 필요가 보편적이라는 사실을 인식하는 것과 같다. 독립된 자아 개념과 현실의 제약에도 훼손되지 않고 온전하게 유지되는 도덕 원칙은 청년기의 이상이다. 또한 그것은 위태로운 비행의 주인공 스티븐 디덜러스Stephen Daedalus가 치밀하게 엮은 철학이기도 하다. 에릭슨(1964)은 청년기의 이념적인 도덕과 성인의 돌봄 윤리를 대조하면서 이 두 입장의 통합을 고심한다. 그러나 에릭슨은 유아기에 신뢰감을 형성해야 성인이 되어 친밀한 사랑을 맺고 일과 관계에서 생성감을 형성할 수 있으며, 행위자가 중간에 경험하는 과정은 모두 자율성과 독립성을 갖추기 위한 것이라고 생각했기 때문에, 독립 그 자체를 발달의 본보기이자 기준이라고 보았다. 그는 여성의 정체성이 독립만큼이나 친밀성과 긴밀하다는 것을 관찰했음에도 이러한 관찰의 결과를 그의 발달 도표에 반영하지 않았다.

인습적 도덕의 한계를 넘어

여성들이 표명하는 책임의 도덕은 자아에 관한 개념과 마찬가지로 기존 심리학 이론의 성숙과는 거리가 멀다. 도덕적 성숙은 청소년들이 인습적 도덕에 의문을 제기하면서 개인의 권리를 발견하는 연속적인 과정으로 묘사된다. 개인의 권리를 발견하는 데에서 정의의 원칙을 도출하는 것은 '대학생 연구'에 참여한 4학년 네드가 도덕을 규정할 때 잘 드러난다.

도덕은 따라야 할 규정이에요. 도덕 개념을 가진다는 건 서로 어우러져 살아가기 위해 어떻게 해야 하는지, 균형과 평형을 이루고, 누구나 자신의 자리에서 평등한 몫을 조화롭게 나누는 사회를 만들기 위해서는 어떻게 해야 하는지 알아내기 위해 노력하는 것을 전제로 해요. 이것은 초개인적 환경을 만드는 데 기여해요. 이런 환경이 없다면 개인이 자기를 실현할 기회가 없어지겠지요. 공정성과 도덕은 사람들이 상호작용할 수 있는 환경을 만드는 데 꼭 필요한 덕목으로 보여요. 그건 개인이 목표를 수행하는 데 필요한 전제 조건이기도 하죠. 다른 사람들의 방해를 받지 않고 당신이 추구하는 것에 몰두하려면 당신도 그 규칙을 지켜야 해요.

이와 대조적으로 20대 후반의 여성인 다이앤은 어떤 문제가 도덕적 사안이 되려면 무엇이 필요한지를 설명하면서 도덕을 권리가 아닌 책임의 문제라고 정의한다.

어떤 문제를 도덕적으로 만드는 것은 올바르게 살아갈 길을 모색하는 과정과 관련이 있어요. 난 세상이 골치 아픈 문제로 가득 차 있고 어떤 파멸로 향하는 중이라는 생각을 늘 품고 있어요. 인구 과잉 문제가 심각한데 이런 세계에 아이를 태어나게 하는 것이 올바른가요? 어떤 사람은 신발 없이 살고 있는데 나는 다른 신발을 가지려고 돈을 쓰는 것이 올바른가요? 이건 "나는 시간을 어떻게 사용하며 나의 일은 어떤 의미를 갖는가"라는 자기 비판적 견해의 연장이라고 말할 수 있어요. 나는 다른 사람을 돌보고자 하는 욕구가 있어요. 어머니와 아이들, 그리고 세계를 돌보려는 충동 말이죠. 도덕 문제를 다룰 때 나는 이렇게 자문해요. "나는 내가 중요하다고 생각하는 일들을 잘 처리하고 있는가? 나 자신을 허비하고 중요한 문제를 헛되이 하지는 않는가?"

다이앤의 관점에는 후인습기의 특성이 분명하게 나타나지만, 도덕적 딜레마에 대한 판단은 정의의 입장에서 추구하는 원칙적 사고 기준을 충족하지 못한다. 그러나 이 판단에는 책임과 돌봄 문제에 초점을 맞추는 다른 도덕 개념이 반영되어 있다. 후인습기 수준의 사람이 책임의 관점으로 도덕적 결정을 하는 방식은 30대 여성인 샤론이 잘 보여준다. 그는 도덕적 결정을 할 때 올바른 방식이 무엇이냐는 질문을 받고 이렇게 답한다.

내가 아는 방법은 가능한 깨어 있는 상태로 내 감정이 어디까지 가는지, 무엇이 어떻게 진행 중인지 알려고 하는 거예요. 가능한 관련된 모든 것을 고려하면서 말이죠. 내가 어디로 걷고 있는지를 의식하는 것과 같아요. (당신이 준수하는 원칙이 있나요?) 원칙이 있다면 책임과 관련이 있을 것 같아요. 나 자신과 타인을 돌보고 책임지는 것이요. 하지만 이 원칙을 따를 때, 책임을 져야 하는 상황과 책임을 지지 않아도 되는 상황이 따로 있는 것은 아니에요. 어느 상황에서나 책임을 져야 하죠. 그렇기 때문에 원칙을 지킨다고 해서 문제가 해결되는 것은 아니에요. 원칙에 따라 행동하더라도 여전히 갈등의 소지가 남을 수 있는 거죠.

여성들과의 인터뷰에서 반복해서 나타나는 도덕적 명령은 돌봄의 명령, 즉 세상의 "골치 아픈 문제"를 분별하고 완화하기 위해 책임을 져야 한다는 것이다. 반면 남성들의 도덕적 명령은 타인의 권리를 존중하고, 삶과 자아실현의 권리를 보호하는 것이다. 남성은 불간섭이라는 관점에서 타인에 대한 의무를 부정적으로 인식한다. 반면 여성은 타인에 대한 돌봄을 강조하면서 자기 보호보다는 자기 비판적 양상을 보인다. 이때 여성과 남성은 서로의 관점에서 보완할 부분을 발견하고 권리와 책임을 통합하는데, 그 과정에서 도덕 발달이 이루어진다. 여성에게 권리와 책임의 통합은 관계에 내재된 심리적 논리를 이해함으로써 가능해진다. 이런 이해는 모든 사람이 돌봄을 필요로 한다고 주장함으로써 자기 비판적 도덕에 잠재된 파괴력을 약화시킨다. 남성의 경우에는 돌봄의 행위에 보다 적극적인 책임이 필요하다는 것을 경험하면서 불간섭의 도덕이 가진 잠재적 무관심을 바로 잡고, 추상적 논리에서 선택의 결과로 관심을 돌리게 된다(Gilligan and Murphy, 1979; Gilligan, 1981). 후인습기의 도덕을 이해하는 과정에서 여성은 불평등한 관계에 내재한 폭력을 보게 되고, 남성은 삶의 다양성에 무관심한 정의 개념의 한계를 보게 된다.

가설로 구성된 딜레마는 그 토대가 추상적이다 보니 인물들의 사연과 심리가 반영될 여지가 없을 뿐만 아니라 도덕 문제와 사회적 상황을 별개로 만든다. 이러한 딜레마는 정의의 객관적 원칙을 추출하고 세련되게 다듬는 작업에 유용하게 쓰일 수 있으며, 평등과 상호 호혜의 형식적 논리를 측정하는 적절한 도구가 될 수 있다. 하지만 여성들처럼 이 딜레마의 원인과 결과에 대해 이해하고 딜레마의 등장인물에게 연민과 관용을 갖기 위해서는, 상황의 특수성을 반영하여 딜레마를 재구성해야 한다. 가설에 등장하는 인물들의 삶에 실제적인 내용이 담길 때에야 도덕 문제가 반영하는 사회적 불평등을 고려하고, 문제를 해결하는 과정에서 생기는 개인적인 고통을 상상할 수 있는 것이다.

여성들은 가상의 딜레마를 현실의 관점으로 재구성하기 위해 딜레마에 등장하는 사람들의 성격이나 그들이 사는 장소에 대한 정보를 요구하거나 직접 그러한 정보를 보충하는 경향이 있다. 그렇기 때문에 판단을 내릴 때 서열화된 원칙이나 형식적 절차로부터 거리를 둘 수 있다. 여성들이 상황의 특수성을 이렇게 중시하는 것은 도덕 문제나 딜레마를 보는 기존의 도덕 발달 이론과는 다른 또 하나의 입장이 있다는 것을 암시한다. 임신 중지 연구에 참여한 일부 여성들이 후인습적인 도덕 관점을 보여주지만, 누구도 콜버그의 딜레마에 대해 규범적인 도덕 판단을 내렸다는 평가를 받지 않는다. 대신 여성들의 판단을 근거로 딜레마를 재검토해보면 딜레마 자체에 폭력이 내재되어 있음을 확인할 수 있다. 그러한 폭력의 실체는 정의의 원칙에 입각한 해결책의 가치를 손상시킨다. 이렇게 딜레마를 재구성하면서 여성들은 도덕 판단을 할 때 최선을 고려하는 대신 최악과 차악 중 하나를 선택하게 된다.

대학 학장이 되고 싶은 소망과 아이를 갖고 싶다는 소망 사이에서 갈등을 겪는 루스는 하인츠 딜레마를 이기심과 자기희생 가운데 하나를 선택하는 문제로 본다. 루스는 2000달러를 지불하지 못한다는 점에서 추론해낸 하인츠의 상황을 고려하면서, 그가 약을 훔친다면 "감옥에 갈 수도 있는데, 그것은 그의 이익에 반하는 행위예요. 그것은 최고의 희생이에요. 진심으로 사랑하는 사람만이 기꺼이 할 수 있는 그런 희생이죠"라고 말한다. 그러나 약을 훔치지 않는다면 "그건 자기 입장만 생각하는 이기적인 행동이에요. 그는 아내에게 더 오래 살 기회를 주지 않았기 때문에 죄책감을 느끼게 될 거예요"라고 말한다. 루스는 약을 훔치겠다는 하인츠의 결심을 재산보다 생명을 우선시하는 논리의 관점에서 보는 것이 아니라, 그것이 재산도 사회적 힘도 없는 한 남성에게 불러올 실제적인 결과를 고려한다.

아내가 죽거나, 감옥에 갇힌 하인츠가 온갖 모진 경험을 하며 전과기록으로 얼룩진 피폐한 삶을 살아가는 있음직한 결과를 생각해보자. 이런 상황에서는 딜레마 자체가 변하게 된다. 이때 딜레마의 해결책은 추상적인 도덕 개념으로 생명과 재산의 상대적 무게를 저울질하는 것이 아니라, 한 사람이 상대의 희생이 있어야만 삶을 연명할 수 있는 입장에 처하여 충돌이 불가피해진 상황을 고려하는 것과 관련이 있다. 이런 구조는 판단이 왜 희생 문제를 맴도는지, 왜 죄책감이 어느 해결책에서나 불가피하게 동반되는지를 분명하게 말해준다.

여성은 보통 도덕 판단을 꺼려하는데, 루스 역시 자신의 신념에 의거하여 판단하고 싶지는 않다고 한다.

모든 사람의 삶이 너무 다르기 때문에 나 자신에게 "저건 나라면 하지 않을 행동이야"라고 말할 수는 있지만 저 사람에게 그것이 옳은지 그른지를 판단할 수는 없어요. 다만 내가 특정한 문제에 부딪혔을 때 내 입장에서 적절한 것을 할 수 있을 뿐이죠.

상처 주지 말아야 한다는 자신의 명령을 타인에게도 적용할 수 있는지 묻자 루스는 이렇게 대답한다.

누군가에게 상처를 주는 일이 잘못되었다고 말할 수는 없어요. 옳거나 그르다고 말할 수도 없죠. 다른 누군가가 그 사람에게 상처가 되는 일을 해서 그 사람이 그렇게 했을지도 모르잖아요. 누군가 상처를 입는 것이 옳은 일은 아니지만 막 실직한 사람이 화가 머리끝까지 나서 그런 행동을 할 수도 있죠. 그런다고 밥이 생기지는 않지만 화는 좀 가라앉으니까요. 이렇게 말하는 게 답을 회피하려는 의도는 아니에요. 다만 어떻게 대답을 해야 할지 알아보려고 애쓰고 있어요.

자아와 도덕
255

루스가 도덕적 질문에 명확한 대답을 찾기 어려워하고, 하인츠 딜레마를 구성하는 데 부담을 느끼는 것은 주어진 질문들과 그가 지닌 사고의 틀이 다르기 때문이다.

난 '옳다'나 '그르다'는 말을 더 이상 사용하지 않아요. '도덕적'이라는 말도 사용하지 않고요. 그것의 의미를 안다고 할 수가 없거든요. 우리는 부당한 사회와 옳지 않은 것, 나쁜 것에 대해 이야기하고 있어요. 어쨌건 난 그것을 통제할 만한 힘이 없어요. 내가 사회를 바꿀 수 있다면 그렇게 하겠지만 그저 매일 작은 노력을 보탤 수 있을 뿐이죠. 가령 일부러 누군가에게 해를 끼치지 않는 것만으로도 더 좋은 사회를 만드는 데 기여할 수 있겠죠. 타인에 대해 판단하지 않는 것도 그러한 기여의 일부예요. 특히 그 전후 맥락을 모를 때는 더 그래요.

판단하지 않으려는 마음은 타인을 상처 입히지 않으려는 마음이다. 그것은 개인의 취약성에서 나오는 것이 아니라 판단 자체가 가진 한계를 인식하는 데서 비롯된다. 이렇게 볼 때 인습기의 여성적 관점에서 발견되는 공손함이나 순종은 도덕적 상대주의가 아니라 도덕적 이해가 재구성된 것으로 후인습기에서도 지속된다. 인간의 행동이 심리적, 사회적으로 결정된다는 점을 인식하면 타인을 도덕적으로 판단하는 것을 거부하게 되고, 동시에 인간에게 닥친 고통에 공감하면서 우리의 도덕적 관심을 재확인하게 된다.

나는 다른 사람에게 상처를 주는 것과 관련해서 강박을 갖고 있어요. 때로는 이런 성향 때문에 상황이 좀 복잡해지기도 하죠. 가령 누구든 아이를 아프게 하고 싶지는 않잖아요. 나도 그래요. 하지만 어떤 때에는 아이를 야단치지 않아서 아이가 이후에 더 힘들어질 수도 있어요. 그게 내게는 끔찍한 딜레마예요.

도덕적 딜레마는 누군가를 상처 입힐 가능성이 있기 때문에 끔찍하다. 루스는 하인츠의 결정이 "내가 상처를 주는 것은 누구인가? 나는 왜 그들에게 상처를 입혀야 하는가? 라는 질문을 두고 고심한 결과"라고 본다. 하인츠의 절도는 그 행위가 필요했던 상황을 고려한다면 도덕의 문제가 아니다. 문제는 그가 약사의 무책임을 용인하고 정당화하는 부당한 사회의 착취에 아내 대신 희생자가 되겠다고 결정했다는 사실이다.

상호 존중과 돌봄이라는 해결책

질문이 잘못되었다는 생각은 루스와 비슷한 이유에서 하인츠의 행동을 정당하다고 여기는 한 여성의 대답에서도 명백하게 드러난다. 그는 "착취가 권리가 되어서는 안 된다고 생각해요"라고 말한다. 여성들은 도덕에 관해 직접 발언하면서 착취와 폭력의 문제를 반복해서 다루기 시작한다. 그들은 그 과정에서 비폭력의 문제를 고려하는데, 이는 에릭슨(1969)이 간디의 삶에 숨겨진 진실에 가로막혔던 심리적 맥락과 같다. 에릭슨은 간디에게 보낸 중요한 편지를 토대로 간디가 영국인에게 알린 비폭력 철학과 그가 가족이나 아쉬람ashram에 있는 아이들과의 관계에서 행사한 심리적 폭력 사이의 모순을 적어 내려간다. 에릭슨은 고백한다. "이 모순에 부딪히면서 나는 더 이상 책을 쓰지 못하고 주저앉을 뻔했다. 그는 진실을 항변했지만 나는 그 안에 진실하지 않은 것이 있음을 감지했고, 그가 비현실적인 순수함을 강변할 때 뭔가 불순한 것이 존재함을 느꼈다. 무엇보다 나는 비폭력이 공언되는 곳에서 폭력을 발견했다."(230~231쪽)

에릭슨은 사티아그라하^{Satyagraha}¹의 영적 진실과 그가 이해한 정신분석학적 진실 사이의 모순을 탐구하면서 간디에게 상기시킨다. "당신은 '진실은 폭력을 배제한다. 인간에게는 절대적 진실을 알 방법이 없으며 따라서 타인을 처벌할 능력도 없기 때문이다'라고 말했습니다."(241쪽) 에릭슨은 사티아그라하와 정신분석학이 삶을 "진실의 실험장"이라고 본다는 점에서 유사하며 "악함을 회피하는 행위를 통해서, 혹은 상호성을 최대화하고 일방적 강요나 위협으로 유발되는 폭력을 최소화하는 행위를 통해서만 진실(혹은 병든 상황에 내재된 치유의 힘)을 입증할 수 있다"(247쪽)는 히포크라테스 원칙에 따른 "보편적 '치료법'에 합류한다"는 점에서 같다고 본다. 그러므로 에릭슨은 간디가 진실의 상대성을 인정하지 못한다는 점을 지적한다. 에릭슨에 따르면 간디는 자신만이 진실을 알고 있다고 주장하는 데서 나타나는 강압성, 달리 말해 자신의 "'내면의 목소리'가 인정한 것을 제외하고는 **어느 누구**로부터도 그 **어떤 것도** 배우려 하지 않는 완고함"(236쪽)으로 인해 진리의 상대성을

---

1   산스크리트어 사티아(진리)와 그라하(노력, 열정)로 이루어진 개념으로서 '진리를 찾으려는 노력'이라는 뜻이다. 간디의 반식민투쟁의 근본 사상으로 '시민 불복종 운동' 혹은 '비폭력 저항운동' 등으로 번역된다.

이해하는 데 실패했기 때문이다. 간디는 사랑이라는 이름으로 주변 사람들의 존엄에 폭력을 휘두르고도 그런 자신의 모습을 인식하지 않은 채 자신이 주장하는 진실을 타인에게 강요했던 것이다.

진실 간의 충돌로 어쩔 수 없이 발생하는 도덕적 딜레마는 어떤 선택을 하든 폭력이 개입될 여지가 생긴다는 점에서 "병든 상황"이다. 간디는 "나는 잔인하리만큼 친절한 남편이었다. 나 자신을 아내의 스승이라 여겼기에 그에 대한 맹목적인 사랑으로 아내를 학대했다"(233쪽)라고 말한다. 그러나 딜레마는 간디처럼 폭력을 합리화하는 자기기만적인 방식으로는 해결할 수 없다. 이 딜레마의 해결책은 근본적인 상호 대립을 상호 존중과 돌봄으로 대체하는 것에 있다.

콜버그가 도덕 발달 이론의 6단계에 속하는 모범 사례로 인용하고, 에릭슨이 초기에 성인의 윤리적 감수성을 보여주는 본보기라 칭했던 간디는 타인에게 피해를 주면 안 된다는 돌봄의 원칙을 기준으로 평가한다면 비판의 대상이다. 간디는 원칙적으로나 공개적으로는 꾸준하게 비폭력의 윤리를 지켰을지 몰라도 사적인 영역에서는 그렇지 못했다. 그는 낯선 자에게 집을 개방하지 않으려는 아내의 태도를 부당한 것으로 매도하고,

청년기 자녀의 성적 욕망을 모른 척하면서 자신의 윤리의 한계를 드러냈다.

그러나 진실을 위해 희생을 정당화할 수 있다는 맹목적인 신념은 윤리가 삶에서 유리될 때 늘 따라오는 위험 요소다. 이런 신념을 가졌다는 점에서 간디는 성서에 나오는 아브라함과 유사하다. 아브라함은 자신의 신앙이 가진 우월성과 고결함을 보여주기 위해 아들의 생명을 바칠 준비가 되어 있었다. 아버지로서의 한계에 갇혀 있는 두 사람은 솔로몬 앞에 선 한 여성과 극명하게 대조를 이룬다. 그 여성은 아들의 목숨을 구하려고 진실을 포기함으로써 모성을 입증했다. 에릭슨이 간디의 삶을 평가하면서 비판하게 된 것은 돌봄이라는 덕목을 희생해서라도 원칙을 내세우려는 성인기의 윤리관이다.

같은 비판이 《베니스의 상인》[2]에서는 남성과 여성의 극명한 대조로 극화된다. 셰익스피어는 이 책에서 성 정체성의 예사롭지 않은 복잡성을 보여준다. 그는 남자 배우를 여자로 분하

---

[2]   1598년 출판된 이 희곡은 바사니오가 포샤에게 청혼하기 위해 친구 안토니오에게 돈을 빌리고, 안토니오는 고리대금업자 샤일록에게 다시 돈을 빌리는 상황으로 전개된다. 제 날짜에 돈을 갚지 못해 죽음을 면치 못하게 된 안토니오를 구하려고 재판장으로 분한 포샤는 피는 한 방울도 흘리지 말고 살만 도려내라는 판결로 안토니오를 구한다.

게 하는데[3] 그 인물은 이후 극 속에서 남자 판사로 위장한다. 이러한 장치는 정의라는 남성성의 요새에 여성적인 자비의 호소를 불어넣기 위한 것이다. 계약으로 규정된 정의는 문서화된 대로 일을 집행할 때 생기는 불합리성을 통해 그 한계를 드러낸다.[4] 반면 포샤는 "항상 예외를 만들어야 할" 필요성을 반지를 둘러싼 상황을 통해 보여준다.[5] 포샤는 자비를 호소하면서 아무도 다치지 않는 해결책을 주장하고, 남성은 반지와 약속을 지키지 못한 것에 대해 용서를 받는다. 이에 대응해서 안토니오는 샤일록을 파멸할 수 있는 그의 "권리"를 포기한다.

우리는 임신 중지 연구를 통해 여성들이 도덕적 딜레마를

---

3   셰익스피어 시대에는 남자 배우가 여자 역할을 맡았다.

4   여기서는 두 가지 의미로 파악할 수 있다. 계약 문구에서 추론할 수 있는 것은 첫째, 1파운드의 살을 가져갈 경우 당사자는 죽음을 면치 못한다는 점이다. 계약대로 이행하는 것을 정의라고 한다면 정의 자체가 불합리하다고 해석된다. 두 번째, 구체적으로 명시하지는 않았지만 1파운드의 살에는 피도 포함된다는 해석이다. 이 경우 포샤의 판결은 겉으로 명시된 부분에 집중함으로써 법 해석에서의 선택과 적용 문제, 외양과 실재의 괴리 문제를 다룬다는 해석도 있다.

5   포샤는 바사니오에게 반지를 주면서 어떠한 상황에서도 잃어버리거나 남에게 주면 안 된다는 다짐을 받는다. 하지만 재판장으로 분한 포샤가 안토니오를 구해준 대가로 바사니오에게 반지를 요구하자 바사니오는 마지못해 그 반지를 건네준다. 약속을 어긴 셈이다.

책임의 충돌로 본다는 점에서, 남성들과는 다른 방식으로 도덕 문제를 구성한다는 것을 알 수 있었다. 여성이 부여하는 구조는 연속적인 세 가지 관점을 따라 추적할 수 있다. 각 관점으로의 전환을 통해 자신과 타인의 관계에 대한 보다 복잡한 이해가 가능해지며, 각각의 전환에서는 이기심과 책임감 사이의 충돌에 대한 중요한 재해석이 이루어진다. 여성의 도덕 판단은 처음에는 생존의 문제에 집중하다가 선으로 초점을 옮기고, 마침내 인간관계의 갈등을 해결하는 가장 적절한 방식은 돌봄이라는 반성적 이해로 이어진다. 임신 중지 연구는 여성들이 돌봄과 책임을 중심으로 도덕 영역을 구성한다는 것을 보여주는데, 이는 자아와 도덕 개념이 여성들의 사고에서 밀접하게 연결되어 있음을 암시한다. 기존 심리학 이론은 남성과는 다른 여성의 목소리를 배제해왔지만 이제는 그 다름을 수용하여 발달 이론을 확장해야 한다. 이러한 확장은 여성의 발달에 대한 설명뿐만 아니라 남성과 여성이 가지는 도덕 개념의 특성을 이해하는 데에도 반드시 필요하다.

4

위기와 전환

영화 〈산딸기Wild Strawberries〉에서 임신 중인 마리안은 시아버지 이삭 보르그와 함께 룬드로 가는 중이다. 거기에서 시아버지는 의사로서 명예학위를 받을 예정이다. 마리안은 남편 에발드가 자신과 배 속의 아이 중 한쪽을 선택하라고 요구했기 때문에 결혼 생활을 끝내기 위해 돌아가고 있다. 그는 이런 자신의 결정을 돌리기를 바라며 시아버지가 남편과의 분열을 막아줄 수도 있으리라는 "바보 같은 생각"으로 도움을 구하러 갔다. 하지만 마리안은 "옛날식 매력과 친근함의 가면 뒤에"에서 켜켜이 쌓인 "완고한 고집"의 벽을 봤다. 그것은 자신의 아들이 보였던 것과 같은 타인을 향한 배려의 부족, "자기 자신 이외에 그 누구의 말도 듣지 않으려는" 아집이었다. 에발드는 아이를 갖지 않겠다고 잘라 말하면서 "내가 원하는 것보다 하루라도 더 살아야 할 상황을 만들고 싶지 않다"고 말한다. 그의 아버지 역시 마리안의 문제에 개입하고 싶어 하지 않으며, 마리안의 일에 "신경 쓴 적도 없고 그의 고통을 돌볼 마음"도 전혀 없다고 말한다. 차를 타고 가면서 보르그는 자신과 에발드가 "매우 닮았다"고 말한다. "우리는 원칙을 갖고 있어. 난 에발드가 나를 이해하고 존경한다는 것을 알아." 그러나 그는 마리안이 "그건 아마 사실일 거예요. 하지만 그는 아버님을 싫어하기도 해요"라고 말하자 무척 놀란다.

모든 관계에서 거리를 두려는 노인과 관계를 유지하려는 젊은 여성의 노력이 대립하는 지점에서 영화의 본론이 시작된다. 영화에서는 보르그가 꾸는 "사악하고 무시무시한 악몽"과 "어떤 식이든 시아버지에게 의존해야 한다면 끔찍할 것"이라는 마리안의 인식이 서로 연결되어 있다. 이는 보르그가 경험하는 노년의 절망감이 가족관계의 지속적인 실패와 관련이 있음을 보여준다. 에릭슨(1976)은 버그만의 영화를 삶의 주기에 관한 자료로 인용하면서 마리안을 변화를 추동하는 위기의 촉매자라고 해석한다. 에릭슨은 마리안이 노인의 절망을 표면화하여 그가 불편하게 여기는 문제의 근원에 직면하게 한다는 점에서 마리안을 코델리아와 비교한다. 그리고 보르그와 마리안의 대립이 어떤 방식으로 보르그가 거쳐온 삶의 단계를 되짚어 기억과 꿈을 되살리고, 예전에 실패했던 친밀한 관계에 대한 깨달음에 도달하게 하는지 보여준다. 보르그는 어떤 여성을 검시하는 꿈을 꾼다. 꿈에서 그는 "의사의 첫 번째 의무는 용서를 구하는 것"이라는 내용을 잊기도 하고, 그 여성이 죽었는지 살았는지 구분하지도 못한다. 검시관은 그에게 "죄가 있기 때문에 유죄"라고 판결한다. 선고는 "물론 외로움"이다. 이렇듯 보르그는 현재와 과거를 연결하면서 자신의 패배("나는 살아 있으나 죽었다")를 인정하게 된다. 그 과정에서 그는 미래에 대한 불안을 걷어내고 마리안에게 도움을 주고자 한다.

에릭슨은 마리안이 세대에 걸쳐 이어지는 "죽음보다 더 무시무시한" 차가운 외로움의 악순환을 깨부수는 역할을 맡았다고 정의하면서, "사물을 적나라하게 관찰하는 눈을 가진 조용하고 독립적인 여성" 안에서 "돌봄에 대한 확고한 의지"를 확인한다. 그러나 에릭슨은 자신이 성인기의 강점으로 간주하는 돌봄의 발달 과정을 추적하면서도 계속 남성의 삶에 초점을 맞춘다. 영화에서처럼 삶의 주기 이론에서도 마리안의 이야기는 설명되지 않기 때문에, 마리안이 어떻게 자신이 보는 것을 보게 되었고 자신이 아는 것을 알게 되었는지는 결코 알 수 없다.

임신 중지 결정 연구에 참여한 여성들은 마리안이 직면했던 것과 비슷한 딜레마를 묘사한다. 그들의 설명을 분석한 바에 따르면 책임과 관계에 대한 이해에는 연속성이 있다. 이 연속성은 여성들의 임신 중지 선택에 관한 관점을 비교하여 도출한 것으로, 여러 관점 사이의 충돌을 고려하여 논리적으로 구성했다. 그러나 비교 분석을 통해 관점을 구분하고 사고의 논리를 따라가며 한 관점의 진행을 관찰할 수 있더라도, 이러한 관점들이 순차적인 발달 곡선을 이룬다는 것은 오직 시간의 경과를 통해서만 추적될 수 있다. 그러므로 오랜 시간 여성의 삶을 직접 관찰해야만 발달 가설을 근거로 한 변화들이 실제 현실과 맞는지 확인할 수 있다. 나는 임신 중지를 결정하던 당시와 그 다음 해 말경에 행해진 두 번의 인터뷰를 비교하면서, 위기의 확대를 통해 발달의 전환 과정을 드러내고 변화 패턴을 도출하려고 했다. 이 연구 과정에서 갈등을 성장의 전조로 여기는 피아제(1968)의 연구와 위기를 통한 성장을 기록하면서 어떻게 고조된 위기가 잠재된 강점을 발현시켜 위험천만한 발달의 위기, 즉 "더 나아지거나 더 나빠질 수 있는 전환점"(139쪽)을 만들어내는지 설명한 에릭슨(1964)의 저술을 참고했다.

우리는 후속 연구에서 23명의 여성들과 연락이 닿았고 그중 21명이 다시 참여하는 데 동의했다. 인터뷰는 임신 중지를 결정할 즈음 행했던 인터뷰와 유사한 형식으로 이루어졌다. 임신 중지 결정에 대한 논의는 회상적이었지만 질문은 본질적으로 동일했으며, 임신 중지 선택과 자신의 삶, 자기 자신에 대한 관점에 집중했다. 또한 시간의 흐름에 따른 변화와 그 방향을 측정하도록 구성된 삶의 결과 척도와 여성이 인간관계와 일, 자신의 삶을 바라보는 시선 등을 토대로 살펴본 결과, 8명의 여성은 삶이 향상되었고, 9명은 같은 수준에 머물렀으며, 4명은 악화되었다(Belenky, 1978; Gilligan and Belenky, 1980).

이 분석의 대상인 여성들은 임신으로 인해 위기를 맞고 패배를 경험한 사람들이다. 그들이 패배의 슬픔과 맞닥뜨리고 이 과정에서 상실을 경험하는 것은, 이 위기 자체가 중요한 계기라는 것을 부각하고 인간관계가 내포한 어려움을 드러낸다. 임신은 책임의 관점에서 볼 때 가장 중대한 연결을 의미하기 때문에, 임신 중지는 타인과 자신에게 영향을 끼치지 않고서는 행동할 방도가 없는 딜레마를 불러일으킨다. 산모와 태아의 상호 의존성과 결정을 돌이킬 수 없다는 사실 때문에, 임신 중지 딜레마는 연결에 수반되는 책임과 돌봄의 문제를 극대화한다. 프로이트는 위기에 노출될 때 이루어지는 발달을 추적하면서 스트레스에 시달리는 정신을 '수정'에 비유한다. 인간 발달은 바닥에 던져지더라도 "아무렇게나 산산조각 나는 것이 아니라 비록 보이지 않지만 구조 자체에 이미 형성되어 있는 경계선을 따라 파편으로 갈라진다."(1933, 59쪽) 나는 이 비유를 스트레스에 시달리는 관계로 확장하면서 관계가 파편화될 때 드러나는 인간관계관과 도덕 및 자아 개념의 심리적 구조에 주목한다.

위기의 역할

시간의 흐름에 따라 여성의 삶을 관찰하는 이 연구는 전환의 시기에 위기가 어떤 역할을 하는지 보여준다. 패배를 인정하면서 여성들은 절망하기도 하지만 거기에는 분명히 성장의 가능성이 존재한다. 베티와 세라에 관한 연구는 돌봄 윤리의 발달이 어떻게 이루어지는지 잘 보여준다. 두 여성은 시간의 흐름에 따라 생존에서 선으로, 다시 선에서 진실로 관심의 대상을 바꾼다. 두 연구 사례로 보건대 위기는 반복되는 악순환을 단절할 잠재력을 갖고 있을 뿐만 아니라 놓친 성장의 기회와 재회할 수 있는 발판이기도 하다. 그러나 이런 전환이 일어나기 전에는 여성들이 절망을 토로하며 "왜 돌봐야 하는가?"라는 질문에 아무런 대답을 찾지 못하는 도덕적 허무주의 단계가 선행한다.

베티가 6개월 만에 두 번째 임신 중지를 하려고 진료소를 찾았을 때 그는 16세였다. 반복되는 임신 중지를 염려한 상담원은 그날 임신 중지 시술을 하겠다는 베티의 요구를 거절하면서, 자신의 결정을 반추하고 자신이 무엇을 하고 있는지 생각해볼 기회를 주기 위해 이 연구에 참여하는 것을 독려했다. 임신 중지를 반복하고, 무절제한 행동을 하며, 소년원에서 지낸 경험이 있는 입양 청소년 베티는 극단적인 삶을 살아왔지만, 삭막하기만 해보이는 이 삶에도 변화의 잠재력이 분명히 존재한다. 베티의 이야기는 생존에서 선으로 관심의 대상이 바뀌는 것을 보여주는데, 이는 이기심에서 책임감으로의 전환을 의미한다.

첫 인터뷰에서 베티는 두 번째 임신도 첫 번째와 마찬가지로 자기 잘못이 아니라는 말로 입을 연다. 베티는 피임 도구를 살 돈이 없었고, 또 그것을 사는 데 부모의 허락이 필요하다고 생각했기 때문에 무기력과 절망을 느꼈다. 게다가 남자 친구의 지속적인 요구에도 무력감을 느꼈다. 결국 베티는 자기가 거절하면 남자 친구가 관계를 끝낼지도 모른다는 불안감 때문에 임신하지 않게 하겠다고 장담하는 남자친구의 요구를 받아들였다. 베티는 자신이 남자 친구와 어머니에게 피임에 관한 도움을 요청했으나 거절당했으며, 누구도 도와주지 않았기 때문에 임신을 하게 되었다고 말한다. 베티는 임신한 사실을 처음 알게 되었을 때 피임 도구를 사용했어야 한다는 후회와 자신이 피임하지 않은 것에 대한 책임이 다른 사람에게 있다는 생각으로 어떻게 해야 할지 알 수 없었다고 말한다.

나 자신을 죽이고 싶었어요. 사실을 받아들일 수가 없었거든요. 나는 내가 임신 중지를 원한다는 걸 알았어요. 아이를 키울 수는 없으니까요. 하지만 임신 중지를 다시 해야 한다는 사실을 견딜 수가 없었어요.

베티는 이전에 경험한 신체적 고통에 관해 언급한다.

베티가 남자 친구와 헤어지기를 꺼린 이유는 그가 이전에 알았던 그 누구보다도 자신에게 잘해줬기 때문이다. "그는 내게 모든 것을 해줬어요. (어떤 것들이죠?) 내게 전화를 하고 내가 가고 싶은 곳은 어디든 데려다주고 원하면 담배와 술도 사줬어요." 베티는 그와 잠자리를 하면 그가 계속 자신의 욕구를 채워줄 것이라고 기대했지만 크게 실망하게 된다. "나와 자고 난 후 그는 자기가 원하는 모든 것을 내가 해주기를 바라더군요. 여자 친구가 아니라 아내 같은 역할이요. 난 그게 맘에 들지 않았어요." 그것을 일종의 교환관계라고 설명하면서 베티는 그가 "일방적"으로 자신의 욕구를 충족하려고 하면서 "내가 더 많은 자유를 원한다는 사실"은 무시했다고 결론 내린다. 그는 자신의 임신 중지 계획을 방해하는 상담원에게도 화가 나 있었지만 그럼에도 불구하고 "그 상담원은 그저 내가 그곳을 떠날 때 안정되기를 바랐어요. 좋은 일이에요. 적어도 그들은 나를 염려하고 있으니까요"라고 말한다.

이런 관심을 체험했기 때문인지, 베티는 그동안 자신을 어떻게 대해왔는지에 대해 숙고하기 시작한다. 그는 임신이 자신의 잘못일 수도 있다고 말하면서, 그건 자신이 스스로의 말에 귀 기울이지 않은 탓이라고 생각한다. 반면 그는 타인의 말에는 귀를 기울여 왔는데 "그렇게 한다면 뭔가를 얻거나 상황이 더 좋아져서 그들이 나를 괴롭히는 일이 없어지리라"고 믿었기 때문이다. 그런 생각이 착각이었다는 것을 깨닫자 베티는 이전에 자신의 행동과 생각을 이끌던 전제들을 반추하기 시작한다. 그는 임신 중지를 신체적 고통의 관점에서만 고민하고, "나쁜 평판"을 피하기 위해 임신을 비밀로 하려 했다. 또한 타인을 위해 뭔가를 하기 보다는 자신의 자유를 유지하는 것에만 관심을 기울였다. 그는 이 모든 것이 실은 자신의 욕구에 전념하고 생존을 보장받으려는 몸부림이었음을 자각했다. 그가 살아온 세상은 아무런 돌봄도 없이 그를 내팽개쳐 외톨이로 있게 한 곳, 착취와 위협으로 가득한 곳이었다. 베티가 사회 현실을 이런 식으로 구성하는 것은 하인츠가 약을 훔치는 것을 정당화하는 방식에서 생생하게 나타난다.

약사가 그에게 바가지를 씌우는 사이 아내는 죽어가죠. 그러니까 약사는 약을 도난당할 만해요. (그건 옳은 일인가요?) 어쩌면요. 난 생존이 삶에서 가장 우선적으로 쟁취해야 하는 것이라고 생각해요. 생존은 약을 훔치지 않는 것보다 훨씬 더 중요해요. 훔치는 행위는 잘못인지도 모르지만, 생존하기 위해 훔쳐야만 한다면 혹은 죽여야만 한다면 그렇게 할 수밖에 없을 거예요. (이유가 뭐죠?) 자신을 보존하는 것이 가장 중요하니까요. 그게 무엇보다 우선시되어야 해요. 많은 사람이 성적 욕망이 가장 중요하다고 말하지만, 나는 자신을 보존하는 것이 가장 중요하다고 생각해요.

베티가 인간관계를 설명하면서도 생존에 과도한 관심을 보이는 것은 그가 입양아로서 겪은 생존에 위협이 되는 상황들을 짐작하게 한다. 임신 중지를 고려하면서 베티가 자신의 욕구에서 아이의 욕구로 관심의 초점을 바꾸자 위태로운 생존에 대해 갖고 있던 불안이 드러난다. 이런 변화와 함께 두드러지는 것은 그가 도덕적 언어를 사용한다는 것인데 그는 "임신 중지는 나와 같은 상황에서는 올바른 선택이에요. 가령 학교에 다니는 중이거나 나처럼 학교로 다시 돌아가야 하는 사람이라면 말이죠"라고 말한다. 부모의 입장에서 그가 학교로 돌아가는 것이 당연한 바람이라는 생각이 들자 그는 지금과는 다른 관점으로 자신의 욕구를 생각하며 자신에서 아이로 도덕적 관심을 확장한다. "아이를 가진다는 건 제게는 공정하지 않은 일이에요. 특히 나보다 아이에게 더 그렇죠."

거리에서 차를 얻어 타려다 강간당해 처음으로 임신했을 때 그는 "아이를 생각하는 것만으로도 참기 힘들었"으나 이번에는 "아이에 대해 많이 생각해봤다"고 한다. 그가 공정성의 개념을 사용한다는 것은 그의 관심이 도덕적인 성격을 띠고 있음을 의미하는데, 이것은 아이와 자신이 연결되어 있다는 것을 인식하는 데서 비롯된다.

아이에 대해 생각하면 기분이 이상해져요. 내가 입양되었잖아요. 엄마가 나를 원했다면 나를 입양 보내려고 하지 않았겠죠. 하지만 만약 엄마가 임신 중지를 했더라면 어땠을까 생각해봤어요. 그러니 기분이 묘해졌어요.

자신이 아이에 대해 느끼는 감정과 자신도 원치 않은 아이였다는 생각이 연결되고 현재와 과거가 겹쳐지자 베티는 자신의 생모가 자신에게 느꼈을 감정을 짐작해본다. 만약 그의 어머니가 "아버지를 너무 사랑하지만 나를 돌볼 수는 없는" 처지였다면, 생모가 그를 원했을 가능성도 있다.

베티는 자신의 부모를 생각하고 관점을 전환하면서, 자신이 아이를 돌볼 수 있는 어머니가 되는 미래를 상상해본다. 그는 공정성의 개념을 통해 아이에게 자신이 원했지만 갖지 못했던 것을 주고 싶은 소망을 표현한다. "엄마 없이 자라야 하는 환경이라면 아이를 낳는 일은 공정하지 못하다고 생각해요." 아이에 대해 생각하면서 베티는 자신에 대해서도 새롭게 생각하게 되는데, 그는 아이를 돌볼 수 있다는 것이 곧 자신을 돌볼 수 있다는 뜻임을 깨닫는다.

여러 방식으로 임신은 나에게 도움이 됐어요. 나는 마약과 술을 끊었는데 이런 일은 3년 만에 처음이에요. 이제는 충분히 끊을 수 있다고 생각해요. (임신이 어떻게 그걸 가능하게 만들었나요?) 임신 초기에는 무엇을 해야 할지 몰랐어요. 그렇지만 "이번에는 내 잘 못이니 아이를 낳아야겠어"라는 생각이 들더군요. 그래서 마약 과 술을 멀리했어요. 아이를 다치게 하고 싶지 않았거든요. 하지 만 몇 주가 지난 후 다시 생각해보며 "아니, 난 아이를 낳을 수 없 어. 학교에 돌아가야 해"라는 결론을 내리게 되었죠.

아이를 다치게 하고 싶지 않다는 마음에서 자신을 돌보기 시작했듯이 "아이가 있는데 공부해둔 것도 없고 아무런 기술 도 없는 상황을 염려"하면서 베티는 학교로 돌아가야 한다는 생각을 하게 된다. 사회적 차원의 지원 정책이 없다면 아이를 돌볼 수 없다는 현실을 깨닫고, 임신 전에 사용한 마약 때문에 아이가 다쳤을 수도 있다는 생각이 들자 베티는 아이를 돌보 기 위해서는 자신을 먼저 돌볼 필요가 있다고 생각하게 된다. "나 자신을 더 잘 돌볼 거예요. 어느 시점에서든 자신을 돌보 고, 자기 자신이 되겠다는 결심을 해야 하죠. 자신이 무엇을 해 야 할지 다른 사람들이 말하게 내버려두지 않고요."

전환의 변곡점

1년 후 베티의 후속 인터뷰에서는 자기중심적인 언어가 사라지고 관계와 돌봄의 언어가 폭넓게 사용되고 있었다. 생존에 대한 관심에서 선에 대한 관심으로의 변화는 이기심에서 책임감으로의 전환을 의미하기도 하는데 이는 1년 동안 베티의 삶에 일어난 여러 변화와 맞물린다.

베티는 임신 중지 후 찾아온 우울한 시기를 회상한다. 그는 강아지를 포기한 이야기, 온종일 집에서 텔레비전만 본 이야기, 어머니와 싸운 이야기, 몸무게가 늘어난 이야기를 하면서 슬픔과 상실을 느꼈다고 말한다. "인생을 통틀어 그때 가장 몸무게가 많이 나갔어요. 그리고 너무 우울했죠. 겨울 내내 집에만 틀어박혀 있었어요. 너무 수치스러워서 집 밖에 나갈 생각도 못 했죠." 그러나 6월이 되면서 변화가 일어났다.

몸무게를 줄이겠다고 결심했어요. 그건 내게 큰 변화였죠. 나는 늘 뚱뚱했거든요. 날씬해지기 전에는 멋진 옷을 입는 것이 어떤 건지 몰랐어요. 몸무게가 빠지자 활력이 넘쳤죠. 많은 사람이 나에게 관심을 보이고 나와 데이트를 하고 싶어 했거든요. 수영복을 입은 것도 처음이었어요.

이런 극적인 변화는 계속 임신 상태를 유지했다면 아이가 태어났을 즈음 시작되었다. 다른 여성의 경우에도 이 시기는 더 좋아지거나 더 나빠지는 전환의 변곡점으로서 매우 의미심장한 기간이라는 것이 밝혀졌다. 임신 중지 결정으로 책임의 의미를 인식하고 진실과 직면하며 성장의 계기를 마련한 여성들의 경우, 이 시기에 우울증이 끝난다. 마치 임신 기간이 끝나면서 애도의 시간이 종결되고, 실질적인 발달로 이어지는 여러 활동에 참여하게 되는 듯했다. 반면 임신 중지 결정을 후퇴라고 규정하는 여성의 경우 이 시기에 상황이 더 나빠졌다.

베티는 눈에 띄게 좋아졌다. 두 번째 인터뷰를 할 때는 집과 학교, 사회에서 힘겹게 지내던 기간이 끝나 있었다. 그는 대안학교에 등록하여 열심히 공부했으며 단체생활에도 적극적으로 참여하고 있었다. 또한 새로운 남자 친구와 안정적인 관계를 맺고 있었는데, 이 관계는 강압과 착취가 난무하는 관계가 아니라 서로 배려하고 애정을 갖는 관계라는 점에서 이전에 설명하던 관계와는 상당히 달랐다. 베티는 학교의 격려를 받으며 가을에 지역 대학에 입학할 준비를 하는 중이었다.

베티는 도덕적 이해에서도 변화를 보이는데 이는 하인츠 딜레마에 대한 대답에서 분명히 드러난다. 이제 베티는 "아내가 죽어가고 있고 그는 아내를 사랑하기 때문에" 하인츠가 약을 훔쳐야 한다고 말한다. 하인츠가 약을 훔쳐야 한다는 선택 자체는 "예전과 같은 대답"이지만, 선택을 정당화하는 구조는 근본적으로 변했다. 이전에는 생존의 우선성을 강조했던 반면 지금은 관계의 중요성을 강조한다. 예전에는 권리를 말했지만 이제는 죄책감을 말한다. 하인츠는 "아내를 사랑하고, 만약 아내가 죽는다면 할 수 있었던 일을 하지 않았다는 사실을 후회하게 될 것이기 때문"에 약을 훔쳐야 한다고 말한다. 이전에는 모든 사람이 이용당하고 착취당하는 세상에서 안전을 확보해야만 자기를 보호할 수 있었다면, 지금은 사랑과 돌봄을 표현하면서 타인과 관계를 맺을 때 안전이 보장된다.

베티의 도덕 판단에서 일어난 변화는 자신에 대한 관점의 변화와도 일치한다. 첫 번째 인터뷰에서 그는 자신이 "어울리기 힘들고" 고집이 세며 충동적이어서 "유혹에 쉽게 넘어가는" 성격이라고 했는데, 두 번째 인터뷰에서는 "나는 도전을 좋아하는 사람이에요. 배우는 것과 흥미로운 것을 좋아해요. 또 사람들과 이야기하는 것을 좋아하고 아주 예민한 편이죠"라고 말한다. 자신을 바라보는 방식이 변화했다고 생각하는지 물어보자 그는 "확실히 그렇죠. 지금은 나 자신을 진심으로 아껴요. 예전에는 안 그랬거든요. 모든 것이 지긋지긋했어요. 지금은 더 나은 태도를 갖추게 되었고, 예전에는 바꿀 수 없으리라 생각한 것들을 이제는 바꿀 수 있을 것 같다는 느낌이 들어요"라고 말한다. 더 이상 자신을 무력하다거나 이용당하고 있다거나 외롭다거나 위험에 빠졌다고 생각하지 않는 베티는 삶에 통제력을 느낀다. 상황은 그가 "삶을 성공적으로 헤쳐나갈 수 있다"는 확신을 가질 정도로 "극적으로 변했다."

모든 사람이 이용하고 이용당하던 세계가 도덕적 세계로 바뀐 것처럼 "일방적"이어서 실망스럽던 관계는 상호적인 관계로 바뀌었다. 베티는 임신 기간을 힘든 시절로 기억하지만 "호된 방식으로 배우는 게 더 좋을 수도 있어요. 그대로 마음에 남거든요. 진심으로 배우게 되죠. 그러면 그 교훈은 마음에 머물러 있어요."라고 말한다.

베티에게 두 번째 임신은 과거에 시작된 갈등을 표면으로 끌어올리고 현재의 모순을 폭로하는 기폭제였다. 자신의 임신 중지 패턴에 대해 생각하고 숙고할 기회를 제공한 상담원 덕분에 베티는 이것이 위기 상황이라는 사실을 실감하게 되었으며, 이를 발전의 계기로 전환했다. 첫 번째 인터뷰를 한 시점에서 두 번째 인터뷰를 한 시점까지 베티는 지속적으로 성장했으며, 그 과정에서 애도와 혼란과 절망을 느꼈다.

두 번째 인터뷰가 있던 해 말에 베티는 과거의 일들을 새롭게 이해하고, 미래를 다른 관점에서 생각하는 모습을 보여준다. 그는 과거의 갈등을 되돌아보면서 청년기 발달의 문제를 해결했고, 가족과 남자 친구, 학교 친구들과의 관계에서 책임감 있는 사람으로 변할 수 있었다. 두 번째 임신으로 과거에 되풀이되어 일어난 충동적인 행동 양상이 드러났지만, 이를 계기로 베티는 발달에 필수적인 책임과 돌봄의 문제에 직면하면서 미래로 향하게 된다.

로버트 콜스Robert Coles(1964)는 발달을 가로막는 요소에 봉착하는 위기 상황이 성장으로 가는 길이 될 수 있다고 본다. 이런 주장을 뒷받침하기 위해 그는 빈곤층 출신의 흑인 청소년 존 워싱턴을 예로 든다. 부모가 "심각한 정신병" 증상을 보이는 등 열악한 환경에서 살아온 존은 인종차별 반대 정책의 시험장이 되었던 애틀랜타 소재의 학교[1]에 자원한다. 그는 엄청난 스트레스 상황이 펼쳐지는 학교에서 한 발씩 성장을 향해 나아간다. 콜스가 그에게 어떻게 그렇게 할 수 있었는지 묻자

존은 말한다. "그 학교 덕분에 나는 단단해졌어요. 생각보다 훨씬 더 강해졌죠. 나는 이 모든 일을 결코 잊을 수 없을 거예요. 아마 평생 이전과는 다른 사람이 되어 살아가겠죠."(122쪽)

힘든 상황에서 성장이 이루어지며, 갈등이 성숙의 기회를 제공한다는 개념이 콜스 연구의 핵심이다. 여러 스트레스 환경에 노출되어 있던 베티 역시 비슷한 주장을 한다. 그는 자신의 과거와 현재를 비교하면서 말한다.

나는 지금 내 삶이 나아가는 방향이 좋아요. 작년과 비교해서 너무 많은 것이 변했고 훨씬 더 좋아졌어요. 내가 하는 일들에도 만족해요. 나는 아침에 일어나서 학교에 가요. 지난 1년 반 동안은 아무것도 하지 않고 앉아 있기만 했거든요. 어디에도 갈 수가 없었어요. 내가 무엇을 하고 있는지도 몰랐죠. 지금은 방향을 잡고

---

1   인종차별이 극심하던 1950년대에 연방 대법원은 공립학교의 인종차별은 위헌이며 따라서 모든 공립학교는 흑백 분리 교육을 시정하라는 판결을 내린다. 이 판결은 미국 사회에 엄청난 파장을 불러일으켰는데 일부 주들은 흑인 학생들을 백인 전용 학교로 대규모로 전학시켜 이 판결을 수용했으나 남부 주들은 이를 거의 무시했다. 애틀랜타 역시 보수적이고 인종차별이 심한 주로 공식적으로는 인종차별 반대 정책을 시행했지만 내부 저항이 만만치 않았다.

있다고 느끼고, 내가 무엇에 관심 있는지도 알고 있어요.

위기가 끝나면서 베티는 삶에 뿌리를 내렸고 자신을 방향을 가진 사람이자 타인과 자신을 돌볼 책임이 있는 사람이라고 여긴다.

도덕과 진실의 결정권자

이기심에서 책임감으로 전환되는 사고를 보여주는 17세 조시도 임신 중지 결정 후 자신의 삶에 비슷한 변화가 있었다고 말한다. 두 번째 인터뷰에서 조시는 말한다. "난 아주 많이 변했어요. 전에는 마약을 많이 했고 부모님과도 문제가 많았죠. 법적 문제도 있었고요. 그건 내가 거쳐야 했던 일종의 단계였던 것 같아요. 돌이켜보면 어떻게 그럴 수 있었는지 모르겠어요. 분명한 것은 그 단계를 거쳤기에 성장할 수 있었다는 거죠. 지금도 가끔 문제가 생기지만 예전 같지는 않아요. 마약에 의존하지도 않고요." 조시 역시 학교로 돌아갔고, 청년기에 관한 책을 선생님과 공동으로 저술하고 있었다. 하지만 임신 중지 결정에 관한 회상에서 두 번째 관점의 문제가 드러난다. 첫 번째 인터뷰에서 그는 임신 중지를 "이기적"인 이유가 아닌 "책임감" 있는 결정이라고 설명했으며, 그것이 "현실적인 결정을 하고 자신을 돌본다는 점에서 더 성숙한" 움직임이라고 말했다. 그러나 두 번째 인터뷰에서 그는 "압박을 받았으며 다른 선택의 여지가 없었다"고 말한다. 조시는 베티처럼 임신 중지 이후 극적인 성장을 앞둔 우울한 시기를 보내며 임신 중지가 책임감 있는 결정이었다는 자신의 생각과 이기적인 선택이라는 관습적 해석 사이에서 갈등한다.

그는 임신 중지에 반대한다고 말했다가 그 말이 "위선적"이라며 자책한다. 또 "도와줄 사람도 없고 돈도 없는 상황에서 임신해보지도 않았으면서 임신 중지를 살인이라고 말하는" 사람들 역시 비판한다. 만약 아이를 낳았다면 자신은 "6년간 복지제도의 지원을 받아야 했을 것이고 아이에게는 아빠가 없었을 것"이라고 설명하지만, "그 말이 타당한지"에 대해서는 확신하지 못한다. 또 그는 누가 임신 중지 결정을 했는지 모른다고 말하기도 한다. "1년 전이었다면 나는 그게 내가 내린 결정이라고 말했을 거예요. 어떻게 보면 내 결정이기도 하고요. 그런데 지금은 모르겠어요." 자신을 선하고 책임감 있는 사람이라고 생각하는 조시는 이기적이거나 악한 사람은 되고 싶지 않다고 말한다. 두 번째 인터뷰에서 "임신 중지가 무엇인지, 어떻게 생각해야 할지조차 모르겠어요"라고 말한 베티처럼, 조시 역시 임신 중지가 이기적인 선택인지 책임감 있는 선택인지 모르겠다고 한다. 관점이 바뀌면서 생긴 이분법의 딜레마에 부딪혀 임신 중지가 "도덕적으로 잘못된 것"인지 혹은 "타당한 선택"인지 결정하지 못하는 것이다.

활기차고 매력적인 25세의 세라는 첫 번째 인터뷰에서 지적이고 유머러스하면서도 슬프게 자기 패배의 경험을 설명한다. 같은 남자와의 관계에서 다시 임신을 하고 두 번째 임신 중지를 해야 할 상황에 부딪히자, 그는 그 관계에 아무런 희망이 없다는 사실을 깨닫는다. 처음 임신했을 때는 남자가 그를 떠난 후였기 때문에 세라는 임신 중지가 "내 인생에서 그 남자를 추방하는 것처럼 기분 좋은 경험"이었다고 말한다. 그러나 이번에는 "배 속에 아기가 있다는 현실에 머리가 터질 것 같았다"고 한다. 그가 직면한 이 위기는 임신 중지를 하지 않는다면 그를 떠나겠다는 연인의 말에서 촉발되었다.

정신적, 재정적 도움 없이 혼자 아이를 키울 방법이 없던 사라는 자신이 처한 상황을 냉철하게 마주하고 자신의 삶에 대해 생각하기 시작한다. 그는 자신을 책임감 있고 선한 사람이라고 보는 관점과 두 번째 임신 중지는 "무책임"하고 "이기적"인 행위라는 판단의 충돌로 모순에 빠져 있다. 또한 "책임감 있는 행동"이라고 생각했던 일, 즉 아이를 낳아 자신의 실수를 만회하는 것이 사실은 "죄책감을 누그러뜨리려고" 아이를 태어나게 하는 "이기적"인 행동이라는 것을 깨달으며 더 큰 혼란을 느낀다. 이런 모순을 고려할 때, 그는 선하거나 자기희생적인 해결책을 찾을 수가 없다. 어느 쪽을 선택하든 자신의 행동이 타인뿐만 아니라 자신에게도 이익이 되기 때문이다.

애인이 아이를 원치 않았기 때문에 생긴 선택의 상황에 직면하면서, 세라는 그 결정에서 자신을 고려하지 않고 있다는 사실을 깨닫는다. 아이조차 가질 수 없는 관계를 지키느라 자신을 희생했다고 말하면서, 그는 상황에 대한 인식을 바꾸고 임신을 패배인 동시에 진실에 직면하는 계기로도 보게 된다.

지금까지 이 관계를 겨우 지탱해오긴 했지만 무한정 그럴 수는 없는 거였어요. 그런데 이젠 그 사이에 있던 온갖 문제들이 드러나는 상황이 되어버렸네요. 더 이상 감출 수 없는 지경까지 왔어요. 어쩌면 좋은 전환점이라고 말할 수도 있겠네요. 안타깝지만 그래요.

임신을 계기로 이 관계가 더 이상 지속될 수 없다는 것을 깨
달은 세라는 그것을 오히려 변화의 기회로 받아들인다. 하지
만 아이가 생존할 수도 있었기에 안타까움을 느끼기도 한다.
세라에게 임신 중지를 책임진다는 것은, 자신을 도덕적 관심
의 대상에 포함하고 관계의 진실에 직면함으로써 자기 자신
을 책임진다는 의미기이도 하다. 따라서 자신을 주변 상황에
의해 피해를 입은 선량한 희생자라고 여겼던 시각에 의문이
생긴다. 자신이 생각보다 더 많은 힘을 가졌다는 사실과 실은
"무슨 일이 일어나는지 정확하게 알고 있었다"는 것을 깨달았
기 때문이다.

세라는 실망스러운 관계의 한계에 직면함으로써 부모의 이
혼이라든가 한도 끝도 없는 자기희생으로 죄책감마저 불러일
으키던 어머니의 모습과 같은 과거의 흔적을 마주할 뿐만 아
니라, 앞으로 판단을 할 때 무엇을 기준으로 자신의 삶을 이끌
어 나가고 평가할지 고찰하게 된다. 세라는 "늘 다른 사람의
기준에 고개를 주억거리기가 지겹다"고 말하면서, "당신의 첫
번째 의무는 옳은 것을 말하는 내면의 목소리에 귀 기울이는

것이므로 누구도 당신에게 뭔가를 강요할 수 없다"는 퀘이커 경전을 인용한다. 그러나 내면의 목소리가 도덕과 진실의 결정권자가 되어 외부의 목소리를 밀어낼 때, 그는 타인의 강요로부터 자유로워지지만 판단과 선택의 책임을 오롯이 감당해야 한다.

궁극적인 선택은 임신 중지다. "생명을 앗아가는 것을 어떻게 책임질 수 있을까?" 하지만 어떻게 "죄책감을 덜기 위해" 아이를 낳을 수 있는가? 세라에게 "전환점"은 이런 상황에서 자신이나 타인에게 상처를 주지 않고 행동할 방법은 없다는 것을 깨달으면서 왔는데, 이런 의미에서 "올바른" 선택은 없다. 이 딜레마에서 갈등을 남기지 않는 해결책, 혹은 누구도 배제하지 않고 행동하는 방법은 없다는 것을 인식한 세라는 자신의 이전 사고방식의 한계를 인식한다. 세라는 이기심과 책임감이 서로 대립한다고 생각했던 과거의 관점을 되돌아보면서, 그 관점이 아이와 자신을 연결하는 관계의 진실을 드러내지 못한다는 것을 깨닫는다. 누구를 제외해야 하는지에 대한 공식은 없다. 그러나 책임의 대상에 자신을 포함할 필요성을 깨달으면서 세라는 현재 상황에서는 임신 중지가 더 나은 선택이라고 결론 내린다. 그는 만약 상황이 달랐다면 다른 선택을 할 수도 있었을 거라고 생각한다.

내면의 목소리

세라는 위기를 통해 자신과 자신의 삶을 새로운 방식으로 상상하지만, 이 비전이 실현되는 과정은 까다롭다. 결혼을 하고 아이를 갖고 싶은 세라는 임신에 애착을 느끼므로 임신 중지로 많은 것을 잃었다고 생각한다. 6개월이 지난 후, 도시를 떠나겠다고 결심한 세라는 내게 전화를 해서 인터뷰 일정을 당기고 싶다고 말했다. 그렇게 성사된 두 번째 인터뷰는 세라가 임신을 유지했더라면 아이를 출산했을 시점에 이루어졌다. 이 시기는 다른 여성들이 분열과 고통을 경험했다고 보고한 기간이다.

세라가 두 번째 인터뷰를 위해 도착했을 때 그는 거의 알아볼 수 없을 정도로 야위었고, 겁에 질려 있었으며, 이전의 생기는 찾아볼 수 없었다. 그는 상당히 힘든 상실의 기간을 보냈다고 말한다. 임신 중지 이후 그는 심각하게 아팠고 남자 친구와 관계를 끝냈으며 직장을 그만두고 몇 번의 이사를 하는 등 "총체적인 격변"을 겪었다. 그러한 고통을 겪는 와중에도 그는 진실의 문제에 집중했고, 위기를 초래한 여러 사건을 해결한 후 결국 자신의 모습을 직면했다.

나는 임신이 거의 의도적인 결정이었다고 생각해요. 난 아이들에 대해 많이 생각했어요. 때때로 꿈도 꿨죠. 난 정말 아이를 가지고 싶었어요. 성관계를 할 때 "아, 임신이 되면 좋겠는데"라는 생각을 하곤 했어요. 그러니까 그건 완전히 의도한 사고였던 거죠. 임신에 관한 생각이 사라지지 않았거든요. 실은 정확하게 의도된 셈이죠.

그는 자신의 목적이 끝이 뻔히 보이는 관계를 어떻게든 지키는 것이었음을 깨닫고, 자신이 진실을 가리고 자기 자신마저 "속이고" 있었다는 것을 알게 된다.

임신으로 이 모든 것이 드러났어요. 임신하지 않았더라면 다른 해결책을 찾았겠죠. 이 관계의 한계가 너무 분명해서 더 이상 자신을 속일 수 없었을 테니까요. 하긴, 지난 몇 년은 나를 잘 속여왔지만요. 그런 점에서 임신은 목적을 달성했어요. 하지만 나는 정말이지 관계를 지속시키거나 관계에서 벗어나는 수단으로 아이를 갖고 싶지는 않았어요. 난 진심으로 아이를 갖고 싶었어요. 그건 지금도 변함없어요.

결과적으로 세라는 "큰 상실감을 느끼고" 있었다. 첫 인터뷰에서 세라는 자신이 "지쳐서 힘이 하나도 없는" 상태라고 설명했다. 그는 간접적으로 다른 사람이 자신의 필요에 응답하게 하기 위해 "성실하고" "인내심 있게" 행동했으나, 언제나 실패와 패배감만 느꼈다. "그만둬야 해요. 이렇게 영원히 지속할 수는 없으니까요. 나는 이미 여러 번 같은 실수를 했어요. 이젠 충분하다고 생각해요." 두 번째 인터뷰에서 세라는 자신이 묘사했던 성실하고 인내심 있는 자아가 마침내 부서졌다고 말한다.

(자신을 어떻게 설명하겠어요?)

모르겠어요. 마지막 힘까지 다 쥐어짜고 있는 듯해요. 모든 것이 다 소진된 느낌이에요. 그리고 다시 일어서려고 필사적으로 노력하고 있어요. 이 도시를 떠나겠다고 결심하고 나니 오랜만에 기분이 좋아졌어요. 육체적으로는 말이죠. 짐을 싸면서 참 아이러니하다는 생각이 들었어요. 보통 어딘가로 떠날 땐, 당신이 이동하고 당신의 소유물들이 따라간다고 생각하잖아요. 그런데 나에게는 마치 소유물들이 나보다 더 중요한 것처럼 느껴져요. 내게 남아 있는 것이 그게 전부인 것처럼요. 나는 매우 지쳤고 방향을 잃었어요. 정말 피곤해요. 트렁크에 넣은 물건들이 나보다 더 중요한 의미를 지닌 것 같았어요. '나 자신이 가진 의미보다 내 인생을 채우는 쓰레기에 더 많은 의미가 있구나.' 그런 생각이 들더군요.

세라는 서로 응집되지 않는 파편들과 몸, 소유물로 가득 찬 트렁크, 이전 자아의 잔여물만 남고 자신의 본질은 사라져버린 느낌에 대해 말한다. 임신 중지를 되돌아보면서 그는 그것이 그가 이해할 수 있는 범위를 넘어섰고, 더 이상 임신 중지로 인해 생긴 생각과 감정을 설명할 방법이 없다고 말한다.

여성이고 임신을 했기 때문에, 또 아이를 가졌기 때문에 부인할 수 없고 설명할 수 없는 것이 있어요. 모든 일에는 타당한 이유가 있어요. 나는 내가 옳은 일을 했다고 확신해요. 그렇게 하지 않았다면 그 불쌍한 아이에게나 나에게나 사는 게 지옥이었을 거예요.

하지만 내가 알게 된 것을 당신도 알 수 있을지 모르겠네요. 왜냐하면 나도 내가 무엇을 말하려고 하는지 잘 모르겠거든요. 세상을 전부 논리로 설명할 수는 없어요. 전체는 그것을 분리한 부분을 다 합한 것보다 더 커요. 당신이 전체를 분리하여 다시 합하려고 할 때 생기는 뭔가가 있어요. 그게 뭔지는 모르겠지만요.

부분으로 해체된 사건의 전체를 알아보려고 애쓰는 과정에서 세라는 새로운 사고방식으로 전환의 순간을 맞는다. 그는 이전의 관점으로는 더 이상 자신의 경험을 이해하지 못하게 되고, 그러한 황폐함을 초래한 것이 "무엇인지도 모른 채" 자신이 느끼는 모든 것이 상실되는 위기의 지점에 도달한다. 사라의 두 번째 인터뷰에서는 상실과 애도의 감정이 나타난다. 세라는 도시를 떠나려고 하자 "여기에 아이를 남겨두고 떠난다는 생각이 들어 발이 떨어지지 않았다"고 말한다. "뭔가를 잃어버렸다는 느낌이 들었는데, 그 순간 '아이를 두고 왔다는 사실'을 깨달았어요." 또한 그는 "언젠가 내게 세 명의 아이가 생긴다면, 나는 세 명의 아이와 함께 여기에 없는 두 명의 아이가 더 있다고 느낄 거예요. 내게는 다섯 명의 아이가 있는데 여기에는 그중 세 명만 있다고요"라고 덧붙인다.

세라에게 기억의 중요성은 과거를 반복하지 않게 하는 것에 있다. 그는 두 번째 임신 중지가 첫 번째 임신 중지를 잘 해결하지 않았기 때문에 벌어진 일이라고 생각한다. 그는 임신 중지 후 "정말 슬프고" 더 이상 자신을 "통제할 수 없다"고 느끼면서, "이미 공은 굴러가기 시작했고, 나는 거기에 올라탄 거죠. 이번 여름은 정말로 힘들었어요"라고 말한다. 이 기간은 "개인적인 격변"과 분열, 애도, 위기, 그리고 비탄의 시기였지만 또한 변화의 시간이기도 했다.

임신 중지 후 1년이 지나고 그 도시로 돌아온 세라는 세 번째 인터뷰에서 "원을 한 바퀴 돌아 이 여정이 시작된 바로 그 지점으로 온 것 같다"고 말한다. 이 여정은 세라가 12세일 때 시작되었는데, 그때 그는 이미 자신을 가족과 분리된 개인이라고 생각하고 있었다.

어린 시절은 그저 그랬어요. 평범했죠. 그러다가 12살쯤 어떤 결심을 한 것이 기억나요. 갑자기 나 자신을 가족이라는 단위에서 뚝 떨어져 나온 별개의 사람으로 보게 되었어요. 그리고 내가 좋아하는 것과, 가족 중 누구도 옳다고 생각하지 않지만 나는 옳다고 생각하는 것에 대해 알게 되었어요. 그때 엄마의 기대에 부응하기 위해 나를 바꾸지는 않겠다고 결심했어요. 하지만 거기서 빠져나오기 전까지는 조용히 지내야 했죠. 나는 선을 긋고 그 선을 지켰어요.

부모의 이혼에 이은 가족 내의 혼란으로 복잡해진 세라의 심리적 발달은 청년기 문제들과 뒤얽혀 정체성과 도덕에 대한 의문으로 발전했다. 결국 그는 자신의 방식으로 이 문제들을 해결해야 했다. 세라는 "삶의 여러 방식을 시도"해보면서 자신의 인생에서 소중한 것이 무엇인지 알아내려고 했다.

내게 주입된 모든 도덕적 가치를 말 그대로 다 털어버린 후 어느 것이 내게 중요한 것인지 스스로 정하고 싶었어요. 만약 내가 "관심 없어"라고 말하며 창밖으로 던진 것 중에 중요한 것이 있다면 알 수 있을 거라고 생각했어요. 몇 달 후에라도 그것이 없다는 것에 상실감을 느낄 테니까요. 그럼 그게 중요하다는 걸 알았겠죠. 그래서 나는 모든 것을 버리고 내가 원하는 것을 선택했어요. 그리고 그것이 엄마가 내게 원했던 삶의 방식은 아니지만 생각보다 훨씬 더 그 모습에 가깝다는 것을 알게 되었어요. 이렇게 되리라고는 꿈도 꾸지 못했기 때문에 돌이켜 보면 흥미로워요.

내면의 목소리를 발견했노라고 확신에 찬 목소리로 말하면서 그는 자신의 결정이 이전에는 "어딘지 모르지만 자기 내면이 아닌 다른 곳"에 근거했다고 말한다. 그리고 이제는 "내 판단이 나와 연결되어 있다고 느껴져서 정말 좋아요. 이전에는 알지 못했던 방식으로 강해진 느낌이에요. 그저 될 대로 되라는 식으로 흘러가는 것이 아니라 정말 내 삶을 통제한다는 느낌이 들어요"라고 덧붙인다. 세라는 자신을 통제하고 있다는 느낌을 전하면서 대명사 '그것'을 '나'로 바꾸었는데, 이는 이제 외부 요인에 근거하여 결정을 내리던 시기가 끝났다는 뜻이다. 세라는 첫 인터뷰에서 이기심과 책임감이 대립하는 것을 비판했다. 그러나 자신의 패배로 이어진 사건에 자신이 관여했다는 사실과, 다른 사람들로부터 자신이 원하는 응답을 구하기 위해 솔직하지 못한 방식을 썼다는 사실을 깨달으면서, 그는 임신 중지 결정이 자신을 포함하는 선택이라고 생각하게 된다. 무엇이 최선인가를 결정할 때 타인의 욕구와 함께 자신의 욕구도 고려하게 된 것이다.

그러나 이러한 통찰에 이르고, 위기로 촉발된 전환을 완성하기까지는 거의 1년에 걸친 고통스러운 과정이 필요했다. 이 경험을 통해 그는 더 성찰적인 인간이 되었다. "나는 나 자신과 내가 선택하는 방식과 내가 하는 행동을 돌이켜 봐요." 그렇게 세라는 자신의 일과 관계를 존중하면서 "놀라울만큼 오래된 지혜들"로 구성된 "강력한 토대" 위에 자신의 삶을 만들어간다. "세라는 위기를 극복하기 위해서는 스스로 위기를 만들어야 한다"고 말하면서, 자신의 발달 이미지를 원이 아니라 나선형에 비유한다. 원을 한 바퀴 돈다는 것은 "같은 자리로 돌아오는 것"이지만 나선형에서는 "같은 자리에 있지만 다른 위치에 있는 것"이다. "성장한 거죠. 그리고 내가 바로 그렇게 된 것 같아요."

세라의 삶과 자아 개념의 변화는 도덕 판단의 변화와 나란히 일어나는데, 이것은 부정적인 방식에서 긍정적인 방식으로의 변화이며, "누가 가장 덜 잃고 덜 상처 입을지 결정하는 것"에서 자신과 타인의 필요를 배려하고 존중하는 "공감"으로 판단의 기준이 바뀌는 것을 의미한다. 예전에 그는 도덕을 "법을 지키는 것"과 동일시하는 동시에 법이 "무의미하다"는 이유로 거부했다. 이제 그는 법을 판단할 때 그것이 사회에 해를 끼치는지 혹은 공감과 존중에 "방해가 되는지" 여부를 살핀다. "올바른 것"이 타인에 의해 정의되고, 책임 또한 타인에 대한 것만 존재할 뿐이라고 생각하던 인습적인 양식에서 자신에 대한 책임을 수용하는 성찰적 단계로 변화하면서, 세라의 무심하고 반항적인 태도는 일과 관계에 대한 헌신으로 바뀐다.

성장의 잠재력 혹은 절망의 가능성

세라도 베티와 마찬가지로 위기가 가진 성장의 잠재력을 보여주며, 패배를 인식하는 것이 어떻게 새로운 삶의 방식을 발견하는 방법이 될 수 있는지 보여준다. 그러나 위기라는 전환점은 허무주의와 절망의 가능성도 안고 있다. 세라의 발달 이미지는 상승하는 나선을 통해 같은 것을 다른 관점으로 보게 되는 것이다. 이는 "같은 곳을 계속 맴"돌며 "자신감"마저 잃게 된다는 앤의 패배 이미지와는 대조적이다. 이 이미지는 앤과 두 번째 인터뷰를 할 때 나타났는데 앤은 첫 번째 전환이 교착 상태에 빠지면서 "새로운 것을 경험했다기보다는 이전의 나로 돌아가는" 느낌이라고 말한다. 두 차례의 인터뷰 사이에 그는 자신의 삶이 무너지는 경험을 했다. 연인과의 관계가 끝나고 학교를 중퇴하면서 앤은 "무언가를 해낼" 능력을 잃어버렸다고 느낀다.

이러한 절망은 15세의 리사에게서도 발견할 수 있다. 리사는 남자 친구를 믿었기 때문에 "아이를 죽이지 말라"는 그의 소망을 받아들였다. 그러나 임신 중지를 하지 않기로 결정하자 남자 친구는 리사를 떠났고 따라서 리사의 "인생을 망쳐놓았다." 집에서 아이를 돌보느라 고립되고, 복지 제도에 의지하게 되었으며, 아버지에게 의절 당하고, 남자 친구에게서 버림받은 리사는 자신도 알아볼 수 없을 정도로 무너졌다.

난 1년 6개월 전의 나와는 다른 사람이에요. 그때 나는 매우 행복했어요. 난 더 이상 내가 아니에요. 내가 다른 사람이 되었기 때문에 모든 친구를 잃어버린 느낌이에요. 난 내가 싫어요. 다른 사람도 나를 싫어할 것 같아요. 그래서 너무 슬퍼요. 아이를 갖기 전에 나는 자유로웠어요. 그때는 친구도 많았죠. 같이 있는 게 즐거웠어요. 지금은 달라요. 외롭고 의기소침해져서 더 이상 나 같지 않아요. 완전히 변해버렸어요.

이전에 리사는 자신이 "다정한 편"이라고 했으나 지금은 "혼란스럽다"고 한다. "남자 친구가 가버려서 무엇을 해야 할지 모르겠어요. 나는 아직 그를 사랑해요. 그가 무슨 짓을 했든 상관없어요. 그리고 그것 때문에 혼란스러워요. 내가 왜 아직 그를 사랑하는지 모르겠어요." 그는 절망의 덫에 빠져 있으며, 학교로 돌아갈 방법도 찾지 못한다. 학교에 돌아가서 공부를 끝내지 않는 한 자신과 아이를 부양할 방법도 없다. "그를 잊을 수가 없어서 모든 것이 혼란스러운" 리사는 사랑의 행위가 어떻게 그런 절망과 상실을 가져다주는지 알 수 없다.

소피 톨스토이(1867~1928)는 사랑을 절망이나 상실과 연결하면서 논리적으로 보이는 결론에 도달한다.

난 항상 여자는 남편을 사랑하고 존중해야 하고, 좋은 아내와 어머니가 되어야 한다는 이야기를 들으며 살아왔어요. 아이들이 보는 책에도 그런 내용이 쓰여 있죠. 말도 안 되는 일이에요. 정말 해야 할 일은 사랑하는 것이 아니라 영특하고 교활해지는 거예요. 그리고 자신의 단점을 모두 감추는 것이고요. 마치 결점이 없다는 듯 말이죠. 중요한 것은 사랑하지 **않는** 거예요. 그를 사랑해서 내가 한 짓을 보세요! 고통스럽고 수치스럽죠. 하지만 그는 그게 단지 어리석다고 생각할 뿐이에요. 난 두통과 산처럼 부푼 배, 충치 두 개, 그리고 나쁜 성질과 형편없는 자존감을 가진 아무짝에도 쓸모없는 사람이에요. 또 아무도 원치 않아 나를 거의 미치게 하는 사랑만 하죠.

도덕적 허무주의는 임신 중지를 하면서 자신의 감정을 차단하려는 여성들이 이르는 결론이다. 이 여성들은 도덕적 이데올로기를 인간관계의 언어로 옮기면서 강한 사람이 마음대로 관계를 끊어버리는 세상에서 "왜 내가 돌보는 역할을 맡아야 하지?"라고 자문한다. 임신을 하고 확대된 가족의 연대 속에 살고자 하는 이 여성들은 남편이나 연인에게 거절이나 거부를 당한다. 돌보고자 하는 자신의 성향을 약점으로 이해하고 남성의 지위를 강점으로 파악하면서, 이들은 강자는 도덕적일 필요가 없고 약자만이 관계에 관심을 갖는다는 결론에 이른다. 이런 해석 속에서 여성에게 임신 중지는 자신의 힘을 시험하는 무대가 된다.

이 지점에 이른 여성들의 삶은 여러 형태의 이야기로 전해진다. 흔한 주제는 이 여성들이 다른 사람에게 버림받았다는 것이고, 여성들의 흔한 대응은 그들 자신을 버리는 것이다. 임신을 유지했다면 아이가 태어났을 즈음, 병에 걸린 채 작은 방에 혼자 살고 있던 한 학생은 라스콜니코프[2]의 이미지를 연상시킨다. 그는 두 번째 인터뷰에서 임신 중지는 살해지만 자신은 후회하지 않는다고 말한다. "살해하는 방법은 많아요. 그리고 나는 죽음보다 더 가혹한 일들도 목격했어요." 그의 연인은 그가 임신했을 때 "자기에게 기대지 말라"고 했다. 그 자신은 임신 중지를 "이기적인 선택"이라고 생각한다. 누가 임신 중지를 결정했는지는 분명치 않다. 그가 첫 인터뷰에서 임신 중지를 하겠다고 말하면서 "다시 연인 관계가 좋아진다면 마음을 바꿀 수도 있다"고 했기 때문이다.

그러므로 그는 일어난 일이 "내 잘못이 아니"라고 생각한다. 그는 임신 중지가 "내가 원하던 것을 강제로 빼앗아갔다"고 주장하면서, 그 결과에 대해서는 책임을 인정하지만 선택에 대해서는 책임을 부인한다. 즉 그는 "나의 결정에 의해 희생된 생명"에 대해서만 책임감을 느낀다. 그는 "결정에 대한 책임을 지고 사는 사람"이 자신이라는 것을 인식하고 자신의 세상이 "훨씬 더 작아졌다"고 느끼면서도 "내가 그 대가를 치러야 하는지는 모르겠다"고 한다. 그는 차라리 이렇게 말하고 싶어 한다. "나는 임신 중지를 했지만 세상에는 많은 형태의 살해가

---

2   도스토예프스키 《죄와 벌》에서 전당포 할머니를 의도적으로 살해하면서도 죄책감이나 불안감을 느끼지 않는 주인공.

있어요. 내가 인정하지 않으면 아무것도 의미가 없어요. 모든 것이 진실하지 않으며 책임감도 사라질 테니까요." 그는 다른 사람이 하라는 대로 행동했을 뿐이라고 설명하면서 자신이 왜 그런 선택을 했는지 명확히 밝히지 못한다. "나는 잘못된 배에 탄 거예요. 다른 선택을 했다면 모든 것이 완전히 엉망이 될 수도 있었어요. 어떻게 이렇게 끔찍한 세상에서 아이를 낳을 수 있겠어요?" 그는 "타인에 대한 책임"에 초점을 맞추면서 자신을 고려하는 것을 잊는다.

허무주의의 다른 예를 보자. 한 기혼 여성은 임신 중지를 하지 않으면 그를 떠나겠다는 남편의 위협 때문에 두 번째 아이를 임신 중지했다. 그는 남편에게 책임을 돌리며 "완전히 무감각"한 채로 남편의 결정을 따른다. 그리고 세 번째 임신을 하자 상황을 고스란히 재연해 또 한 번 임신 중지를 한다. 사실 세 번째 임신을 했을 때 그는 아이를 낳으려고 했다. 그러나 그의 남편이 이번에는 아이를 낳더라도 떠나지 않겠다고 말했고, 그는 이전에 임신 중지를 한 것이 불필요하게 자신을 배반하는 일이었다는 사실을 깨닫는다. 그러자 그는 결혼 생활을 끝내기로 결심하고 자신과 네 살 된 아이를 돌보기 위해 두 번째 임신 중지를 선택한다.

이 여성들의 도덕은 돌봄을 중심으로 한다. 하지만 타인으로부터 돌봄을 받지 못하는 상황에서 그들은 아이나 자신을 돌보지 못하게 된다. 이것은 책임의 문제이며 그들은 삶을 관계에 의존하는 것으로 본다. "책임의 문제보다 개인의 권리"를 앞세우는 사람들을 비판하는 한 여성은 임신 중지 딜레마에 빠지면 복잡한 감정이 뒤따르기 때문에 "신념들을 위계에 따라 질서정연하게 공언"할 수 없다고 주장한다.

이런 신념의 위계는 그 자체로 보기만 한다면 좋을 수도 있어요. 하지만 구체적인 상황에 그 질서를 적용하려고 하면 뿔뿔이 흩어지고 말아요. 그 질서는 현실적인 삶의 결정들을 다루기 위해 만들어진 것이 아닐 뿐더러 책임의 여지도 허용하지 않아요.

허무주의적 입장은 돌봄에 대한 관심에서 생존에 대한 관심으로, 즉 궁극적인 자기 보호의 입장으로 퇴보하는 것을 의미한다. 그러나 타인을 돌보지 않으며 생존하려고 하다보면 결국 관계의 진실로 다시 돌아오게 된다. "내가 무엇을 원하고, 무엇을 할 수 있으며, 어떻게 느끼는지에 대해 솔직해지려 노력"하는 한 학생은 그 과정을 통해 자신이 "타인과의 친밀한 관계"를 필요로 한다는 것을 확인하게 된다. 그는 자신이 "내가 알고 있는 것보다 훨씬 더 감정적인 사람"이라는 사실을 깨닫고, 타인을 더 "조심스럽게" 대하며 자신을 보살피려고 애쓴다. 따라서 그에게 자신에게 솔직해지는 것은 타인을 배제하고 감정이나 돌봄을 포기하는 것이 아니라 자신이 맺고 있는 관계에 더 정직해지고 자신의 필요에 더 잘 반응하는 일이다.

임신 중지 딜레마에 대한 여성들의 반응을 연구한 결과, 우리는 돌봄 윤리의 발달 과정을 알 수 있었다. 이 과정에서 책임 개념의 변화는 관계 경험과 이해의 변화를 반영한다. 그러나 이 결과는 특정한 시대에 수집된 것이며, 사용된 표본집단이 작고, 참여한 여성들의 선정도 더 큰 집단을 대표하기 위한 것은 아니었다. 이런 제약으로 이 연구 결과를 일반화하는 데는 한계가 있다. 따라서 문화, 시대, 상황, 성별 등 여러 변수를 분류하여 더 깊은 연구를 수행하는 것이 과제로 남는다. 앞서 설명한 발달 과정을 정교하게 다듬고 유용하게 활용하기 위해서는 여성의 도덕 판단에 대한 보다 장기적인 연구가 필요하다. 다른 현실적 딜레마에 대한 사람들의 반응을 연구하는 것도 임신 중지 결정의 고유한 특징을 분명히 밝히는 데 도움이 될 것이다.

자신의 내면의 목소리에 귀 기울이는 한 여성은 "위기를 통해 그 사람의 성격이 드러난다"고 말한다. 위기를 통해 성격이 구성된다는 것은 발달론적 접근의 본질이기도 하다. 책임과 관계에 대한 여성들의 사고 변화는 책임과 돌봄 능력이 감정과 사고의 일관된 단계를 거쳐 진화한다는 것을 암시한다. 여성의 삶 속에 일어나는 개인적인 사건들이 그들의 감정이나 생각과 얽히면서, 그들의 생존에 대한 염려에 "이기적"이라는 낙인을 붙였고, 이는 관계를 이루며 사는 삶의 "책임"과 대립하는 것으로 간주되었다. 인습적 해석에 따르면 책임은 타인의 필요에 대한 반응과 혼용될 수 있는데, 이는 여성이 자신의 필요 또한 고려해야 한다는 사실을 인식하는 데 방해가 된다. 그러나 관계의 진실은 자신과 타인이 상호 의존적이며, 그 자체로 가치 있는 삶은 관계 안에서 돌봄을 통해서만 지속될 수 있다는 사실을 깨달으며 결국 연결의 재발견으로 돌아온다.

5

여성의 권리와 판단

1848년 여름 엘리자베스 스탠턴Elizabeth C. Stanton과 루크레티아 모트Lucretia Mott는 "여성이 처한 사회적·법적·종교적 상황과 여성의 권리"를 논의하기 위해 뉴욕 세니카 폴스에서 회의를 열었다. 이들은 미국 독립선언문의 양식을 빌어 감성 선언문을 작성했다. 주제는 간단했는데, 그들은 독립선언문에 적절하게 빗대어 자신들의 관점을 명백하게 보여주었다. 바로 여성도 남성들처럼 양도할 수 없는 권리인 자연권을 점유할 자격이 있다는 것이었다. 세니카 폴스 회의는 스탠턴과 모트를 비롯한 여러 여성 대표들이 1840년 런던에서 열린 세계 반노예제 집회World Anti-Slavery Convention에 참가를 거부당하면서 촉발되었다. 집회에 참석하려 했으나 발코니에서 참관밖에 할 수 없었던 여성 대표들은 분노하여, 그들이 지난 8년 동안 노예에게 부여해야 한다고 주장해온 민주주의 국가에서 시민으로 살아갈 권리를 자신들에게도 부여할 것을 요구했다. 세니카 폴스 선언은 만인 평등의 전제와 사회계약, 천부적 권리 개념을 바탕으로 여성에 대한 특별한 배려가 아니라 "자명한 진리를 주장한다. 모든 남성과 여성은 평등하게 창조되었다. 그들은 모두 창조주에게 양도할 수 없는 권리를 부여받았다. 그 권리에는 생명, 자유, 행복을 추구할 권리가 포함된다"고 말한다.

그러나 여성이 권리를 주장하는 것은 여성적 미덕과 어긋나는 것처럼 보이는데 메리 울스톤크래프트^{Mary Woll-stonecraft}는 1792년에 이러한 인습적 해석에 반대한다. 그는 자신의 저서 《여성의 권리 옹호》에서 자유야말로 "미덕의 어머니"라고 주장한다. 자유가 결핍된 속박 상태는 비참함과 절망뿐 아니라 간교한 속임수와 기만을 불러오기 때문이다. "나의 이성적 능력을 활용"하여 "나의 성을 노예화하는 잘못된 개념에 도전"하는 울스톤크래프트의 "오만"은, 기자에게 "강조해서 큰 글씨로 적으세요. **자기 발전은 자기희생보다 더 고귀한 의무다.** 여성의 자기 발전을 지체시키고 방해하는 것은 자기희생이다"라고 말하는 스탠턴의 호방함과 견줄 만하다. 당시의 이상적인 여성성은 신과 남성에게 완벽하게 헌신하며 자기를 절제하는 것이었고, 이기심은 그러한 여성성의 이상에 반대되는 것으로 비난받았다. 이에 맞서 초기 여성 운동가들은 여성의 권리를 주장하면서 여성의 자기희생을 노예제와 동일시했고, 남성의 발달 못지않게 여성의 발달 역시 보편적 선을 고무하는 데 기여할 수 있다고 주장했다.

여성들은 권리를 주장하면서 자신에 대한 책임을 받아들였 듯이, 이성을 활용하면서 사회적 관계에서 발생하는 책임의 문제를 다루기 시작했다. 19세기 후반이 되자 여성들은 그들의 삶에 영향을 미치는 제반 조건들을 통제하려고 애쓰면서, 금주와 공중보건을 위한 사회 정화 운동부터 자유연애와 피임 같은 다소 급진적인 운동까지 다양한 사회개혁 운동을 이끌어 냈다. 이 모든 운동은 여성 참정권 운동에 힘이 되었다. 여성들은 자신의 지성과 성욕이 인간 본성의 일부임을 주장했고, 투표권을 행사함으로써 자신의 목소리를 역사에 포함시키고, 현재와 미래에 해를 가하는 기존 관행을 바꾸고자 했다. 여성들이 처음 투표권을 얻었을 때 많은 여성이 기권하거나 남편의 의견에 따르는 경향을 보였다는 점에서 투쟁의 결과는 실망스럽기도 했지만, 20세기는 분명 초기 페미니스트들이 추구하던 많은 권리가 합법화된 시기였다.

이렇듯 여성의 권리에 변화가 생기면서 그 효과에 대한 질문이 쇄도했다. 이 질문들은 여성의 권리를 위한 새로운 투쟁이 벌어지고, 여성의 교육을 요구했던 페미니스트들의 요청에 따라 설립된 많은 여자대학이 개교 100주년을 맞는 시점에 터져나왔다. 초기 페미니스트들은 여성의 자기 발전을 이성적 논리의 발현과 연결하면서, 여성이 자신의 삶을 통제하면서 살아가는 데 교육이 중요하다고 생각했다. 그러나 동등권 수정 법안을 둘러싼 논쟁이 과거의 논란을 반복하는 것과 마찬가지로 여성의 자기 발전 문제도 이기심이라는 망령, 즉 여성에게 자유가 주어진다면 관계에서 감당해야 할 책임을 회피할 것이라는 두려움에 지속적으로 붙들린다. 그러므로 공적 논쟁에서나 개인의 심리적 반응에서나, 권리와 책임의 대립은 책임과 관계에 대한 사유에 여성이 자신을 포함시킴으로써 발생하는 갈등에 집중된다. 이런 대립은 여성의 권리 신장을 여성이 반대하는 보다 복잡한 측면을 설명하는 동시에, 도덕적 갈등과 선택에 대한 여성의 사고에 권리 개념이 어떻게 개입하는지를 보여준다.

권리와 도덕 발달의 관계

여성 권리 운동이 두드러진 지난 백 년의 시작과 끝은 두 소설의 출간 시기와 일치하는데, 이 두 소설은 모두 여성이 썼고, 주인공이 사촌 루시의 약혼자와 사랑에 빠지면서 생기는 동일한 도덕적 딜레마를 다룬다. 시차를 두고 발간된 두 소설은 비슷한 삼각관계를 다룸으로써 여성의 권리 신장이 여성의 도덕 판단에 준 영향을 고려할 수 있는 역사적 틀을 제공하며, 백 년 동안 무엇이 변했고 무엇이 변하지 않았는지에 답한다.

조지 엘리엇의 소설 《플로스 강가의 방앗간The Mill on the Floss》 (1860)에서 매기 툴리버는 "옳은 것에 집착"한다. 사촌 루시를 사랑하는 마음과 루시의 약혼자 스티븐을 향한 "강렬한 감정" 사이에서 매기는 "타인을 희생시키면서 자신의 행복을 추구해서는 안 될 뿐더러 그렇게 할 수도 없다"는 단호한 판단을 내린다. 의도하지 않은 그들의 사랑은 자연스러운 것이므로 "우리가 결혼하는 것은 옳은 일"이라고 스티븐이 말했을 때, 매기는 "사랑은 자연스러운 것이지만 연민과 신뢰, 추억 역시 자연스러운 것"이라고 답한다. "고통을 막기에는 너무 늦은" 때에도 매기는 "타인을 고통에 빠트리면서까지 나의 행복을 추구할 생각은 없다"고 하면서, 스티븐을 포기하고 오그스 마을로 혼자 돌아간다.

켄 목사가 "행동 원칙은 그 어떤 균형 잡힌 결과보다도 안전한 지침"이라고 말하는 반면 저자의 판단은 명확하지 않다. 엘리엇은 주인공 매기를 옳은 해결책이 없는 딜레마에 빠지게 한 후 그를 익사시키는 것으로 소설을 끝낸다. 그러나 그 전에 독자들에게 "열정과 의무 사이의 변화하는 관계는 누구도 분명하게 파악할 수 없다"는 점을 환기시킨다. "삶의 신비로운 복잡성"이 "공식으로 단순화될 수 없기에" 도덕 판단은 "일반적인 원칙들"로 규정될 수 없으며, "인간과 관련된 모든 것과 폭넓게 동료 의식을 가지는 활기차고 강렬한 삶"에 의해서만 밝혀질 수 있다는 것이다.

그러나 이 소설에서 "강렬한 삶을 살던" 매기가 결국 "피곤에 찌든 모습"으로 변해버리는 것을 고려한다면, 엘리엇은 자신의 주장을 일관적으로 펼치는 데 실패했다고 볼 수 있다. 따라서 19세기 소설의 전통에 기반을 두고 있지만 20세기의 페미니즘 문제에 관심을 가졌던 마거릿 드래블^{Margaret Drabble}이 엘리엇의 소설로 돌아가 대안적 해결책의 가능성을 모색한 것은 놀라운 일이 아니다. 《폭포^{The Waterfall}》(1969)에서 드래블은 《플로스 강가의 방앗간》의 매기가 부딪쳤던 딜레마를 재연한다. 하지만 제목[1]이 암시하듯 그의 소설에서는 사회적 제약이 제거되어 있다. 드래블의 주인공인 제인 그레이는 옳은 것이 아니라 루시의 남편에게 집착한다. 그는 자신의 신념을 포기하고 "첫 장에서 물에 빠진다." 자기 발견이라는 바다에 몰입해 "내가 땅에 도달할 수만 있다면 누가 익사하든지 상관하지 않는" 제인은 생존의 기적을 이루고 그 이야기를 전할 방법을 찾으면서 판단의 문제에 사로잡힌다. 루시의 남편인 제임스를 향한 제인의 사랑은 1인칭과 3인칭의 두 목소리로 전해진다. 그 둘은 판단과 진실을 두고 끊임없이 대립하며, 책임과 선택의 문제에 개입하기도 한다.

열정과 의무 중 어느 것이 더 중요한가의 기준은 1860년과 1969년 사이에 바뀌었지만, 둘 사이에 발생하는 도덕 문제는 두 개의 소설에 그대로 남아 있다. 세기를 초월하여 이기적이라는 비난이 두 주인공에게 쏟아진다. 매기에게 사랑을 포기하라고 종용하던 비난이 제인에게도 똑같이 돌아오자 그는 자

---

1   각 소설의 제목 '물방앗간'과 '폭포'에서 연상되는 물의 강도, 형태, 방향성 등의 차이가 사회 관습이나 그것의 강제성, 열망의 표출, 의무 수행에 대한 관점의 차이를 전달한다고 볼 수 있다.

신이 무력하다고 변명한다. "난 그저 이기적이라는 비난에 맞서 나를 방어하고 싶었어요. 나는 다른 사람들과 다른 상황에 있으니 관대하게 판단해달라고요. 나는 슬프고 화가 났으므로 갖고 싶은 것을 가져야 한다고 말하고 싶었을 뿐이에요." 제인은 자신의 행동과 욕망이 이기적이라는 비난을 회피하기도 하고 기만하기도 하지만 이를 통해 비난의 기본 전제를 들여다보게 된다. 제인은 "타인을 위해 나 자신을 포기하는 것이 더 낫다"는 과거의 도덕 판단을 거부하고 "나를 인정하고 포용"할 수 있는 방식으로 도덕 판단을 재구성하려고 한다. 그래서 그는 책임과 돌봄의 옛 미덕을 포기하지 않으면서 활동적인 삶과 성적 욕망, 생존을 포괄하는 "새로운 사다리, 새로운 미덕"을 만들기 위해 노력한다. "내가 지금 하는 일을 이해해야 하고, 그것을 나 자신의 인정 없이는 할 수 없다면, 나는 나를 용납하는 도덕을 만들 거예요. 나는 변화해야 해요. 더 이상 무기력하게 있을 수 없어요. 그것 때문에 여태까지 내가 해온 모든 일을 비난해야 하더라도 말이죠."

두 개의 소설은 이기심에 관한 판단과 그 속에 내포된 자기희생의 도덕이 여성을 어떻게 몰아세우는지 보여준다. 이런 판단은 여성의 청년기를 다루는 소설 구성에 빠지지 않는 요소로, 무너지지 않을 것 같던 어린 시절의 순수함이 성인으로서의 선택과 그것에 대한 책임으로 대체되는 **성장소설**의 전환점 역할을 한다. 여성의 미덕이 자기희생에 있다는 관점은 선을 성인으로서 짊어져야 할 책임과 선택의 문제와 대립하게 함으로써 여성의 발달 과정을 복잡하게 만든다. 게다가 자기희생의 개념은 지난 세기에 공정한 사회적 정의 분배에 여성을 포함하도록 했던 권리 개념과 정면으로 부딪친다.

이렇듯 개인의 주장을 지지하기 위해 "자연적 결속"을 해체하는 권리의 도덕과 개인의 주장을 관계망에 포함시키는 책임의 도덕이 대립한다. 책임의 도덕은 자아와 타자의 상호 의존성을 드러냄으로써 그 둘의 구분을 모호하게 만든다. 이 두 가지 도덕 사이에 긴장이 고조되면서 더 큰 문제가 부각된다. 이 문제는 울스톤크래프트와 스탠턴, 엘리엇과 드래블의 관심사였으며, 1970년대에 이루어진 여자 대학생들과의 인터뷰에서도 여성들이 이 문제에 관심을 갖고 있음을 알 수 있다. 이 모든 여성은 같은 갈등에 대해 이야기했고, 이로써 이기적이라는 판단이 여성의 생각에 엄청난 구속력을 행사하고 있음을 알 수 있었다. 우리는 여성이 도덕적 갈등을 설명할 때 이기심에 대한 판단이 등장하는 것을 바탕으로 여성의 도덕 발달에서 권리의 개념이 맡고 있는 역할에 주목했다. 이런 갈등은 시대를 초월하여 여성의 도덕적 관심의 중심에 책임의 윤리가 존재한다는 것을 보여주며, 여성이 책임의 윤리를 기반으로 사람들과의 관계에서 자아를 규정하고 돌봄 활동을 실현할 뿐만 아니라 권리의 정당성을 인식함으로써 책임의 윤리를 변모시켜왔다는 것을 알려준다.

대학생 연구에 참여한 낸이 4학년일 때 한 인터뷰에는 1973년 당시 여성의 도덕적 관심에 대한 몇 가지 특징이 잘 드러난다. 그해 대법원은 임신 중지가 합법이며 여성은 임신 지속 여부를 선택할 권리가 있다는 판결을 내렸다. 2년 전 낸이 도덕과 정치적 선택에 관한 과목을 수강한 이유는 "사물을 다르게 사고하는 방식"을 찾고 있었고 "개인의 자유를 옹호하는 논증들"에 관심이 있었기 때문이다. "낮은 자존감으로 힘들었던" 낸은 4학년이 되어 임신을 하고 임신 중지를 결정하는 과정에서 "자신에 대한 기존의 생각들을 되짚어"보며 도덕적으로 성장했다고 말한다. 그에게 임신은 "자기통제와 의사결정의 미흡함으로 인해 벌어진 어리석은 일"이지만, 임신 중지는 자신의 삶을 구하려는 필사적인 해결책("나는 임신 중지를 통해 내 목숨을 구해야겠다고 느꼈어요")이었다. 그러나 낸은 "나의 관점에서는 아니지만, 적어도 사회의 관점에서 임신 중지는 도덕적으로 죄악"이라는 점을 인정한다.

그는 "개인적으로 나 자신이 아주 사악하다"고 느꼈지만, "어쨌건 사람들이 나를 도울 것이라는 사실을 알게 되자 그들이나 나에 대한 감정이 크게 달라졌어요"라고 말한다. 또한 임신 중지 실행을 기다리고 그것에 대해 생각하며 한 달을 보낸 후에 "결정하는 일에 대해 많은 생각을 했어요. 그리고 처음으로 내가 내린 결정을 책임지면서 내 삶을 주도하고 싶었어요"라고 덧붙인다. 그 결과 그의 자아 이미지는 달라진다.

스스로 삶을 통제하니 사람들 손에 휘둘리는 꼭두각시 같다는 생각이 들지 않아요. 뭔가 잘못한 것이 있다면 그 사실을 받아들여야 해요. 이것이 나를 성실하다고 느끼게 만들어요. 늘 자기변명을 하지 않아도 되니까요. 대신 많은 갈등이 해소되고, 내가 어떤 상황이든 그것에 맞게 행동할 거라는 확신이 생겼어요. 새롭게 시작하는 느낌이에요.

낸은 "나 자신이 악하거나 선한 사람이라서가 아니라, 어떤 면에서든 많은 것을 배울 수 있는 사람이기 때문에 자신을 옹호하게 되었다"고 말한다. 그는 자신이 선택권을 가진 존재임을 확인하면서 새로운 방식으로 자신에 대한 책임을 느낀다. 낸은 선택의 경험을 통해 자신이 성실하다고 느끼게 되었지만, 자신의 임신 중지 선택을 바라보는 관점은 이전과 동일하다. 낸은 자신을 더 포괄적이고 관용적으로 이해하게 되었고, "나 자신에게 더 솔직하고 독립적인 사람"이 될 수 있는 관계 개념을 갖게 되었지만, 그의 도덕적 주제는 여전히 책임의 문제로 남아 있다.

이런 의미에서 그는 임신이 왜 자신이 책임을 회피하려 했는지 이해하는 데 "도움이 되었다"고 말한다.

이 문제는 너무 심각해서 내 안에 있던 것들, 가령 나에 대한 느낌이나 세상에 대한 느낌 같은 것들을 새롭게 보게 했어요. 내가 저지른 잘못을 통해 나는 내가 그동안 책임질 수 있었던 일을 책임지지 않았고, 계속 책임지지 않은 채 살아갈 수도 있었다는 것을 깨달았어요. 상황이 너무 심각한 나머지 눈앞에 문제가 바로 보이더군요. 명확하게 그 문제들을 들여다보니 답을 찾을 수 있었어요.

낸은 자신의 무책임으로 인해 누군가 다칠 수밖에 없는 상황이 일어났다는 것을 깨닫고 "누구에게도 고통을 주지 않는" 방식으로 살겠다는 자신의 목표에 걸림돌이 되는 "낡은 도덕관념을 제거"하기 시작한다. 또한 "이기적이라는 단어는 정의하기 어렵다"는 것을 인식하고, 이기심과 도덕이 대립한다는 관점에 문제를 제기한다. 그리고 "개인의 자유"가 "도덕과 양립할 수 없는" 것이 아님을 깨달으며 도덕의 개념을 확대한다. 그는 도덕이 "타인과 자신을 고려하는 마음"이라고 규정한다. "내가 남에게 줄 수 있는 고통의 허용치는 얼마만큼 인가?" "다른 사람에게 고통을 줄 권리가 나에게 있는가?" 같은 도덕 문제가 여전히 남아 있지만, 이 질문은 타인뿐만 아니라 자신에게도 적용된다. 자기희생과 분리된 책임은 고통의 원인을 이해하면서 어떤 행동이 상처가 될지 예상하는 능력으로 연결된다.

자기 성실성과 책임의 대립

책임의 범위에 자신을 포함할 권리가 있느냐는 문제는 1970년

대 여자 대학생들에게 중요한 주제였다. 서로 다른 맥락에서 제기된 이 질문은 정의의 논리, 즉 자신과 타인을 동일하게 대하는 공정성을 통해 해결될 수 있었다. 그러나 정의의 논리는 관계의 문제를 야기했고, 그것을 해소하기 위해 책임과 돌봄에 대한 새로운 이해를 필요로 했다. 27세의 힐러리는 도덕에 대한 자기 생각이 어떻게 바뀌었는지를 설명하면서, 대학에 입학할 당시 자신이 갖고 있던 도덕 개념을 설명한다.

난 그때 훨씬 단순했어요. 옳고 그름에 간단한 정답이 있다고 생각했죠. 지금 되돌아보면 너무 단순하다고 여겨지기도 해요. 내가 타인을 해치지 않는 한 모든 게 잘 될 거라고 생각했어요. 하지만 결국 상황이 그리 녹록치 않고 우리는 서로에게 상처를 줄 수밖에 없다는 것, 그래서 삶은 긴장과 갈등으로 점철되어 있다는 사실을 깨달았어요. 사람들은 의도했든 의도하지 않았든 서로의 감정을 할퀴게 돼요. 그래서 그 순진하고도 단순한 생각은 버려야 했어요.

이러한 포기는 1학년 때 일어났다.

나는 정착해서 결혼하고 싶어 하는 남자와 사귀게 되었는데 그 당시엔 관계가 잘 풀리지 않으리라는 불안감이 전혀 없었어요. 나는 그를 꽤 좋아했어요. 그러다가 우리는 헤어졌고 그는 크게 상심해서 일 년간 휴학을 했어요. 의도한 것은 아니지만 난 내가 그에게 엄청나게 큰 상처를 줬으며, 내 첫 번째 도덕 원칙을 어겼다는 걸 깨달았어요. 하지만 나는 옳은 결정을 내렸던 거예요.

힐러리는 "그와 결혼할 수 없다"고 확신했기 때문에 그가 직면한 딜레마에 "쉬운 답"이 있다고 느꼈다. 그러나 만약 누군가에게 상처 주지 말라는 도덕 명령에 집착했더라면 상황은 해결할 수 없는 문제로 변질되고, 결국 이별은 아예 생각하지 못했을 것이다. 이런 깨달음을 통해 그는 자신에게 절대적이었던 도덕 명령에 의문을 갖게 되었고, "상처 주지 말라는 원칙이 전부가 아니라는 것"을 알게 되었다. 이 원칙의 한계는 개인적 성실성의 문제에 있다. "그 원칙은 '자신에게 진실하라'는 지침은 다룰 생각조차 하지 않더군요." 그는 개인적 성실성을 유지하는 데 대해 더 많은 생각을 하기 시작한다. 그리고 이런 경험을 통해 "타인에게 상처 입히는 것을 걱정하지 말고 자신에게 올바른 것을 하면 된다"는 결론을 얻는다.

그러나 힐러리는 그 후에도 도덕을 타인을 돌보는 것과 동일시하고 "자기를 희생하여 타인, 혹은 인류의 선을 위하는 행위가 선한 행위"라고 믿었기 때문에, 타인에게 상처 주지 않겠다는 원칙을 포기하는 것을 도덕적 관심을 폐기하는 것이라고 여겼다. 힐러리는 자신의 결정이 옳다고 생각하면서도 그것이 고통스러운 결과를 낳기 때문에 관계에서 돌봄 윤리를 지키는 동시에 자기 성실성을 유지할 방법이 없다고 생각한다. 그는 "자신에게 올바른 행동"을 하는 것으로 선택의 갈림길에서 갈등을 피하려고 애쓰지만, 자신과 타협했다는 느낌을 지우지 못한다.

이런 감정은 그가 변호사로 일하면서 부딪치는 딜레마를 설명할 때도 드러난다. 어떤 사건에서 상대편 변호인은 재판에서 의뢰인의 "결정적 주장"을 지지할 중요한 서류를 간과했다. 힐러리는 상대편 변호인에게 이 사실을 알려줄 것인지 고민하다가 사법 체계의 변론 제도가 "진실을 추구하려는 의도"뿐만 아니라 상대편에 대한 배려까지도 방해한다는 것을 깨닫는다. 그러나 결국 그는 자신의 직업적 지위가 취약해질까 봐 소속된 제도의 규정을 따르기로 결심한다. 이 일로 힐러리는 자신이 자기희생이라는 도덕적 이상뿐만 아니라 개인적 성실성이라는 기준마저 따르지 못했다고 여기게 된다. 그러므로 힐러리 자신에 대한 묘사는 "옳지 않다고 생각하는 것은 결코 하지 않는 절대적인 자기 성실성을 가진" 남편에 대한 묘사나, 다른 사람에게 "이타적"으로 베푸는 "돌봄의 전형"이라는 어머니에 대한 묘사와 대조된다.

힐러리는 자신이 대학 때보다 더 넓은 포용력과 이해심을 갖게 되었으며, 예전이라면 비난했을 사람을 비난하지 않게 되었고, 자신과 다른 관점의 진실성도 볼 수 있게 되었다고 변명처럼 말한다. 그는 변호사로서 권리의 언어를 사용할 수 있고 자기 결정권과 존중의 중요성을 분명하게 인식하지만, 권리의 개념은 돌봄 윤리와 여전히 갈등 상태를 유지한다. 이기심과 책임감이 반대 개념으로 대립하다 보니 관계에 책임을 진다는 이상과 자신에게 진실해야 한다는 명령을 화해시킬 방법을 찾지 못하는 것이다.

권리의 도덕과 책임의 윤리[2] 사이의 충돌은 대학생 연구의 다른 참여자인 제니가 묘사한 도덕적 위기에서도 볼 수 있다. 제니는 자신의 어머니가 보여준 이타적이고 자기희생적인 행동을 자신의 도덕적 이상으로 삼는다.

난 어머니처럼 되고 싶어요. 어머니만큼 이타적인 사람은 본 적이 없어요. 어머니는 자신을 해하면서까지 누군가를 위해 무엇이든 하는 분이죠. 그분은 타인에게 많은 것을 주면서도 아무것도 바라지 않아요. 그래서 나는 이타적이고 아낌없이 주는 어머니 같은 사람이 되고 싶어요.

제니는 자신이 어머니와는 대조적으로 "여러 면에서 훨씬 더 이기적"이라고 한다. 그러나 자신과 가까운 누군가를 아프게 할 수도 있다는 점에서 자기희생의 한계를 본 그는, 이기심과 돌봄 사이의 갈등을 해소하려고 애쓰면서 "내가 될 수 있는 최선의 인간상"을 다시 규정한다. 이 새로운 규정에는 "다른 사람을 위해 좋은 일을 한다"는 기존의 이상에 "나의 잠재력을 충분히 실현하면서"라는 조건이 추가된다.

2년 전 도덕과 정치적 선택 과목을 수강할 때 제니는 "나 자

---

2 도덕(morality 혹은 morals)과 윤리(ethics 혹은 ethic)의 개념을 간단히 설명하자면, 둘 다 옳고 그름에 관한 원칙이라는 점에서는 같으나 도덕은 개인 내면의 옳고 그름의 영역에 종속되면서 문화적 규범으로서의 구속력을 갖지 않는 반면, 윤리는 사회제도의 일종으로서 특정 계층이나 특정 집단 혹은 문화에 의해 정해진다. 따라서 윤리는 특정 시기나 공간의 제약을 받는다.

신에 대한 책임은 얼마만큼인가?", "다른 사람에 대한 책임은 얼마만큼인가?"라는 질문을 통해 도덕을 검토하기 시작했다. 그는 도덕을 의무의 문제라고 생각하면서 자아와 타자를 동일 선상에 두고, 자기희생의 전제에 도전하고, 자신의 책임 개념을 권리에 대한 새로운 이해와 조화시키려고 했다. 그러나 그즈음 가족 내부의 위기를 겪으면서 권리의 용어가 관계에서 책임의 쟁점을 다룰 때 부적절하다는 것을 깨달았고, 권리와 책임이 양립할 수 있다는 자신의 논리에 의문을 갖게 된다. 이 위기는 그의 할아버지가 지속적인 간병이 필요한 질병을 앓고 있어서 집안의 경제적 자원이 고갈된 상황에서 한 친척이 자살하면서 발생했다. 자살의 정당화는 도덕과 정치적 선택 과목에서 개인의 권리라는 측면에서 논의되었지만, 제니에게 친척의 자살은 가족들에게 고통과 상처를 주고 할아버지에 대한 돌봄의 부담을 가중시켰다는 점에서 완벽하게 무책임한 행위라고 느껴졌다.

제니는 분노의 감정을 이성적 논리와 연결하려고 애쓰면서, 자신의 예전 사고방식이 더 이상 효과적이지 않다는 사실을 발견한다.

학기 내내 우리는 무엇이 옳고 그른지, 무엇이 올바른 것인지, 우리가 자신이나 타인에게 얼마나 책임을 갖고 있는지 토론했어요. 그런데 그즈음 친척이 자살을 한 거예요. 그건 도덕적 위기였어요. 그런데 상황을 어떻게 이해해야 할지 모르겠더라고요. 그의 심정을 이해해보려고 애썼지만 결국 미움밖에 남지 않더군요. 어떻게 가족에게 그런 상처를 안겨줄 수 있죠? 나는 그 강좌 전체를 다시 평가해야 했어요. 공부한 것이 더 이상 효과가 없었거든요. 우리가 토론했던 주제들은 그저 말장난에 불과했어요. 우리는 작은 가정들을 했어요. 이를테면 당신이 임무를 수행 중이고 한 부대를 이끌고 있는데 누군가는 수류탄을 던져야 한다는 식의 이야기요. 뭐 그런 식의 가정도 의미가 있겠죠. 그런데 그것이 당신과 가까운 일이라면 그건 더 이상 소용이 없어요. 나는 내가 수업 중에 했던 모든 말을 재검토해야만 했어요. 내가 정말 그렇게 생각한다면 어떻게 이런 강렬한 미움을 느낄 수 있을까요?

이 문제가 아주 심각했기 때문에 자신과 타인에게 얼마만큼의 책임이 있는지와 같은 견해의 논리는 뒤집어지고 분열하기 시작했다.

갑자기 모든 개념과 용어가 해체되기 시작했어요. 사건들은 "그래, 그건 도덕적이야"라거나 "아냐, 그건 도덕적이지 않아"와 같은 말로 판단할 수 있는 것이 아니었어요. 그건 그저 비합리적이고 정의할 수 없는 것 중 하나인 거죠.

제니는 어떻게 판단하든 행위 자체를 돌이킬 수는 없으며 그 행위가 타인의 삶에도 영향을 미친다는 것을 깨달았다. 그 상황에 권리와 책임, 이기심과 자기희생이 너무 복잡하게 뒤엉켜 있었기 때문에, 제니는 이것이 어떤 측면에서는 도덕적 위기지만 다른 측면에서는 "그저 불합리하고 정의할 수 없는 것"이라고 생각할 수밖에 없었다.

5년 후 다시 인터뷰가 이루어졌을 때, 제니는 이 사건으로 "책임 전반"에 주안점을 두게 되면서 자신의 삶이 달라졌다고 말한다. 이기심과 도덕이 대립할 때, 그는 다른 사람에게나 자신에게나 책임을 느끼지 않았다고 한다. "할아버지에 대한 책임"뿐 아니라 자신에 대한 책임도 느끼지 않았던 것이다. 이런 의미에서 이기적인 동시에 이타적이었던 제니는 이기심과 도덕의 대립에 한계가 있다는 것을 인식한다. 그는 "내가 살아온 방식은 아주 쉬웠어요. 누군가 내 삶의 방향을 정하도록 내버려 두었거든요"라고 말하면서, 이제 삶의 주도권을 확보하고 "삶의 방향을 바꿔" 나가려고 한다.

돌봄과 관계에 대한 이해의 변화

여성이 도덕을 책임의 문제로 구성하고 자신의 삶을 책임지려고 노력한다는 것은 권리와 책임 연구에 참여했던 다른 학생들의 진술에서도 드러난다. 세 명의 여성들이 설명한 딜레마를 비교해보면 이기심과 책임의 대립이 선택의 문제를 얼마나 복잡하게 만드는지 알 수 있다. 그들은 이타심이라는 도덕적 이상과 자신이 의지와 욕구를 가진 주체라는 진실 사이에 꼼짝없이 붙들려 있다. 도덕적 이상과 진실의 대립으로 발생하는 발달의 문제는 이러한 대립을 극복하여 타인의 필요에 응하면서 자신에게도 더 솔직해지려는 세 여성들의 이야기에서 명확하게 드러난다. 그들은 자신에게 성실하려는 것과 가족관계에 충실하려는 것이 충돌할 때 생기는 딜레마를 설명하면서, 타인에 대한 책임과 자기 발전 사이의 갈등을 해소할 방법을 찾는다. 세 여성은 모두 선택에 어려움을 겪는데 그것은 타인에게 상처를 주지 않으려는 마음에서 비롯된다. 이 문제의 해결책을 찾는 과정은 순차적으로 일어난다. 처음에 여성들은 이기심과 책임감이 맹목적으로 대립하고 있다고 여긴다. 그다음에는 이타심이라는 미덕과 권리의 개념이 상충한다는 것을 깨닫고, 이후 권리의 개념을 이해하면서 돌봄과 관계에 대한 이해가 변화한다.

대학 2학년인 앨리슨은 도덕이 자신의 힘을 인식하는 것이라고 말한다.

말하자면 도덕은 당신이 당신 자신의 삶뿐만 아니라 다른 누군가의 삶에도 영향을 미칠 수 있음을 인식하고, 타인의 생명을 위태롭게 하거나 다치게 하지 않을 책임이 있다는 것을 의식하는 거예요. 인간에 대한 민감성이죠. 나는 지금 아주 단순화해서 말하고 있지만 도덕은 복잡해요. 도덕은 자신과 다른 사람 사이에 상호작용이 있으며, 자신이 둘 모두에 대해 책임이 있다는 것을 깨닫는 일이기도 해요. 나는 책임이라는 말을 계속 쓰고 있어요. 그래야 지금 일어나는 일에 대한 나의 영향력을 놓치지 않고 의식할 수 있거든요.

앨리슨은 도덕을 권력에 대한 인식과 연결하지만, 책임은 타인에게 상처 입히지 않는 것과 동일시한다. 그러므로 책임은 "우리가 다른 사람들에게 의존하기 때문에 그들을 염려하고, 그들의 필요에 민감하게 반응하며, 그들을 당신 욕구의 일부로 받아들이는 것"이다. 도덕을 타인에 대한 돌봄과 동일시하는 앨리슨은 "이기심"을 책임감과는 반대되는 개념이라고 여긴다. 이는 책임감 있고 선량한 도덕적 행동에 개인의 만족감이 개입하는 순간 그 행동의 가치가 손상된다는 판단에서 드러난다. 단적으로 그는 이렇게 말한다. "가르치는 일은 이기적인 일이었어요. 다른 사람을 위한 일이라는 점에서 기분이 좋았지만 내가 그걸 즐겼기 때문이죠."

이렇듯 자아와 타자가 상호작용하는 가운데 발생하는 것으로 보였던 도덕은 이 둘의 대립으로 축소되고, 결국 타인에게 의존하고 있기 때문에 그들을 돌볼 책임이 있다는 의식과 동일시된다. 이때 도덕적 이상은 협력이나 상호 의존이 아니라 아무것도 받지 않으면서 타인에게 베풂의 의무를 수행하는 것이다. 그러나 이런 관점의 한계는 앨리슨이 자신에 관해 설명할 때 "나는 나 자신에게 솔직하지 않아요"라고 말함으로써 분명해진다. 그가 자신에게 솔직하지 못한 것은 자신을 바라보는 관점의 모순 때문에 자기기만이 필요하기 때문이다.

나는 내가 원하는 방식에 대해 많은 생각을 했어요. 그리고 사랑을 통해 모든 것을 더 낫게 만들고 싶어요. 하지만 나는 이기적인 사람이기도 해요. 그리고 다른 사람들에게 다정하게 행동하지 않을 때가 많아요.

앨리슨은 이기심 문제를 해결하기 위해 자신의 "행동을 정당화"하려고 노력했고 "선택이 매우 어려운 시간"을 보냈다. 자신에게 타인을 다치게 할 수 있는 힘이 있다는 사실을 깨달았고 누구에게도 상처 입히고 싶지 않기 때문에, 그는 부모님에게 학교를 1년간 쉬고 싶다는 말을 꺼내기 힘들어한다. 그가 대학에 다니는 것이 부모님에게 중요하다는 것을 알기 때문이다. 앨리슨은 타인을 다치게 하고 싶지 않다는 바람과 자신에게 진실하고자 하는 소망 사이에 끼인 채, 어떤 비난도 받지 않기 위해, 휴학하려는 자신의 동기가 무엇인지 찾으려고 한다. 그는 "여기서 내가 왜 행복하지 않은지, 무슨 일이 일어나고 있으며, 나는 무엇을 하고 싶은지에 대해 솔직해지려고" 노력하지만 부모에게 뿐만 아니라 자신에게도 "왜 학교를 쉬어야 하는지, 왜 그것이 중요한지" 설명하는 데 어려움을 느낀다. 그는 대학이 협력보다 경쟁을 강조하며 "자신을 위해 공부하고 행동하며, 타인을 돕지 말라"고 가르치는 "이기적인" 기관이라고 말하면서, 자신은 경쟁보다는 협력 속에서 "타인을 돌보고 타인의 욕구에 민감하게 반응하는 이타적인" 사람이 되고 싶어 한다. 그러나 앨리슨은 자기 성실성의 이상과 책임과 돌봄의 윤리를 통합하지 못한다. 학교를 떠나면 부모님이 상처받을 것이고 학교에 남는다면 자신이 상처받을 것이기 때문이다. 자신에게 솔직하면서도 타인을 돌보고, "추구하는 가치와 신념에 따라 행동하면서도 타인과 관계를 맺고, 타인의 신념을 존중하지만 쉽게 타협하거나 순종하지 않으며, 다른 사람에게 종속되지 않는 사람"이 되려는 자신의 바람을 설명할 때 앨리슨의 갈등이 역력히 나타난다.

두 번째 여성인 에밀리는 이런 갈등이 어떻게 권리의 개념에 관여하는지 보여준다. 대학교 4학년 때 이루어진 인터뷰에서 도덕 원칙이 분명치 않은 결정을 내린 적이 있느냐는 질문에 그는 어느 의과대학에 갈지를 두고 부모와 갈등했던 일에 대해 말한다. 집에서 멀리 가지 말아야 한다는 부모의 입장을 설명하면서 그는 도덕적 정당성과 이기적 정당성의 대조를 보여준다.

부모님은 원칙적인 이유와 심리적인 이유를 모두 갖고 계셨어요. 그중에는 좋은 것도 있고, 좋지 않은 것도 있었죠. 좋은 것은 도덕적 정당성으로 분류하고, 나쁜 것은 이기적 정당성으로 분류할 수 있을 거예요.

권리의 언어로 딜레마를 표현하면서 에밀리는 이렇게 설명한다.

부모님은 내가 어떤 방식으로 살아가기를 원할 권리가 있어요. 문제는 이 권리를 남용하는 거예요. 그건 이기적인 거죠. 나는 내가 멀리 가는 것이 어떤 의미로든 가족의 해체는 아니라고 생각해요.

권리를 욕구와 동일시하고, 도덕을 관계에서의 책임과 동일시하면서 그는 자신의 목적이 "가족을 해체하려는 것"이 아니라고 강조한다. 그보다는 "다른 사람들과 다른 장소에서 지내면 더 성장하리라 생각했고, 지금도 그렇게 생각해요"라고 말한다. 자신의 성장을 스스로 책임지게 된다는 "분리의 긍정적 측면"과 부모님이 상처를 입을 것이라는 "부정적인 측면"을 비교하면서 그는 해석의 문제에 부딪힌다. 전통적인 도덕의 언어가 소환되지만 에밀리가 자신의 입장을 설명하는 과정에서 곧 상대화된다.

> 내 동기는 어느 정도 이기적이어서 절대적이라고 할 만한 것은 아니었어요. 반면 가족은 내게 평생 주어진 관계거든요. 그 외 다른 상황들은 상대적으로 덜 중요하기 때문에 여기 머무는 것을 동일하게 고려하는 것이 나의 도덕적 의무였어요. 그 과정에서 나는 이타적인 결정을 한거죠.

이기적인 결정과 이기적이지 않은 결정이 절대적 판단이라기보다는 상대적인 것일 수 있으며, 이것이 진실의 문제라기보다는 관점이나 해석의 문제일 수 있다는 새로운 인식은, 권리가 중심이 되는 도덕관과 책임에 초점을 맞추는 도덕관이 존재한다는 생각으로 확장된다. 이 두 개념 사이의 전환은 에밀리가 직면한 도덕적 갈등을 정의할 때 명확하게 드러난다.

내가 직면한 갈등은 내가 떠나는 것이 누군가에게 상처를 주는 일이 아닐 경우, 내게 독립된 개체로 행동할 권리가 있는지 여부였어요. 나는 그 상황을 부정적으로 보지 않았지만 부모님은 달랐어요. 갈등은 나의 해석이 잘못되어서가 아니라 우리가 다른 해석을 한다는 사실 때문에 일어난 거예요. 양쪽의 해석은 나름대로 타당하다는 점에서 비슷했죠. 나는 여기 머물기로 결정하면서 그들의 해석을 선택했어요. 그런데 오히려 그게 문제였다는 생각도 들어요.

이전에 에밀리는 "늘 더 우월한 도덕적 입장이 있고, 그것이 설령 아주 작은 차이라 하더라도 면밀하게 측정할 수 있다"고 생각했다. 그러나 그는 위와 같은 상황을 겪으면서 "도덕적인 결정이 불가능하다"는 것을 알게 된다. 그는 자신의 행동이 타인에게 피해를 주지 않기 때문에 독립된 개체로서 행동할 권리가 있다고 정당화했지만, 결국 그가 떠나면 상처를 받을 거라는 부모의 해석을 받아들인다. 에밀리는 머물겠다는 자신의 결정에 대한 "중요한 이유"를 설명하면서 그가 어떻게 이 딜레마를 두 이기심 간의 비교로 재구성했으며, 자신의 결정이 "더 이기적"이라고 결론 내리게 되었는지 말한다.

부모님은 그 모든 상황에서 정말 큰 상처를 받았어요. 난 떠나지 않는 것에 상실감을 그렇게 크게 느끼지는 않았거든요. 그래서 나의 이기심이 그들의 이기심보다 더 크다고 생각하게 되었어요. 두 개의 이기심은 이기심이라는 점에서 동일하지만, 어쩐지 부모님이 나보다 더 고통스러워하는 것처럼 보였어요.

처음에는 권리의 언어로 구성되었던 딜레마가 이기심의 경중을 따지는 책임의 언어로 표현되었다가 결국 누가 더 고통받는가에 대한 질문, 즉 책임에 대한 관심으로 변한다. 다시 말해 에밀리는 이 딜레마를 권리의 충돌로 해석하다가 이기심의 경쟁 구도로 바꿔 생각했다. 딜레마를 이렇게 구성하면 어느 쪽을 선택하든 다른 관점에서는 이기적이라고 해석될 수 있기 때문에 도덕적 선택을 할 수 있는 가능성이 소멸한다. 이렇듯 권리에 대한 관심 대신 책임에 대한 관심에 초점을 두면서 에밀리는 "이타적인 결정"을 내림으로써 딜레마를 해소한다. 부모님이 자기보다 더 고통받는다고 생각했기 때문이다.

에밀리는 자신의 피해를 대수롭지 않게 여기면서("새로운 경험을 하지 못한 것이 꼭 피해를 입은 것은 아니에요"), 부모가 느낄 "큰 상실감"과 그것으로 인해 생길 책임감을 자신의 피해와 비교한다. 에밀리는 책임을 "도덕에 수반되는 것"으로 보면서, 책임은 "연속적으로 기대를 품게 만드는 것이어서 그 기대를 충족시키지 못할 경우 자신뿐만 아니라 주변 사람들에게도 영향을 미치게 된다"고 말한다. 각자의 독립성에 기초하여 권리를 우선시한다면 관계가 위협받을 수 있으니, 책임에 기초하여 상황을 선택해야 한다는 것이다. 즉 선택은 누구에게 "더 큰 책임이 있는지"에 대한 판단이며, 누가 더 고통받을 것인가에 대한 상대적 평가의 결과이기도 하다.

그러나 "독립적인 개체로 행동할 권리"를 포기하고 "이타적인 선택"을 함으로써 에밀리는 책임의 도덕에 대한 자신의 해석을 유예했고, 그로써 정체감 형성 또한 유예된다. 이러한 유예는 에밀리가 자신을 "이리저리 굴러다니면서 눈을 모으지만 정착하지 못하는 작고 동그란 젤리빈 같다"고 설명하는 데서도 포착된다. 인터뷰가 끝날 즈음, 그는 자신이 맺는 관계에 더 "신중"할 것이며 "관계가 흘러가도록" 내버려두기보다는 자신이 "사람들과 어떻게 상호작용"하는지 더 관심을 기울여서 확고한 자아를 만들고 싶다는 소망을 피력한다. 이전에는 자신이 관계에서 어떻게 행동해야 할지를 생각하면 "방어적이고 두려웠던" 반면 이제는 "그런 생각을 하면 두려움이 없어져요. 어떤 것에 대해 생각하다 보면 그것이 무엇인지 알아차리게 되잖아요. 그걸 알지 못한다면 그저 일이 흘러가도록 내버려 두는 꼴이죠. 다음에 무슨 일이 일어날지 모르는 것은 당연한 일이고요"라고 말한다.

표류하던 삶에서 주도권을 찾기까지

그저 흐름에 편승하는 이미지는 이기심과 책임감의 대립 속에 갇힌 여성들이 자기 경험을 이야기하는 인터뷰 내내 반복된다. 여성들은 타인의 요구에 응답하는 삶을 살아오면서 이기적이거나 부도덕하다고 평가받을 만한 주장을 하지 않고는 주도권을 행사할 방법이 없다는 것을 알게 된다. 《폭포》의 주인공은 "만약 물에 빠진다 하더라도 손을 뻗어 내 목숨을 구하려고 하지는 못했을 것이다. 죽는 것이 운명이라면 내 힘으로 그 운명을 거스를 수는 없다"는 말로 소설을 시작한다. 그들은 운명을 거역하는 것이 진실일 수도 있다는 생각은 아예 하지 않는다. 소설의 주인공 제인처럼 이 여성들 역시 "무력함의 빙하기"로 침몰하여, 수동적인 삶과 책임을 회피하려는 마음에 무작정 빠져버린다. 그리하여 그들은 "자기를 구제할 어떠한 행동도 취하지 않은 채 신의 섭리에 자기 삶을 위탁한다."

그러나 여성들을 책임감의 굴레에서 구해줄 것처럼 보이는 표류의 이미지에는 더 고통스러운 선택의 상황에 닿을 위험이 은폐되어 있다. 임신 중지 결정 상황에서 부딪치는 대안들이나 매기 털리버가 자신이 가장 두려워하는 일을 무의식적으로 저질러버렸다는 것을 깨닫는 순간이 바로 그런 경우다. 이때 여성이 선택의 결과를 인식하면서 책임의 문제가 다시 일어나고, 선택과 진실의 질문이 더불어 제기된다.

《플로스 강가의 방앗간》에는 매기가 스티븐에 대한 저항을 잠시 멈추고 감정에 굴복하는 대목이 나온다.

매기는 장미가 피어 있는 정원을 내려가서 단호하고 부드러운 손길에 의해 배로 안내되었다. 쿠션과 망토가 깔린 바닥에 올라서자 (잊고 가져오지 않은) 양산이 자신을 위해 펼쳐지는 것이 느껴졌다. 모든 것이 매기 본인의 의지 없이 이 강력한 존재에 의해 주도되는 듯했다.

그러나 너무 멀리 나왔다는 사실을 깨닫자 "끔찍한 경고음이 귀를 휘감았으며", "썰물에 밀려 멀어졌다고 믿고 싶은 소망"은 빠르게 무너진다. 그는 스티븐을 향해 "분노에 찬 저항심"을 느낀다. 스티븐이 그에게 선택할 여지를 주지 않고 자신의 부주의함을 이용했기 때문이다. 그러다가 결국 자신도 이 상황이 벌어지는 데 적극적으로 개입했다는 것을 깨닫는다. "마비 상태"에서 깨어난 매기는 "짧은 몇 주 동안 느낀 감정이 자신이 가장 두려워하던 신념을 위반하고 잔인한 이기심의 죄를 저지르게 했다"는 것을 깨닫는다. 이에 매기는 "완벽한 선을 추구"하면서 "잔잔한 애정에 충실하지만 열정적인 사랑의 기쁨은 없는 삶"을 살기로 결정한다.

매기가 선을 추구하는 반면 그에 대응하는 역의 제인은 진실을 추구한다. 제인은 제임스를 향한 갈망에서 "지독하게 깊은 이기심"을 발견하고 "매기 털리버처럼 잃어버린 신념을 되찾으려고 애쓰며" 물에 빠져 죽는 것을 고려한다. 하지만 제임스를 포기하겠다는 생각에 회의가 생기면서 결국 "사랑을 추구"하기로 결심한다. 제인은 "매기 털리버가 스티븐과 잠자리에 든 적은 없지만 루시와 자기 자신, 그리고 자신을 사랑했던 두 남자에게 온갖 상처를 다 주고 나서 결국 중세 시대 여성처럼 근신했다"고 비판한다. 그런 후 자신이 "상황을 견디는 방법이 하나밖에 없다고 생각하던 시절처럼 사건을 보고 있다"
는 사실을 깨닫는다. 그리고 그는 "지금 이 시대에는 그 사건
에 어떻게 대처해야 할지" 고민한다.

　매기에게는 점점 더 분명해졌던 이기적인 행동과 이타적인
행동의 구분이 제인에게는 점점 더 모호해진다. "미덕을 추구"
했으나 자신이 "다른 사람이 도달한 단계에 이르지 못했다"고
판단한 제인은 욕망을 "절제하고 거부하고 포기하면" 순수한
상태에 도달할 수 있을지 고민한다.

> 간간이 악몽 같은 본성이 터져 나오기도 하겠지만 내가 나 자신
> 을 충분히 부인한다면 어떤 식으로든 순수함을 얻을 수 있지 않
> 을까 생각했다. 나의 모든 욕망을 내려놓는다면 과거의 나와 단
> 절할 수 있으리라고 생각했다.

　그러나 그는 1인칭으로 말하든 3인칭으로 말하든, 모든 것
을 다 내려놓았음에도 결국 자신이 "의지의 바다에 빠졌다"는
진실과 마주치게 된다.

　자아를 거부하고 모든 욕망을 포기하여 얻는 순수함에 대항
하면서, 여성들은 자신의 경험에 담긴 진실을 찾고 자기 삶의

주도권에 관해 이야기하기 시작한다.

(지난 몇 년을 돌아보면 어떤 일이 두드러지나요?) 내 삶을 주도하게
된 일이죠.

최근에 대학을 졸업한 케이트는 이기심과 책임감의 대립
을 극복하고 자신의 삶을 주도하려고 애쓴 경험을 털어놓는
다. 갈등은 그가 4학년이 되면서 "나에게 중요한 다른 일을 하
기 위해" 소속되어 있던 대학 운동팀을 떠나려고 했지만 그럴
수 없었던 상황에서 일어났다. 자기 삶에서 "의심할 여지 없
는 우선순위"였던 운동을 포기하는 극단적인 행동을 고려하면
서, 그는 "일종의 마비 상태"에 빠졌고 어떤 결정도 내릴 수 없
었다.

나는 힘든 시간을 보내고 있었어요. 결정하는 것이 너무 어려워
서 내가 할 수 없을 것 같았고 사방이 막힌 기분이었죠. 그것에
대해 생각하려고 할 때마다 벽에 부딪히는 것 같았어요. 그게 왜
그리 어려운지, 왜 내가 이렇게 힘든 시간을 보내야 하는지 생각
하는 것조차도요. 그러다 결국 코치가 "이것이든 저것이든 결정"

하라고 말하는 상황까지 봉착했어요. 그래도 결정할 수 있을 것 같지 않더군요. 감정적으로 아주 엉망이 되었어요. 나는 처음으로 내가 큰 난관에 부딪쳤다는 것을 인정했어요.

케이트가 어려움에 직면한 이유는 운동을 거부하는 것이 이전에는 전혀 문제가 되지 않던 "윤리 전반"에 도전하는 것과 다름없었기 때문이다. 아버지가 대표했던 세계관, 즉 "운동을 포함해서 무엇이든 네가 하는 일에서 성공해야 한다"는 지침을 "유일하게 합당한 지침"이라 생각하며 자라온 케이트는 이제 "그 지침이 어떻게 나의 태도를 관장하는 기준이 되었는지" 깨닫는다. 따라서 "내게 더 중요한 것들이 있음"을 알게 된 것은 그의 정체성의 근원이자 아버지와의 관계를 결속해주었던, "오랫동안 의지해 온 근본적 가정 중 하나에 대한 진정한 위협이며 도전"이었다.

케이트는 이전에는 "내가 하고 싶은 것에 대해 아무런 생각이 없었기 때문에 그저 거부감이 가장 심하지 않은 길로 부유하듯 떠다녔다"고 한다. 하지만 이제는 자신이 "하고 싶은 일을 더 많이 하고, 의무적으로 하던 일은 점점 더 적게 함"으로써 자신의 삶을 주도하게 되었으며, "내가 있는 곳에 더 깊이 뿌리를 내렸다"고 한다. 그는 다른 세계관의 정당성을 인정하지만 자신의 해석을 더 신뢰한다. 따라서 자신의 삶을 주도하며 "내가 하고자 하는 것이 무엇이고, 어떤 선택이 가능하며, 어떤 삶의 방식이 적합한지 더 명확하게 알게 되는" 과정이 새로운 의미를 지니게 된다.

그건 좀 더 나다운 사람이 되어서 내가 내린 판단에 더 자신감을 갖게 된다는 의미죠. 그 이유에는 여러 가지가 있어요. 판단의 기반이 생겼다는 것, 스스로 더 강하다고 느껴서 결정을 하거나 상황을 평가할 때 나 자신을 더 믿을 수 있게 되었다는 것, 부모님이나 대학의 판단을 그대로 수용하지 않는다는 것, 나의 입장과 타인의 입장이 대립할 때 두 관점이 모두 정당하지만 둘 중 어느 것도 절대적으로 옳지는 않음을 받아들인 것, 그리고 왜 그런지 이해하려고 애쓰고, 그 이유를 수용하며, 한 사람이 다른 사람보다 더 옳거나 더 잘한다는 생각에 의문을 제기할 수 있다는 것 등이에요.

삶에 옳은 방식은 단 하나이고, 차이는 항상 우열을 가르는 변수라는 생각에 의문을 가지면서, 케이트는 갈등을 관계에 대한 위협이라기보다는 관계의 한 부분으로 보기 시작한다. 케이트는 도덕에 대한 현재의 사고방식과 "올바른 대답이 있다"고 믿었던 이전의 사고방식을 대조하면서 2학년 때 수강한 도덕 발달 강좌를 언급한다.

저는 가장 높은 수준의 도덕적 이상은 어떤 문제를 중심으로 사람들이 모여 모두 합의에 이르는 것이라고 생각했어요. 매우 복잡하지만 아주 멋져 보였죠. 그땐 올바른 대답이 있고, 모두가 올바른 대답에 이를 것이라고 생각했거든요.

이러한 합의는 권리의 개념을 전제로 하는데, 권리 개념은 케이트가 그 당시 가지고 있던 페미니즘에 대한 이해와도 관련되어 있다. 그는 여성의 권리를 인식하면서 "분명 여성이 선택할 사항이지만 그렇지 못했기 때문에 느꼈던 수많은 불만이 정당했다는 것"을 깨닫는다. 마찬가지로 도덕을 권리에 대한 존중이라고 생각하자 타인에 대한 책임은 불가침의 의무를 이행하는 것으로 국한되었고, 따라서 그가 찾던 선택의 자유 또한 정당화되었다. 그러나 이제 케이트는 권리와 주장의 균형을 맞추는 "개인 중심"의 접근방식이 "인간 경험의 다른 영역"인 관계의 현실을 제대로 반영하지 못한다는 측면에서 한계가 있다고 본다. 그는 개인의 삶이 다른 사람의 삶과 연결되어 있고, 관계라는 사회적 맥락 속에 뿌리를 내린다고 간주하면서, 도덕적 관점을 "집단적 삶"의 개념까지 포괄하여 확대한다. 책임은 이제 자아와 타자를 동시에 포함한다. 이 둘을 개별적이고 반대되는 것이 아니라 서로 다르지만 연결된 것으로 보기 때문이다. 이러한 상호 의존에 대한 인식을 통해 그는 "우리에게는 어느 정도 서로를 돌봐야 할 책임이 있다"는 믿음을 갖는다.

새로운 책임의 도덕

도덕 문제는 "어느 쪽을 선택하더라도 모두의 욕구를 충족시키지 못하는" 갈등 상황에서 발생하기 때문에 그 해결책은 "단순히 '그렇다 혹은 아니다'의 결정보다 훨씬 더 복잡하다." 관계의 정교한 그물망을 통해 확장되는 세계에서 상처받는 누군가가 생기면 그 안에 있는 모든 이들이 영향을 받는다. 따라서 어떤 결정을 내릴 때 생기는 도덕적 함의는 복잡해지고, 단순명료한 해결은 불가능하다. 도덕은 자기 성실성에 반하거나 합의의 이상에 속박된 것이라기보다는 "어떤 상황과 관련 있으며 중요하다고 생각되는 모든 요소를 고려한 후 그 결정에 책임"을 지는 "일종의 자기 성실성"과 같다. 결국 도덕은 돌봄의 문제인 것이다.

모든 요소를 고려하려면 시간과 에너지가 필요해요. 중요한 것이나 영향을 미칠 다른 것이 더 있다는 것을 알면서도, 한두 가지 요소에만 근거해서 서둘러 뭔가를 결정하는 일은 부도덕한 행위예요. 도덕적인 결정을 하는 방법은 가능한 많은 요소를 고려하는 거예요.

케이트는 늘 자신이 강하다고 느끼는 것은 아니지만 그럼에도 자신을 "강한 사람"이라고 설명한다. 그는 자신을 "사려 깊고 조심성 있다"고 보며, 이전처럼 "금욕적인 태도"를 취하기보다는 "나 자신을 표현하고 좀 더 개방적으로 사는 방법을 배우기 시작"했다고 말한다. 케이트는 운동을 하면서 자신의 "신체적인 면을 진지하게 생각"하게 되었지만, 페미니즘에 관심을 가지면서는 자기 생각과 감정도 진지하게 받아들이게 되었다. 자신의 욕구에 더 잘 반응하고 다른 사람의 욕구에도 더 직접적으로 응답하게 된 케이트는 권리의 논리가 포함된 새로운 책임의 도덕을 설명한다. 그는 삶이 "하나의 통로"가 아니라 "그물망이어서 어떤 순간이든 다른 통로를 선택할 수 있으며, 단 하나의 길만 있는 것이 아니다"라고 주장한다. 그리고 삶에는 늘 갈등이 있을 것이며, "어떤 요인도 절대적이지 않다"고 덧붙인다. 삶에서 유일하게 "변치 않는 요소"는 우리가 다른 해결책의 정당성을 인정하면서 자신의 지식을 중심으로 조심스레 선택해나가야 한다는 것과 그 선택에 책임을 져야한다는 것이다.

타인에 대한 책임을 피해를 주지 않는 것보다 돌봄에 가깝다고 간주하면서, 케이트는 돌봄에도 한계가 있다는 것을 인식한다. "우리는 타인을 돕는다는 측면에서 서로에 대해 책임을 지고 있어요. 어느 정도까지인지는 잘 모르겠지만요." 모든 사람을 포함하는 것이 도덕적 이상이기는 하지만 때로는 배제하는 것이 삶에서 꼭 필요할 수도 있다. 케이트가 존경하는 사람들은 "구체적인 삶의 현장에 확고히 연결되어 있다." 그들의 지식은 삶과 분리된 것이 아니라 자신은 물론 타인과 더불어 연결된 삶으로부터 나온다.

그러므로 어떤 의미에서는 그리 많은 것이 변하지 않았다.

조지 엘리엇은 도덕적 결정에 있어서 "어떠한 상황에나 잘 들어맞는 열쇠는 없다"고 하면서 결의론자[3]들의 의견을 비판한다. 그는 "지나친 분별의 정신"이 "개인의 특수한 상황을 주시하지 않은 채 도덕 판단을 한다면 그 판단은 거짓되고 공허해질 수밖에 없다"는 진실을 왜곡하고 있음을 꿰뚫어본다. 그러므로 도덕 판단은 체험적 지식으로 단련된 "진화하는 통찰과 공감 능력"을 통해 인지되어야 한다. 그 경험은 인내심과 변별력, 공정성을 적용하지 않고 "기존에 통용되던 방법에만 의지하는 일반 규칙으로는 사람들이 정의에 도달하지 못한다는 것을 알려준다. 이것은 도달하기 힘든 욕망을 추구하는 과정에서 얻은 통찰과 타인과 폭넓은 동료애를 창출하는 삶으로부터 나오는 관점을 인식하지 못한다면 정의에 이르는 길이 열리지 않는다는 뜻이기도 하다."

이러한 자각에도 불구하고 엘리엇은 이 소설에서 도덕 문제를 여전히 금욕의 문제에 머물러 있게 한다. 이것은 "자신의 욕망을 포기해도 전혀 도움이 되지 않는 상황에서, 그동안 타

---

3   결의론은 개개의 도덕적 갈등을 미리 규정된 법규나 규정에 따라 해결하려는 방식을 말한다.

인의 권리를 침해하는 것이라 생각해 억눌러온 열정을 분출해도 될 것인가"의 문제다. 이렇게 열정과 의무를 대립시킴으로써 도덕은 매기 털리버가 열망하던 "완벽한 선"인 이타심의 이상과 하나가 된다.

열정과 의무의 대립, 그리고 완벽한 선(이타심)이라는 이상은 자신과 타인의 평등을 전제한 권리 개념에 의해 문제시된다. 1970년대 대학생들은 자기희생과 자기부정의 도덕에 맞서기 위해 권리 개념을 받아들인다. 자기부정이라는 금욕주의에 의문을 제기하고, 순수함의 허구성을 선택권에 대한 인식으로 대체하면서, 그들은 자신의 권리도 정당하게 고려해야 한다는 권리의 본질적 개념을 파악하려고 애쓴다. 이런 차원에서 권리 개념은 여성의 자아 개념을 변화시키고, 자신을 더 강한 존재로 여기게 하며, 자신의 욕구를 직접 돌보게 한다. 자기주장의 행위를 더 이상 위험하게 여기지 않을 때, 관계의 개념은 지속적인 의존 관계에서 역동적인 상호 관계로 바뀐다. 이때 돌봄의 개념은 타인을 상처 입히지 말라는 명령에서 자신과 타인의 필요에 민감하게 대응하고 나아가 관계를 유지하라는 명령으로 확장된다. 인간관계의 역동성에 대한 인식은 도덕적 이해의 중심이 되며, 논리적 사고와 돌봄 활동이 결합하면서 눈과 마음이 연결된다.

이렇듯 권리에 관한 여성의 인식 변화는 그들의 도덕 판단을 변화시켜서, 타인을 돌보는 것뿐만 아니라 자신을 돌보는 것도 도덕적이라고 생각하게 함으로써 자비와 정의를 융합한다. 공적인 자리에 여성들의 진출을 요구한 페미니스트들 덕분에 여성들은 자신들이 배제되어 왔던 과거를 똑바로 인지하게 되었다. 이러한 인식의 변화는 여성 심리학을 통해 큰 반향을 불러일으켰다. 돌봄에 대한 관심이 타인을 상처 입히지 말라는 명령에서 사회적 관계에 대한 책임으로 확장되면서, 여성들은 그들의 인간관계관이 도덕적 강점이 된다는 것을 알게 된다. 권리의 개념은 도덕 문제의 인식에 두 번째 관점을 더함으로써 여성의 도덕 판단을 변화시키고, 그 결과 여성들은 더 관대하고 덜 절대적인 판단을 내리게 된다.

이기심과 자기희생이 해석의 문제가 되고, 책임의 개념이 권리의 개념과 갈등 상태에 있을 때, 도덕적 진실은 심리적 진실로 인해 복잡해지고 판단 문제는 더욱 난해해진다. "돌처럼 동그랗고 단단한 시"를 쓰고자 했던 드래블의 주인공은 이 작업에 언어와 사고가 방해꾼일 뿐이라는 것을 깨닫는다. 그는 "그렇게 동그랗고 매끈한 시는 아무것도 전달하지 못할 것"이라고 결론짓고, 여러 각도에서 상황을 보면서 다양한 면모를 표현하려 하지만, 종국에는 어떠한 통일된 진실도 찾아내지 못한다. 대신 그는 최종적인 관점의 전환을 통해 자신의 의혹을 "제거된 3인칭의 목소리"에게 몰아주고, 더 이상 이기적이라는 비난을 두려워하지 않으며, 1인칭의 목소리로 자신을 말하기 시작한다.

6

도덕적 성숙을 말하다

삶의 주기에 깊이 관여하는 애착과 독립 개념은 인간 생식의 생물학과 인간 발달 심리학을 설명하는 주요한 도구다. 유아 발달의 특성과 단계를 묘사하며 등장한 애착과 독립 개념은 청년기에는 친밀성과 정체성의 형성에서, 성인기에는 사랑과 일에서 다시 나타난다. 그러나 인간의 경험에 반복해서 나타나는 두 개념의 대립은 발달이 서열화되고, 성장이 곧 독립이라는 등식이 성립하면서 사라지는 경향이 있다. 이러한 사라짐은 발달 심리학이 아동기와 청년기의 발달에만 중점을 두는 것에 일부 원인이 있다. 이 시기의 발달은 어머니와 자녀 사이의 거리로 측정 가능하다고 여겨지기 때문이다. 하지만 성인 발달 연구에서 여성이 제외되었다는 사실을 볼 때 이 이론의 한계는 분명하다.

베르길리우스처럼 "전쟁과 남성에 대해 노래"하면서 성인기를 묘사하는 기존 심리학자들은 자아와 직업 개념의 발달에만 초점을 맞추었다. 다른 사람으로부터의 독립은 청년기에 정점을 찍은 후, 성인기에 들어서면 애착과 돌봄으로 관심의 전환이 이루어진다고 추정되어 왔으나, 남성을 관찰한 최근의 성인 발달 연구는 친밀하고 생성적인 관계에 대해 거의 조명하지 못한다. 대니얼 레빈슨Daniel Levinson(1978)은 자신의 협소한 표본에서 여성이 배제된 것을 우려하면서도 여전히 남성 중심적 연구를 기반으로 "성인기 삶에 발생하는 다양한 생물학적·심리적·사회적 변화를 포괄하는 발달 개념을 만들기"(8쪽) 시작한다.

레빈슨의 개념은 "꿈"을 통해 전달되는데, 이 꿈은 마치 주피터가 영광스러운 운명을 예언하면서 아이네이아스의 여정을 이끄는 것처럼 남성의 삶에 질서를 부여한다. 레빈슨이 설명하는 꿈은 남성이 자신의 삶과 성격을 규정하고 보완하면서 형성해나가는 찬란한 성취의 비전이기도 하다. 그의 분석에 따르면 남성에게 중요한 관계 중 "스승"은 꿈의 실현을 원만하게 하는 존재고, "특별한 여성"은 영웅이 자신의 비전을 형성하고 그 비전대로 살아가도록 힘을 주는 보조자다. "갓 성인이 된 사람은 가족과 성인기 이전 단계와 결별하고 성인의 세계로 돌입할 때, 그동안 꿈꿔온 일을 수월하게 실현하기 위해 다른 성인과 의미 있는 관계를 가져야 한다. 이 각본에서 가장 중요한 두 인물은 '스승'과 '특별한 여성'이다."(93쪽)

따라서 성인기 초기에 맺는 중요한 관계는 개인의 성취를 위한 수단으로 구체화되며, 이 "전환기 인물"들은 성공을 이루고 나면 버려지거나 재구성되어야 한다. 그러나 이 과정에서 전환기 인물이 디도^{Dido}[1]처럼 꿈의 실현에 걸림돌이 된다면, 개인은 "성장의 지속을 위해" 그 관계를 과감하게 포기해야 한다. 레빈슨의 정의에 따르면 이 시기는 개인화 과정이다. "대개 삶 전반에 걸쳐 이루어지지만, 특히 중요한 전환기에는 (…) **개인화** 과정이 진행되고 있다." 여기서 개인화 과정은 "자신과 외부 세계의 관계 변화" 즉 "삶의 구조"를 구성하는 관계에서 일어나는 변화를 일컫는다(195쪽).

만약 "남성이 되는" 과정에서 이 구조에 결함이 드러나 원대한 꿈의 실현에 위해가 된다면, 남성은 "심각한 실패나 쇠퇴"를 피하고 자신의 꿈을 구제하기 위해 그 관계에서 "탈출"해야

---

1   풍랑으로 표류하여 지친 아이네이아스의 회복을 도우며 연인이 되지만 로마 황제가 되려고 떠나는 그에게 버림받은 카르타고 왕국의 여왕.

한다. 이런 탈출은 독립이라는 "중대한 사건"으로 완성된다. 가령 "아내를 떠나거나 직장을 그만두거나 다른 지역으로 이사를 가는"(206쪽) 것이다. 이렇듯 중년기의 구원은 성취나 이별로 이어진다.

레빈슨은 베르길리우스처럼 인간이 거치는 다양한 경험 가운데 인간의 성장 과정을 영광스러운 운명을 향한 투쟁으로 보는 선택을 한다. 로마를 세우는 데 앞장선 경건한 아이네이아스처럼, 레빈슨의 연구에 나온 남성들은 자신의 꿈을 실현하기 위해 헌신하고, 약속된 성공의 해안까지 얼마나 가야 하는지를 측량하면서 자신의 삶을 묵묵히 끌고 간다. 그러므로 레빈슨의 연구에서 인간관계는 그 강렬함에 관계없이 개인의 성장에서 종속적인 위치에 있다.

조지 베일런트George Vaillant(1977)도 삶에 적응하는 과정을 연구하면서 일에 초점을 맞췄다. 성인의 적응과 관련된 변수는 대개 직업과 관련이 있기 때문에, 에릭슨 이론의 확장을 필요로 한다. 베일런트는 에릭슨이 공백으로 남겨둔 "20대와 40대 사이"를 "미지의 발달 기간"이라 칭하면서 30대를 "직업의 공고화"가 이루어지는 시기라고 규정한다. 이 시기에 그의 표본 집단 남성들이 "셰익스피어 희곡에 나오는 로마 병사처럼 '값

싼 명성'"을 꿈꿨기 때문이다(202쪽). 셰익스피어의 묘사에서 알 수 있듯이, 이 시기에는 일로써 사회적 인정을 성취하고 개인화를 완수하느라 친밀하고 생성적인 관계는 만들어지지 않는다.

에릭슨(1950)의 생성감 개념 또한 베일런트의 재구성 과정에서 변화한다. 에릭슨은 생성감을 "다음 세대를 양성하고 인도하는 데 대한 관심"이라고 보면서, 부모로서의 **"생산성과 창조성"**을 문자 그대로든 상징적 차원에서든 관계에 집중하고 돌봄 활동에 몰입하고자 하는 성인기의 은유라고 정의한다(267쪽). 에릭슨의 설명에 따르면 생성감은 성인 발달 단계의 중심이 되며 "인간의 생식뿐만 아니라 생산관계"까지 포괄한다(268쪽). 그러나 베일런트의 연구에서 생성감은 중년기에 국한된 것으로 의미가 축소된다.

베일런트는 생성감이 "그저 어린 자식을 키우는 것"이 아니라고 주장하면서, 에릭슨이 부모의 역할을 성인기에 은유하는 것에 반대한다. 그는 "세상은 자녀를 두 살까지는 아낌없이 사랑하면서, 그 이후에는 절망에 빠지는 무책임한 어머니로 가득하다"고 말하면서, 생성감의 주체에서 이러한 여성을 배제하기 위해 생성감을 "작물이나 자녀를 양육하는 것만이 아니라 동료 시민의 성장을 돕고 지도하며 그들의 복지를 증진시키는 데 책임을 느끼는 것"으로 다시 정의한다(202쪽). 그러므로 에릭슨의 생성감 개념은 베일런트의 이론에서는 중년기에 일어나는 발달에만 국한되고, 그 과정에서 돌봄은 더욱 제한적으로 정의된다.

결과적으로 베일런트는 자아와 사회의 관계를 강조하며, 타인과 친밀한 관계의 역할을 축소한다. 베일런트는 일, 건강, 스트레스, 죽음, 그리고 다양한 가족관계에 대한 인터뷰에서 그의 연구에 참여하는 남성들에게 자신이 던질 "가장 어려운 질문"은 "당신의 아내를 설명할 수 있습니까?"가 될 것이라고 말한다. 이 예고는 아마 이 특정한 남성 표본에 대한 그의 경험에서 나온 것이겠지만, 그들의 적응력의 한계 혹은 그들이 적응하는 과정에서 지불하는 심리적 대가를 지적하는 것일 수도 있다.

"건강한 삶의 주기의 표본"으로 선정되어온 이 남성들은 타인과의 관계에서 거리감을 느끼며, 자신의 삶에서 아내의 중요성을 인정하지만 아내를 설명하기는 어려워한다. 자신과 타인 사이의 거리에 대한 이러한 인식은 레빈슨의 결론에서도 드러난다. 레빈슨은 "인터뷰에서 대부분의 참여자들이 우정

관계를 맺고 있지 않다는 것이 드러난다. 잠정적으로 일반화 하자면 미국 남성들은 남성 혹은 여성과의 친밀한 우정을 거의 맺지 않는다"고 말한다. 이렇게 결론을 내린 레빈슨은 성인기의 세 가지 "과업"(삶의 구조를 만들고 수정하기, 삶을 구성하는 요소들 구체화하기, 더욱 개인화하기)에 관해 논의하면서 더 정교한 설명을 덧붙인다. "남성은 많은 남성, 그리고 때로는 소수의 여성과 우호적이고 '친근한' 관계를 맺고 사회적 그물망에 속할 수 있다. 그러나 그들 대부분은 어린 시절이나 유년기부터 친밀하게 지내왔다고 할 만한 친구가 없다. 많은 남성이 여성과 가벼운 데이트를 하거나 때로 깊은 연애 관계를 맺지만 여성과 성애적이지 않은 친밀한 우정을 쌓지 못했다. 우리는 왜 우정이 이렇게 드문지, 이런 결핍이 성인의 삶에 어떤 영향을 미치는지 이해할 필요가 있다."(335쪽)

과업과 친밀한 관계의 상관성을 해석하는 연구에는 두 관점이 있다. 하나는 관계 맺기가 개인화와 성취 과정에 종속되는 시기가 성인기라고 보는 관점이다. 이런 연구는 이전의 애착 정도에 따라 개인화와 성취의 정도가 결정되며 친밀감이 강화된다고 한다. 다른 한편에는 성인기 발달 표본으로 제시된 남성들이 관계를 맺는 데 취약하며, 자신의 감정을 표현하는 데 제약을 느낀다는 연구가 있다. 이들의 관계는 성취의 언어로 표현되고, 성공과 실패의 잣대로 평가되며, 정서적 영역에서 빈약하다.

45세인 럭키는 연구 대상자들 중에서는 성공적인 결혼 생활을 즐기는 편이었지만, 아마 그의 결혼 생활은 "믿지 않겠지만 우리는 단 한 번도 의견 불일치를 겪은 적이 없다"는 그의 말처럼 완벽하지는 않았을 것이다.

카슨 박사의 전기에서 우리는 그가 정체성을 확립하고 친밀감을 형성하는 과정을 볼 수 있다. 그는 직업을 확고히 함으로써 진정한 의미에서 남에게 관심을 가질 수 있게 된다. (…) 그는 이혼과 재혼을 반복했으며 연구원에서 개인 병원 의사로 직업을 바꾸었다. 그의 개인적인 변신은 계속되었다. 겁 많던 연구원은 친절하고 안정적이며 자기 통제력을 지닌 매혹적인 의사가 되었다. (…) 그의 청년기를 특징지었던 활발한 에너지가 돌아온 것이다. (…) 이제 우울은 하나의 단편적인 감정일 뿐이며 신체적으로 피로를 느끼지도 않았다. 이후 그는 고백했다. "나는 성욕이 왕성한데 그것도 문제예요." 그리고 그는 최근의 낭만적인 연애 관계뿐만 아니라 자신이 환자에게 아버지 같은 따뜻한 관심을 갖고 있다는 이야기도 해주었다. (Vaillant, 1977: 129쪽, 203~206쪽)

베일런트와 레빈슨은 독립이 친밀한 관계를 가능하게 하고, 개인화가 결국 상호 관계로 연결된다는 개념을 주장하지만, 그 주장은 그들이 예로 드는 사람들의 삶에 의해 반박된다. 이는 에릭슨이 루터와 간디를 대상으로 실행한 연구에서도 유사하게 나타난다. 루터와 간디는 자아와 사회의 관계에서는 눈부실 정도로 놀라운 업적을 남겼지만, 친밀한 관계는 제대로 이루지 못했고, 타인과 상당히 멀어진 상태로 살았다. 신앙에 헌신한 루터와 진리에 헌신한 간디는 신의 영광을 위해 일했지만 가장 가까운 사람들은 무시했다. 이 남성들은 로마로 가는 여정을 방해하던 친밀한 관계의 결속을 끊어낸다는 점에서 베르길리우스의 서사에 나오는 경건한 아이네이아스의 특징을 공유한다.

이 모든 이야기에서, 아이네이아스에게 탄원도 하고 협박도 하다가 아무 소용이 없자 결국 그의 칼로 자살하는 디도의 절규를 제외하면 여성들은 침묵하고 있다. 그러므로 현재의 성인 발달 연구에는 누락된 부분이 있으며, 성숙한 상호 의존을 향해가면서 관계가 형성되고 발전하는 과정을 제대로 포착하지 못한다. 인간 발달을 다루는 대다수의 연구에서 독립의 역할이 인지되는 반면 관계가 지속되는 현실은 간과되거나 여성이 등장하는 배경 설명에서만 나타난다. 이렇게 도출된 성인 발달의 개념은 여성에게 익숙한 그림자를 드리우고, 그들이 관계의 수렁에서 허우적거리느라 완전하게 독립하지 못했다고 말한다. 여성의 경우 독립과 애착의 발달은 청년기와 성인기에 연속으로 나타난다. 이러한 혼재로 인해 여성은 독립을 우대하는 사회에서 불리한 입지에 처한다. 하지만 이 혼재는 심리학 문헌에서 현재까지도 미답의 형태로 남아 있는 보편적인 진실을 시사한다.

여성 발달의 잃어버린 서사

성인기 초기에 각각 정체성과 친밀성을 성취하려는 욕망이 격돌하면서 딜레마가 생길 때 자아와 타자의 관계가 드러난다. 남성과 여성이 이 관계를 다르게 경험한다는 것은 인간 발달 문헌이나 나의 연구 결과에서도 꾸준히 다루는 내용이다. 남성과 여성은 독립과 친밀한 관계를 매우 다르게 경험하기 때문에 성정체성이 형성될 때 각기 다른 진실을 강조하게 된다. 남성은 자아를 정립하고 힘을 부여하는 독립의 역할을, 여성은 공동체를 만들고 유지하는 지속적인 관계를 강조하는 것이다.

이렇듯 입장이 다른 두 진실 사이에 변증법이 작동함으로써 긴장이 조성되고, 이 긴장을 극복함으로써 발달이 이루어진다. 그러므로 성인 발달의 서술에서 여성의 목소리가 소거되면 인간 발달 과정의 단계와 순서에 대한 개념이 왜곡된다. 그래서 나는 성인기 초기 여성들의 자아와 도덕 개념을 고찰함으로써 여성 발달의 잃어버린 서사를 부분적으로나마 되찾고자 했다. 나의 목표는 여성과 남성의 이야기가 서로 다르다는 것에 초점을 맞추면서, 성별 간의 입장을 포괄하는 확장된 발달관을 만드는 것이었다. 이 연구의 표본은 협소하고 고학력자에 국한되어 있지만, 이들의 판단을 대조함으로써 여성의 발달에 결여된 것뿐만 아니라 여성의 발달에만 존재하고 남성에게는 결여된 것이 무엇인지도 알아볼 수 있었다.

이러한 인식의 문제는 한 여자대학의 문학 수업에서 학생들이 메리 매카시Mary MaCarthy와 제임스 조이스James Joyce의 소설에 나오는 도덕적 딜레마에 관해 토론하는 모습을 통해 볼 수 있다.

나는 새로운 딜레마에 빠졌는데, 그 이후로 오싹하리만큼 그 딜레마에 익숙해졌다. 그건 한 문제의 양면을 다 보게 되어 함부로 행동하지도 못하고, 그저 붙잡혀 있을 수밖에 없는 성인기 삶의 덫이었다. 그때 나는 현실과 타협했는데, 그 후로 타협은 일상적이었다. -《가톨릭 학교 시절의 추억Memories of a Catholic Girlhood》

그것이 내 고향이든 조국이든 교회든, 내가 믿지 않는 것은 섬기지 않겠다. 그리고 나는 할 수 있는 한 자유롭고 온전하게 삶이나 예술의 양식을 통해 나 자신을 표현하겠다. 또한 나를 지키기 위해 나 스스로 허용하는 무기인 침묵과 유랑, 그리고 교활함을 사용하겠다. -《젊은 예술가의 초상》

섬기지 않겠다는 스티븐의 확고한 신념과 매카시의 "우왕좌왕하는 성장과정"을 비교하면서 강의를 수강한 여성들은 한목소리로 스티븐이 더 나은 선택을 했다고 말한다. 스티븐은 자신의 신념에 강한 확신이 있을 뿐만 아니라 대립을 피할 전략으로 무장한 상태다. 그의 정체성은 명확하고, 그것을 설득력 있게 정당화하고 있다. 어떤 상황이든 그의 입장은 뚜렷하다.

여성들은 스티븐처럼 단호하게 결정하고 욕망에 대해 확신하기를 바라면서도, 자신을 매카시처럼 무력하고 절망적이며 끊임없이 타협하는 존재로 봤다. 애착이 무력함과 연결되고 독립이 힘과 연결되는 대조적인 이미지는 자기 성실성과 돌봄의 갈등으로 표명되는 여성 발달의 딜레마를 보여준다. 스티븐의 간명한 구조로 볼 때 독립은 자유롭고 완전한 자기표현의 전제조건으로 보이는 반면 애착은 자기표현을 가로막는 덫이고, 돌봄은 타협의 불가피한 서곡으로 여겨진다. 매카시의 묘사는 학생들이 이러한 설명에 동조하는 데 일조했다.

두 소설에는 성인의 삶으로 가는 길을 대조적으로 보여주는 대목이 등장한다. 스티븐에게 어린 시절과 결별한다는 것은 자기표현의 자유를 확보하기 위해 관계를 포기한다는 뜻이다. 반면 매카시의 경우 "어린 시절에 작별을 고하는 것"은 타인을 보호하고 관계를 유지하기 위해 자기표현의 자유를 포기하는 것을 의미한다. "내가 가진 권력과 시저와 같은 관대함을 느꼈다. 나는 이기적인 이유 때문이 아니라 책임감 있는 성인으로서 공동체의 이익을 위해 진실을 얼버무리려고 했다."(162쪽) 이렇듯 정체성은 자기표현이나 자기희생에 기반을 두고 다양하게 구성될 수 있는데, 이런 구성은 발달 과정에서 각각 다른 문제로 심화된다. 자기표현에 기반을 둘 경우에는 관계의 문제가, 자기희생에 기반을 둘 경우에는 진실의 문제가 발생하는데, 서로 아무런 관련도 없어 보이는 이 문제들은 실은 긴밀하게 연결되어 있다. 진실을 기피하면 관계가 멀어지고, 독립으로 다른 사람들과 멀어지면 진실의 일부를 외면하게 되기 때문이다. 성인기 초기를 분석한 대학생 연구에서 남성이 유랑과 침묵에서 관계로 되돌아오는 것은 여성이 자기기만에서 진실의 영역으로 되돌아오는 것과 유사한 궤적을 그린다. 이러한 회귀는 자기 성실성과 돌봄의 연관성을 발견하여 친밀성과 진실이 조화를 이룰 때까지 계속된다. 이를 통해 드러나는 유일한 차이는 남성과 여성이 처음에 알고 있는 것과 경험을 통해 나중에 알게 되는 것이 다르다는 것일 뿐, 그 도달점은 동일하다.

영문학 수업을 듣는 여성들은 스티븐의 방식을 즉각적으로 선호하면서 자기 비하적인 선택을 하는데, 이는 대학생 연구에서 여성들이 아이들처럼 서둘러 사과하는 경향이 있는 것과 같은 맥락이다. 우리는 도덕과 정치적 선택 수업을 수강한 학생들의 성별 분포를 따랐기 때문에 이 연구에 참여한 사람들의 성비는 동일하지 않다. 연구에 참여한 27세 여성 다섯 명은 모두 적극적으로 직업 활동을 하고 있었는데, 의학계에 두 명, 법조계에 한 명, 대학원에 한 명, 노동조합에서 한 명이 일하고 있었다. 대학 졸업 후 5년 뒤 그중 세 명은 결혼했고, 한 명은 아이가 있었다.

27세의 그들에게 "자신을 어떻게 설명할 수 있을까요?"라고 묻자 다섯 명 중 한 명은 대답하기를 거부했고 다른 네 명은 이렇게 말했다.

좀 이상하게 들릴 수도 있지만 난 내가 모성이 강하다고 생각해요. 그래서 돌보는 역할에 적합하다고 봐요. 지금이 아니라도 의사로서 혹은 어머니로서 언제든지 말이죠. (…) 내가 돌보는 사람들을 생각하지 않고 나를 생각하는 건 어려운 일이에요. (클레어)

상당히 근면하고 철저하고 책임감이 강해요. 내 약점은 때로 결정을 내리는 걸 주저하고, 나에 대해 확신이 없으며, 뭔가를 하고 그것을 책임지기를 두려워한다는 거예요. 그것이 내가 겪는 가장 큰 문제이기도 해요. (…) 내 삶에서 중요한 또 다른 부분은 남편이에요. 나는 그가 편안하게 생활할 수 있도록 돕기 위해 노력하

고 있어요. (레슬리)

난 좀 신경질적인 데가 있어요. 열정적이고 온화하기도 하고요.
또 눈치가 빠른 편이에요. (…) 날카로운 감정보다는 부드러운 감
정을 더 많이 느껴요. 화를 내기보다는 친절해지기가 훨씬 더 쉬
워요. 이건 나에게 아주 많은 의미를 내포하는데요, 한마디로 말
하자면 이런 특성은 어쩌면 내가 입양되었기 때문인지도 몰라요.
(에리카)

나는 많이 변했어요. 첫 번째 인터뷰(22세)를 할 때는 내가 성장
하는 것에 관심이 많고 열심히 노력하는 사람이라고 생각했어요.
노력하지 않는 사람은 성장하지 않는 거죠. 지난 몇 년간 내가 성
장하고 있지 않다는 생각 때문에 괴로웠어요. 그건 사실이 아니
에요. 난 성장하고 있으니까요. 하지만 톰과 헤어진 것은 부분적
으로 실패로 보여요. 톰과의 관계를 생각하면 내가 성장하지 못
하는 것 같기도 해요. (…) 최근 부딪힌 문제는 내가 생각하는 대
로 행동하지 않는다는 거예요. 나는 톰을 아주 힘들게 했고 그것
때문에 괴로워요. 타인을 상처 입히지 않으려고 애쓰는 사람이라
고 생각했는데 결국 그에게 상처를 입히고 말았어요. 의도치 않

게 사람들을 아프게 한다고 생각하니 마음이 무거워요. 그저 앉아서 원칙이 무엇인지, 가치는 무엇인지, 나는 나를 어떻게 생각하는지 말하는 건 간단하지만 현실에서 그것이 작동하는 방식은 달라요. 다른 사람에게 상처 주지 않으려고 애쓴다고 말할 수도 있겠죠. 그것이 나의 원칙이고 나를 설명하는 것이라고요. 하지만 막상 어떤 상황에 부딪히면 그렇게 행동하지 못하게 돼요. (…) 그래서 나는 나 자신이 모순적이고 혼란스럽게 느껴져요. (낸)

여성 발달에서 반복하여 지적되는 정체성과 친밀성의 혼재가 이러한 설명보다 더 분명하게 드러나는 곳은 없을 것이다. 자신을 설명하라는 요구에 답하면서 여성들은 자신의 정체성을 미래의 어머니, 현재의 아내, 입양된 아이 혹은 과거의 연인 등 자신이 맺었던 관계를 **통해** 규정한다. 그들이 자아를 평가하는 도덕적 기준은 인간관계, 양육, 책임, 돌봄의 윤리이다. 성공적인 삶을 살아가는 이 여성들은 친밀한 관계를 통해 자신의 힘을 측정하면서("기여한다", "돕는다", "친절하다", "상처를 주지 않는다"), 자신을 설명할 때 학문이나 직업적인 성과에 대해서는 말하지 않는다. 오히려 그들은 자신의 전문적인 활동이 자신에 대한 인식을 위태롭게 한다고 간주하고, 성취와 돌봄 간에 일어나는 갈등으로 인해 혼란스러워하거나 배신감을 느낀다. 낸은 이렇게 설명한다.

> 처음 의대에 지원할 때, 나는 내가 타인에게 관심이 많고 그들을 돌볼 수 있는 사람이라고 생각했어요. 하지만 지난 몇 년 동안 내 시간을 투자해 다른 사람을 위해 일하면서 몇 가지 문제에 봉착했어요. 의학은 정확히 이런 역할을 하도록 만든 학문이지만 의학을 공부하는 것이 돌보는 일을 방해하는 것 같기도 하더군요. 내가 성장하지 않는다는 느낌이 들었어요. 제자리걸음을 하면서 그저 따라 하려고 애만 쓰는 느낌이었죠. 나는 정말 화가 났는데 그건 내가 원하던 것이 아니었기 때문이에요.

모든 여성의 서술에서 정체성은 관계의 맥락에서 정의되고 책임과 돌봄의 기준으로 판단된다. 그들은 도덕이 연결의 경험에서 비롯된다고 간주하면서, 도덕을 다양한 욕구들의 균형을 잡아가는 문제라기보다는 자신이나 타인의 욕구를 고려의 대상에 포함하는 문제라고 인식한다. 도덕이 친밀한 관계에서 도출된다는 가설은 하인츠 딜레마에 대한 클레어의 대답에서 드러난다. 그는 하인츠가 약을 훔쳐야 하는 이유를 설명하면서 판단의 토대가 되는 사회관을 보여준다.

혼자서는 아무런 의미가 없어요. 마치 한 손으로 손뼉을 치려는 것과 같죠. 한 사람으로는 부족해요. 내게 중요한 것은 집단이에요. 집단은 어떤 원칙에서 출발하는데, 그것은 모든 사람이 집단 안에 속하고 당신 역시 그곳에 속한다는 사실이에요. 당신은 다른 사람을 사랑해야 하는데, 그건 당신이 그들을 좋아하지 않더라도 그들과 분리될 수 없기 때문이에요. 어떤 면에서는 자신의 오른손을 사랑하는 것과 같아요. 그들은 당신의 일부니까요. 그러니까 타인은 당신과 연결된 거대한 집단의 일부예요.

모성적인 의사가 되고자 하는 이 여성은 한 손으로 손뼉을 치려는 것은 기적적인 초월이 아니라 상호연결의 현실 속에 혼자 서 있다고 착각하는 인간의 어리석음이라고 말한다.

친밀한 관계와 선택의 경험

남성들이 말하는 정체성은 여성들과는 달리 더 분명하고 직접적이며 명확하고 경계가 확실하다. 개념 자체를 부정할 때조차도 그들은 어떤 진실에 대해 확신한다. 남성들이 설명하는 자아 세계에도 종종 "사람들", "깊은 애착" 등이 등장하지만 특정한 사람이나 관계를 언급하는 경우는 없으며, 관계와 관련된 상황으로 자신을 설명하지도 않는다. 여성이 애착을 설명할 때 동사를 쓴 반면 남성은 독립된 형용사를 활용한다. "지적인", "논리적인", "상상력이 무궁무진한", "정직한", 때로는 "거만한", "자만심에 가득 차 있는"이라는 말도 사용된다. 그러므로 남성들의 '나'는 종종 "의미 있는 관계"를 가지거나 "깊은 감정"을 느끼기를 바란다고 말하기는 해도, 기본적으로 독립을 통해 정의된다.

직업이나 결혼 생활에서 위의 여성들과 비슷한 상황에 놓인 표본 중 무작위로 선택된 남성들은 자신에 대해 다음과 같이 설명한다.

논리적이고 타협을 잘하며 겉으로는 늘 차분해요. 내 말이 짧고 퉁명스러운 건 내 배경과 내가 받은 훈련 때문일 거예요. 건축가는 아주 간결하고 짧게 말해야 하거든요. 정서적인 측면에서도 그래요. 나는 내가 좋은 교육을 받은, 합리적이고 지적인 사람이라고 생각해요.

나는 내가 약간 오만하지만 열성적이고 격정적인 사람이라고 생각해요. 배려심이 많고 헌신적이지만, 어제 잠을 충분히 자지 못했기 때문에 지금은 아주 피곤해요.

나는 내가 지적으로나 정서적으로 잘 발달했다고 생각해요. 일이나 단체를 통해 만나는 사람은 많지만 실제로 연락하고 지내는 친구나 지인은 많지 않아요. 그리고 나의 지적 수준에 대해 자부심이 있어요. 적극적으로 발달시키려고 노력하지는 않았지만, 정서적인 측면에 대해서도 만족해요. 하지만 정서적인 능력은 조금 더 넓히고 싶기도 해요.

아주 솔직하게 말하자면 지적이고, 통찰력이 있고, 조금 내성적이에요. 다른 사람들, 특히 정부가 관련된 사회 문제에 대해서는 이상을 추구하기도 해요. 좀 더 느긋하고 덜 긴장한다는 점에서 예전보다 더 나아졌어요. 좀 게으른 측면도 있어요. 내가 겪는 다른 갈등과 얼마나 관련이 있는지는 모르겠지만요. 나는 상상력이 풍부한데 때로는 지나치기도 해요. 많은 것에 관심이 있지만, 깊게 파고들지는 않아요. 그걸 고치려는 중이에요.

나는 내가 태어나고 자란 개인사를 늘어놓으면서 나를 설명하는
편인데 수천 번 그렇게 했는데도 만족스럽지 않네요. 그건 나의
본질을 제대로 보여주지 못하니까요. 아마 나는 헛된 시도를 반
복한 후에 같은 결론을 내릴 거예요. 나의 본질 같은 것은 없고,
모든 것이 진부하기 때문이죠. (…) 나 자신이라는 것이 있다는
생각이 들지 않아요. 여기 앉아 있는 내가 있고 내일의 내가 있
고, 그렇게 이어지겠죠.

항상 변하고 있고 정직해요.

겉으로는 느긋해보이지만 보이는 것보다는 좀 더 긴장하고 있어
요. 난 아주 쉽게 긴장하는 편이에요. 말하자면 똑똑한 멍청이죠.
좀 건방지기도 하고요. 내가 원하는 만큼 철저하지는 않아요. 또
다소 냉정하고 감정이나 기분에 휩쓸리지 않는 사람이에요. 어
떤 사람들에게 깊은 감정을 느끼지만 많은 사람을 알고 지내지는
않아요. 나는 몇몇 사람들에게 아주 깊은 애착을 느껴요. 또 많은
것에 관심을 갖고 있어요. 적어도 보이는 부분에서는요.

창의적이죠. 그리고 약간 정신분열적이기도 해요. (…) 그것의 상당 부분은 내가 자란 환경과 관련이 있어요. 목가적인 삶을 동경하는 동시에 적극적인 활동을 통해 좋은 평판과 위신, 명성을 얻고 싶기도 해요.

두 명의 남성은 사람들에 관해 이야기하는 것으로 자기 묘사를 시작하지만 좀 머뭇거리더니 결국 위대한 사상이나 눈에 띄는 성취에 대한 욕망으로 돌아간다.

난 기본적으로 내가 좋은 사람이라고 생각해요. 사람들을 좋아하고, 내가 사람들을 좋아한다는 사실이 좋아요. 난 그들의 존재 자체로 기쁨을 얻으며, 사람들과 함께 일하는 것을 좋아해요. 잘 모르는 사람들과 있어도 즐거워요. 나는 그것이 좋은 자질이라고 생각해요. 또 나는 상당히 영민한 사람이에요. 한편으로는 다소 길을 잃은 느낌이 들기도 하지만요. 영감을 받은 대로 행동하지는 않아요. 그저 영감이 부족해서 그런 건지도 모르겠네요. 가끔은 어떤 일을 완수하거나 성취하지 못하고, 어딜 가고 싶은지 내가 무엇을 하고 있는지 모를 때도 있어요. 대부분의 사람들, 특히 의사들은 4년 후에 어느 분야를 전공할지 결정하고 있는 것 같은 데 나는 인턴인데도 그걸 모르겠어요. (…) 좋은 아이디어는 있지만 (…) 그것을 실현하는 나는 상상할 수 없어요.

내가 중요하다고 생각하는 건 내 주변에서 일어나는 일과 주변 사람들의 욕구를 아는 거예요. 그리고 내가 다른 사람을 위해 일하는 것을 즐기고, 그렇게 했을 때 기분이 좋다는 사실이죠. 그건 나에겐 멋진 일이지만 다른 사람에게도 그런지는 모르겠어요. 어떤 사람들은 다른 사람을 위해 뭔가를 하지만 별로 기분이 좋아 보이지는 않아요. 가끔 나도 그럴 때가 있어요. 예를 들어 집안일을 할 때는 매일 하는 일을 반복하게 되는데 그런 일에 짜증이 나기도 해요.

이런 남성들의 자기 묘사에서 타인과 관계를 맺는 것은 실제 관계라기보다는 자기 정체성의 특징과 연결된다. 애착보다는 개인의 성취가 남성의 상상력을 자극하기 때문에 훌륭한 생각이나 뛰어난 활동이 자기평가와 성공의 척도가 된다.

그러므로 청년기에서 성인기로 전환되는 과정에서 정체성이 확립된 후 친밀한 관계가 이루어진다는 가설은 여성의 발달보다는 남성의 발달 단계에 더 적합하다. 남성의 정체성은 타인으로부터 독립하여 자신의 힘을 확인시켜주는 일을 하면서 확고해진다. 그러나 이는 동시에 타인과 거리를 두도록 유도하여 타인을 보지 못하게 만든다. 크랜리^{Cranly}는 스티븐 디덜러스에게 어머니를 위해 부활절 의무를 수행하라고 강요하면서 이렇게 말한다.

네 어머니는 상당히 힘드셨을 거야. (…) 너는 그런 어머니의 고통을 덜어드리려고 노력하지 않을 거니?
그렇게 할 수만 있다면 그게 어려운 일은 아니겠지, 스티븐이 말했다.

다른 사람들과 이렇게 거리감이 있을 경우 행위자는 친밀한 관계를 경험하면서 타인과의 관계에서 새로운 전기를 맞을 수 있다. 즉 자신의 행동이 타인에게 끼치는 영향과 자신이 감당해야 할 대가를 모두 볼 수 있게 된다. 친밀한 관계를 경험하면서 자아의 고립은 끝난다. 그런 경험이 없다면 고립은 굳어져서 무관심이 되고, 타인의 권리를 존중한다 하더라도 그들에 대한 적극적인 관심은 느끼지 않을 것이다. 이런 이유에서 친밀성은 남성들이 형성한 청년기의 정체성을 성인기의 사랑과 일의 생성감으로 전환하는 경험이다. 에릭슨(1964)이 관찰했듯이 그 과정에서 친밀한 관계에서 얻은 지식이 청년기의 이데올로기적 도덕을 성인의 돌봄 윤리로 바꾼다.

그러나 여성들의 경우 자기 정체성을 친밀성과 돌봄의 관계들로 정의하기 때문에 그들이 부딪히는 도덕 문제는 남성들이 겪는 도덕 문제와는 다르다. 많은 여성이 자신의 욕망을 숨겨서 관계를 보호하고, 얼버무림으로써 갈등을 피하려 한다. 그러나 그렇게 행동하면 관계에 대한 책임과 진실이 흐려진다. 매카시는 조부모에게 자신이 어떤 식으로 "대응"했는지에 대해 다음과 같이 묘사한다.

그분들의 인정을 받으려는 마음이 앞서다 보니 말의 의미가 모호해지고 과장이 많아지더군요. 그건 무엇보다 내가 그분들을 좋아해서 그분들의 관점에 나를 맞추려고 했기 때문이에요. 그래서 직접적인 질문에 대답할 때를 제외하면 나 자신조차 내 말이 진짜인지 헷갈렸어요. 나는 거짓말을 하지 않으려고 애썼지만 그분들이 나와는 다른 관점으로 세상을 봤기 때문에 나의 현실을 그들이 이해할 만한 언어로 바꿔야 했어요. 나는 양심을 거스르지 않기 위해 가능하면 거짓말을 하지 않으려고 했어요. 단순한 진실을 말할 때조차 조심스러워졌죠.

그렇다면 여성의 발달을 위한 중요한 경험은 친밀한 관계가 아니라 책임과 진실을 명확히 이해하게 하여 자신을 직시하게 만드는 선택의 경험이다.

따라서 남성과 여성 모두 청년기에서 성인기로 접어들 때 자기 성실성과 돌봄을 두고 동일한 딜레마에 빠진다. 이때 여성과 남성은 서로 다른 관점으로 이 딜레마에 접근하기 때문에 상반된 진실을 인식한다. 이들의 상이한 관점은 두 개의 다른 도덕적 이데올로기에 반영된다. 이때 독립은 권리의 윤리에 의해 정당화되고, 애착은 돌봄의 윤리에 의해 지지된다.

상호 보완성의 발견

권리의 도덕은 평등에 바탕을 두고 공정함에 대한 이해를 필수로 여기지만, 책임의 윤리는 사람들의 필요에 차이가 있음을 인식하는 형평성의 개념으로 정립된다. 권리의 윤리는 모든 사람을 동등하게 존중할 것을 선언하며 자아와 타아의 주장을 균형 있게 맞추려 하는 반면, 책임의 윤리는 공감과 돌봄을 불러일으키는 이해심에 토대를 둔다. 그러므로 청년기를 대변하는 친밀성과 정체성은 서로 다른 도덕관을 통해 표현되지만, 상호 보완할 때 더욱 성숙해진다.

이러한 상호 보완성은 연구 대상자들에게 도덕적 갈등과 선택에 관한 개인적 경험을 질문한 한 연구에서 밝혀졌다. 표본 집단에서 선별된 두 명의 변호사는 각각 서로의 관점을 인식했고, 자기 성실성과 돌봄 사이의 상호 보완적인 관계를 발견했는데, 이때 어떻게 남성과 여성의 판단 차이가 해소되는지 볼 수 있다.

매카시가 설명하는 책임과 진실의 딜레마는 변호사인 힐러리에게도 나타난다. 힐러리는 "힘든 한 주"를 보낸 후라서 자신을 묘사하는 것이 어렵다고 말한다. 힐러리는 매카시처럼 자기희생은 "용감하고" "칭찬할 만한" 것이라고 하면서 "만약 세상의 모든 사람이 타인을 돌보고 용기 있게 행동한다면 세상은 훨씬 더 나은 장소가 될 거예요. 범죄도 빈곤도 없겠죠"라고 말한다. 그러나 이러한 자기희생과 돌봄의 도덕적 이상은 상충하는 감정적 진실로 인해 상처를 주고받는 것이 불가피한 관계를 경험하고, 상대편 의뢰인을 염려하면서도 소송에서 이기기 위해 그를 돕지 않기로 결정하면서 문제에 부딪힌다.

두 상황에서 힐러리는 타인을 상처 입히지 않겠다는 절대적 명령이 그가 직면한 딜레마를 해결하는 데 적합하지 않다는 것을 알게 된다. 의도와 결과가 불일치하고 선택에 실질적인 한계가 있다는 것을 발견하면서 그는 상대가 다칠 수밖에 없는 상황도 있다는 것을 깨닫는다. 힐러리는 삶의 사적인 부분과 공적인 부분 모두에서 딜레마에 빠지지만 선택의 책무를 저버리지 않는다. 대신 상처 입히지 말아야 할 대상에 자기 자신을 포함해야 한다고 주장한다. 보다 관대해진 그의 도덕관은 이제 자신에게 진실할 것을 명령하는데, 아직 두 판단 원칙을 통합할 방식은 명백하게 파악하지 못한 상태다. 다만 그는 성인기에 발생하는 사랑과 일의 딜레마를 모두 포괄하기 위해서는 자기 성실성과 돌봄의 개념이 모두 도덕관에 포함되어야 한다고 생각한다.

윌리엄 페리William Perry(1968)는 절대적 기준을 포기하게 하는 관용에 대한 지향이 성인기 초기의 지적·윤리적 발달 과정이라고 기록한다. 페리는 절대적인 지식이 존재하고 옳고 그름은 분명하게 가를 수 있다는 믿음이, 진실과 선택이 모두 맥락에 따라 상대적이라는 새로운 이해로 변하는 과정에 관해 설명한다. 이러한 전환이 도덕 판단에 끼치는 영향은 대학 졸업 후 5년에 걸쳐 남성과 여성 모두에게서 발생하는 도덕적 이해의 변화에서 짐작할 수 있다(Gilligan and Murphy, 1979; Murphy and Gilligan, 1980). 이 시점에는 남성과 여성 모두 절대적 기준으로부터 거리를 두지만, 그 절대적 기준에도 차이가 있다. 여성의 경우, 발달 초기에 타인을 상처 입히지 않는 것으로 정의되었던 돌봄의 절대성은 자기 성실성에 대한 필요를 인식하면서 복잡해진다. 여성들은 이러한 인식을 통해 권리의 개념에 내재된 평등을 주장하게 되고, 이것은 관계에 대한 이해를 바꾸고 돌봄의 정의를 변화시킨다. 남성의 경우, 평등과 상호성의 개념에 의해 정의된 진실과 공정성의 이상은 타아와 자아의 차이를 경험하면서 의문시된다. 다층적 진실의 인식은 평등을 상대화하여 형평성을 지향하도록 함으로써 관용과 돌봄의 윤리를 발생시킨다. 여성과 남성에게 도덕 판단의 기반이 되는 서로 다른 맥락이 존재한다는 사실은, 판단을 상대적 맥락에 따라 인식하게 하고 책임과 선택에 대해서도 새롭게 이해하게 한다.

대학생 연구에 참여한 남성 변호사인 알렉스는 남성과 여성의 판단에 존재하는 현실적 차이와 도덕과 진실의 맥락적 성격에 관해 설명한다. 그는 법대에 다니면서 자신이 "모든 것을 알지는 못한다"는 사실을 깨달았다. 그리고 "절대적인 것이 있는지는 결코 알 수 없어요. 따라서 절대적으로 옳은 것이 있다고도 생각하지 않아요. 내가 아는 것은 내가 어떤 길이든 선택해야 한다는 거예요. 그러니 결정을 해야 해요"라고 말한다.

자신이 모든 것을 알지 못한다는 인식은 연인과의 관계가 갑작스레 끝나면서 고통스럽게 찾아왔다. 연인의 경험이 자신과는 다르다는 것을 뒤늦게 알게 된 그는 자신이 친밀하다고 여긴 사람과 얼마나 멀리 떨어져 있었는지 깨달았다. 그러자 그가 이전에 절대적 진실로 받아들였던 도덕적 가치의 논리적 위계가 자기 성실성의 요새가 아니라 친밀한 관계를 방해하는 장벽으로 보였다. 도덕의 개념이 변하자 그는 관계 문제에 집중하게 되었고, 타인을 침해하지 않는다는 원칙은 친밀한 관계를 새롭게 이해하면서 복잡해졌다. 알렉스는 도덕 문제를 자신만의 방식으로 바라보게 만든 "애착 원리"를 설명하면서, 도덕이 공정성에 대한 고려를 넘어 관계에 대한 관심으로 확장되어야 한다고 강조한다.

사람들에게는 무엇인가에 애착하고 싶은 정서적인 욕구가 있어요. 그런데 평등 이념은 그런 애착 관계를 만들어주지 않아요. 평등이 우선시되면 사회는 파편화되고 모든 사람은 자립해야 한다는 부담을 안게 되죠.

"평등이 준수할 만한 가치"인 것은 분명하지만 그것만으로는 삶에서 발생하는 모든 선택의 딜레마를 적절하게 해결할 수 없다. 선택의 실제 결과와 책임을 새롭게 인식하면서 알렉스는 말한다. "당신이 보고 싶은 건 그저 평등의 실현이 아닐 거예요. 사람들이 삶을 어떻게 살아가는지 보고 싶은 거죠." 그는 판단을 하기 위해 두 가지 맥락이 필요하다는 것을 인식하면서도, 어떤 상황에서는 "둘 가운데 어떤 맥락을 따른다 해도 누군가 상처를 입을 것"이기 때문에 서로 다른 두 맥락을 "통합하기 어렵다"고 말한다. 그럴 경우 당신은 "결코 해결할 수 없는 갈등에 도달"하게 되는데, 이때 선택은 선을 행하는 문제라기보다는 "피해자를 선택하는" 문제가 된다. 이런 선택에 책임이 수반된다는 것을 인식하면서 그는 행동의 심리적·사회적 결과와 구체적 맥락을 고려하면서 사람들이 처한 현실에 더 적합한 판단을 내리게 된다.

남성과 여성은 아주 다른 관점인 정의와 돌봄의 이데올로기에서 시작하지만, 성인이 되는 과정에서 서로의 관점을 이해하며 합의점을 찾게 된다. 정의와 돌봄이라는 두 개의 맥락을 깨달으면서 그들은 문제의 틀이 구성되는 방식에 따라 판단 또한 달라질 수 있음을 인식한다.

이런 관점에서 보면 발달 개념도 그것이 구성되는 맥락에 따라 달라진다. 남성이 아닌 여성이 성인기를 묘사하면 이상적인 성숙의 비전이 달라진다. 여성이 성인기를 구성할 때는 관계가 가장 큰 관심의 대상이기 때문이다. 맥클러랜드(1975)는 힘에 대한 여성의 환상에서 이러한 특성에 주목하면서 "여성은 남성보다 상호 의존적 관계의 양측 구성원에 더 관심을 기울이며" "자신의 상호 의존성을 더 빨리 인식한다"는 사실을 발견한다(85~86쪽). 상호 의존에 대한 이러한 관점은 힘이 타인을 돌보고 아낌없이 주는 것과 동일하다고 보는 여성들의 환상 속에 뚜렷하게 드러난다. 맥클러랜드의 연구에 따르면 남성은 힘을 드러내는 행동으로 자기주장과 공격 행위를 재현하는 반면 여성은 양육의 활동을 힘 있는 행동으로 묘사한다. 그의 연구에서는 힘을 "특히 성숙의 특성"과 관련 있는 것으로 보아, 성숙한 여성과 남성이 서로 다른 방식으로 세상과 관계를 맺는다고 주장한다.

새로운 여성 심리학

여성이 힘을 다른 방식으로 이해한다는 사실은 밀러의 연구 주제이기도 하다. 그는 여성이 처한 지배와 종속 상황에 초점을 맞추면서 그 안에 "심리적 질서를 이해하는 주요한 단서"가 있다고 본다. 심리적 질서는 남성과 여성, 부모와 자녀 사이처럼 위계적인 관계에서 발생하며 "우리가 알고 있는 인간의 정신이 형성되는 환경, 즉 가정"을 만든다(1976, 1쪽). 이런 관계는 대부분의 경우 불평등한 요소가 내재되어 있기 때문에 힘의 사용 방식과 관련된 도덕적 관점 또한 중요해진다. 이를 기반으로 밀러는 일시적 불평등과 영구적 불평등의 관계를 구별하는데, 일시적 불평등은 성장의 과정에서 나타나고 영구적 불평등은 억압의 상황에서 나타난다. 부모와 자녀, 교사와 학생 같은 일시적 불평등 관계에서는 이상적인 힘의 사용이 발달을 고무하여 초기 불평등을 제거한다. 그러나 영구적 불평등의 관계에서 힘은 지배와 종속 관계를 고정시키며 억압의 필요성을 "설명"하는 이론에 의해 합리화된다.

밀러는 이런 식으로 인간의 삶을 구성하는 불평등에 집중하면서, 여성의 특수한 심리가 일시적·영구적 불평등 관계에서 그들이 갖는 복잡한 위치 때문에 발생한다는 것을 확인한다. 여성은 불평등이 해소되면 소멸하는 양육의 일시적인 불평등 관계에서는 지배적 위치를 점하지만, 지속적으로 불평등한 사회적 지위와 권력 관계에서는 종속적 위치에 있다. 게다가 사회적 지위에서는 남성에게 종속되어 있지만, 성생활과 가족생활 같은 친밀한 관계에서는 남성과 내밀하게 얽혀 있다. 그러므로 여성의 심리는 상호 의존 관계의 양면과 그 관계에서 발생하는 다양한 도덕적 가능성의 범위를 모두 반영한다. 이런 의미에서 여성들은 인간관계에 잠재된 돌봄과 억압의 가능성을 관찰할 수 있는 이상적인 위치에 있다.

캐럴 스택Carol Stack(1975)과 릴리언 루빈Lillan Rubin(1976)은 이런 특수한 관찰적 관점을 통해 이전까지 남성의 눈으로만 알려졌던 세계에 대해 다른 보고를 내놓는다. 스택은 다른 학자들이 사회적 무질서와 가족의 해체를 읽어낸 도시 흑인 빈민가에서 가정 내 교류의 그물망을 발견한다. 루빈은 백인 노동자계급 가족을 관찰하면서 사회 · 경제적으로 불리한 조건 속에서 가족을 건사하는 데 드는 "고통의 세계"을 파악하여 "풍족하고 행복한 노동자"의 신화를 부순다. 두 여성 모두 보호와 돌봄이라는 가족의 기능을 유지하는 성인기를 묘사하고 있지만, 동시에 경제적 의존과 사회적 종속을 지속시키는 사회 체계에 관해서도 설명하고 있다. 이로써 그들은 누군가를 희생양 삼아 다른 사람에게 이익을 주는 경제 체계의 불평등을 합리화하고 정당화하는 데 계급, 인종, 민족성이 어떤 식으로 동원되는지를 보여준다.

이 여성들은 다른 사람들이 혼돈으로만 여겼던 여성의 심리와 도시의 흑인 가정, 사회계층의 재생산을 들여다보면서 어떤 질서를 찾아낸다. 그들은 자신들이 관찰한 성인기의 삶에 질서와 의미를 부여하기 위해 새로운 분석 도구와 더 정교한 민족 중심적 접근방식을 채택했다. 스택은 "가족"을 "자녀의 필요를 충족시키고 그들의 생존을 보장하면서 매일 상호 작용하는 친족과 비친족 간의 지속적 관계망이자 가장 작은 규모로 조직된 집단"이라고 재정의함으로써 "아파트 단지The flats"에서 살아가는 "가족"을 발견했다. 그는 "이 연구에 나온 연구 대상들의 문화에 특화된 가족, 친족, 부모, 친구의 개념이 없었다면 이후의 분석은 가능하지 않았을 것이다. (…) 가족에 대해 널리 통용되는 개념을 부과한다면 이 아파트 단지에 사는 사람들이 자신이 사는 세상을 어떻게 설명하는지 이해할 수 없다"(31쪽)고 말한다.

마찬가지로 밀러는 여성 발달의 특수한 출발점을 인정하는 "새로운 여성 심리학"을 요구한다. 이것은 "여성은 타인과의 애착과 연결의 맥락 속에서 발달한다는 사실", "여성의 자아의 식은 소속과 관계를 형성하고 친교를 유지하는 과정에서 형성 된다는 사실", 그리고 "많은 여성에게 관계 파괴는 관계의 소 실일 뿐만 아니라 자아의 총체적 상실에 가까운 것으로 인식 된다는 사실"을 명확하게 드러내야 한다. 이러한 여성의 심리 적 구조는 정신병리학을 통해 익숙해졌지만, "이 심리적 출발 점은 완전히 다른(그리고 더 발전된) 삶과 기능에 대한 접근방식 이며 (…) 이러한 방식에서 친밀성은 자기 발전과 대등하거나 더 높은 평가를 받는다"(83쪽)는 사실은 제대로 인정받지 못했 다. 따라서 밀러는 인간의 발달이 지속적인 애착의 가치와 돌 봄의 중요성을 배제하지 않는다는 것을 인정하는 새로운 성인 기 심리학을 요구한다.

기존 발달 측정 기준의 한계를 지적하고 상황을 맥락에 따 라 해석해야 할 필요성은 루빈의 접근에서도 나타난다. 루빈 은 가족생활이 어디에서나 같다거나, 하위문화의 차이는 계 급의 사회경제적 현실과 무관하게 평가될 수 있다는 허상을 부정한다. 그러므로 노동자계급 가족은 "우리가 그토록 소중히 여기는 계층이동의 신화"에도 불구하고 "그들이 부족하거나 문화적으로 비정상적이어서가 아니라 자녀들을 위한 뾰족한 대안이 없기 때문에 노동자계급에서 벗어나지 못한다."(210~211쪽) 따라서 노동자계급 자녀는 일시적 불평등을 겪으며 성장할 뿐만 아니라 가족생활의 질을 떨어뜨리는 사회환경 속에서 영구적 불평등를 경험한다.

여성들이 힘에 대한 자신의 환상을 묘사할 때와 마찬가지로, 성인기를 묘사할 때도 사회 현실의 다른 면이 표출된다. 인간관계를 설명할 때, 남성들이 독립을 선호하는 반면 여성들은 사랑과 일 모두에서 자신과 타인의 상호 의존성을 강조한다. 그들은 개인의 성취가 아니라 친밀한 관계를 발달 기준으로 삼으면서, 지속적으로 친밀한 관계를 유지할 때 성숙에 이를 수 있다고 생각한다. 따라서 발달을 측정하는 기준은 관계의 발전 추이로 바뀐다.

이러한 변화의 의미는 중년기 여성의 상황을 고려할 때 분명해진다. 성인 발달의 흐름을 청년기의 독립과 성장이라는 익숙한 개념으로 이해하게 되면 여성의 삶은 중년이 되면서 청년기에 미처 완성하지 못한 정체성 확립이라는 문제로 돌아가는 것처럼 보인다. 이러한 해석은 삶의 주기 이론이 남성에 관한 연구에서 파생되었고, 여성과 남성의 차이를 여성의 결함으로 여기는 관점을 채택했기 때문에 설득력이 있었다. 기존 이론과 여성 발달의 차이는 자신을 타인과의 관계에서 정의하기 때문에 정체성과 친밀성을 혼동하는 청년기 여성에게서 특히 두드러진다. 심리학자들은 여성이 이런 식으로 정체성을 정의하게 되면 중년에 발생하는 이혼 등의 분리 상황에 취약한 자아를 갖게 된다고 생각했다.

그러나 이런 해석은 남성을 기준으로 여성의 발달을 측정하며, 다른 진실이 존재할 가능성을 무시한다는 점에서 한계가 있다. 이런 관점에서 여성이 관계를 중심으로 삶에 뿌리를 내리고, 상호 의존성을 중요시하며, 성취보다 돌봄에 우위를 두고, 경쟁적인 성공에 갈등을 느끼기 때문에 중년기에 그들이 위기에 봉착한다는 관찰은 여성 발달의 문제를 입증한다기보다는 사회에 문제가 있음을 지적한다.

삶의 진실을 이해하는 열쇠

중년기를 청년기의 언어로 구성하여 정체성과 독립의 위기로 보는 것은 그 사이에 일어난 사건들을 무시하고 사랑과 일의 역사를 해체하는 일이다. 베일런트가 남성으로부터 얻은 자료에 따르면 생성감은 중년기에 시작되지만, 이는 여성의 관점에서는 너무 늦다. 자녀를 낳고 양육하는 일이 대개 중년기 이전 단계에서 이루어지기 때문이다. 마찬가지로 성인 여성은 아이처럼 타인에게 의존하는 것으로 묘사되지만 이는 가족관계를 유지하고 그 안에서 양육을 담당한다는 사실과 상반된다. 그러므로 여성 발달에서 나타나는 문제는 진실보다는 판단과 해석의 문제인 듯하다.

여성이 남성과는 다른 방식으로 사회 현실을 인식하고 이해하며, 이러한 차이가 애착과 독립의 경험에서 발생한다는 증거를 고려할 때, 여성에게 삶의 전환은 남성과는 다른 방식으로 진행될 것이다. 여성은 자기 성실성이 돌봄 윤리와 얽혀 있다고 생각하며 자신을 관계 안에서 인식한다. 그러므로 여성의 삶에서 주요한 전환은 돌봄에 대한 이해와 활동에서 생기는 변화와 병행하는 것으로 보인다. 여성들이 아동기에서 성인기로 접어들 때, 돌봄의 정의가 새롭게 규정되는 것은 분명하다. 남을 돕는 것과 남을 기쁘게 하는 것을 구별하고, 돌봄 활동이 타인의 인정을 받으려는 소망으로부터 자유로워질 때,

비로소 책임의 윤리는 개인의 자기 성실성과 힘을 지탱하는 자기 주도적인 버팀목이 된다.

그러나 같은 맥락에서 중년기에 일어나는 사건들, 가령 폐경이나 가정과 직장 내의 변화 등은 여성의 자아감을 바꿀 정도로 그들의 돌봄 활동을 변화시킬 수 있다. 만약 삶의 중반기에 어떤 관계가 끝나서 자신의 가치를 고양하던 돌봄 활동과 의지하던 연결감이 사라진다면, 일반적인 변화에 뒤따르던 애도가 자기 비하와 절망으로 발전하여 우울증에 빠질 수 있다. 그러므로 여성에게 중년기의 사건들이 갖는 의미는 자신의 사고 구조와 현실적 삶 사이의 상호 작용을 반영한다.

신경증적 갈등과 실제 갈등을 구분하고, 선택을 꺼리는 성향과 선택할 여지가 없는 현실을 구별할 때, 여성의 경험이 어떤 방식으로 성인기 삶의 핵심적 진실을 이해하는 열쇠를 제공하는지 볼 수 있다. 또한 여성의 신체 구조가 열등감을 느끼게 될 운명을 타고난 것이 아니라(Frued, 1931), 그 신체 구조를 통해 여성과 남성 모두에게 공통된 현실을 경험할 수 있는 것이다. 그 현실은 우리가 결코 삶에서 모든 것을 이해할 수 없고, 보이지 않는 것들이 시간의 흐름에 따라 변화하며, 만족을 얻는 방법은 한 가지 이상이라는 것, 그리고 자아와 타아의 경계는 때때로 보이는 것보다 명확하지 않다는 사실 등이다.

그러므로 여성은 남성과는 다른 심리적 역사를 지니고 중년기에 이르며, 사랑과 일에서 다른 잠재력을 품은 사회 현실과 마주할 뿐만 아니라 인간관계에 대한 경험도 다르게 인식한다. 여성은 관계를 자유로운 계약이 아니라 주어진 것으로 경험하기 때문에 삶에서 자율성과 통제는 한계가 있다고 생각한다. 결과적으로 여성의 발달은 덜 폭력적인 삶뿐 아니라 상호의존과 돌봄을 통해 실현되는 성숙으로 가는 길을 제시한다.

피아제(1932, 1965)는 아동의 도덕 판단에 대한 연구에서 제약이 협력으로, 협력이 관용으로 변하는 3단계의 과정을 묘사하면서, 같은 반 아동들이 매일 같이 놀면서 게임의 규칙을 이해하고 합의하는 데 얼마나 오랜 시간이 걸리는지에 주목한다. 이러한 합의는 강제의 도덕이 협력의 도덕으로 바뀌면서 아동들의 행동과 사고에 주된 재조정이 완료되었음을 의미한다. 또한 그는 아동들이 자신과 타인의 차이를 인식하는 것이 어떻게 평등을 상대화하여 형평성의 방향으로 이끌고, 정의와 사랑의 융합에 도달하게 하는지 지적한다.

현재로서는 남성과 여성이 공통으로 경험하는 성인기에 대해서 단지 부분적인 합의만 있는 듯하다. 이렇게 상호 간의 이해가 없는 상태에서 남성과 여성의 관계는 다양한 제약을 내포하게 된다. 그들은 서로의 원칙에 대해 신비한 존중감을 느끼면서도, 자신이 원하는 대로 행동하고 이웃에 관해서는 관심을 갖지 않는 피아제의 "자기중심주의의 역설"을 보여준다 (61쪽). 협력, 관대함, 돌봄을 특징으로 하는 성인기 발달을 삶의 주기의 관점에서 이해하기 위해서는 남성의 삶뿐만 아니라 여성의 삶도 포함되어야 한다.

성인 발달의 연구 주제 가운데 가장 시급한 안건 중 하나는 여성들의 성인기 삶에 대해 **여성 자신의 언어**로 설명해야 한다는 것이다. 이와 같은 취지의 연구를 진행하면서 나는 여성의 경험을 포괄하면 관계를 해석하는 관점의 구조가 새롭게 변화할 것이며, 그 관점을 이해하는 방법도 발전하리라고 예상했다. 그렇게 되면 정체성의 개념이 상호연결의 경험을 포함하도록 확장되며, 도덕 영역 또한 관계에서의 책임과 돌봄을 포함하도록 확장된다. 그러므로 이에 전제된 인식론도 지식은 정신 대 형식의 일치라는 그리스인들의 이상에서 해방되어 인간관계를 통해 획득된다는 성서적 개념으로 바뀐다.

남성과 여성이 다른 관점으로 성인기를 경험한다는 것을 고려할 때, 이런 차이가 결혼, 가정, 직장에서의 관계에 미치는 영향을 설명하는 연구가 필요하다. 내 연구는 남성과 여성이 일반적인 통념과는 달리 서로 다른 언어를 사용하며, 비슷한 용어를 쓰지만 이 용어들이 자아와 사회관계를 서로 다른 경험으로 암호화한다는 점을 보여준다. 이렇듯 서로 다른 언어가 동일한 도덕 어휘를 공유하기 때문에 구조적 오역이 생기고, 여기서 기인한 오해가 대화를 방해하고 인간관계에서 협력과 돌봄의 잠재력을 제한한다. 그러나 동시에 이 언어들은 중요한 방식으로 서로를 설명한다. 책임의 언어가 위계질서를 관계의 그물망으로 대체하는 것처럼, 권리의 언어는 돌봄의 그물망에 타인뿐만 아니라 자신을 포함하는 것의 중요성을 강조한다.

우리는 지난 수 세기 동안 남성의 목소리와 그들의 경험을 토대로 한 발달 이론에 귀 기울여왔기 때문에, 최근에야 여성의 침묵에 주목하고 그들의 발언을 이해하는 데 어려움이 있었음을 인지하게 되었다. 여성의 다른 목소리에는 돌봄 윤리의 진실이 있고, 관계와 책임의 연대가 있으며, 연결의 실패에서 생기는 공격성의 기원이 있다. 우리가 남성의 삶과 다른 여성의 현실을 보지 못하고, 그들의 목소리에 존재하는 차이를 깨닫지 못하는 것은 부분적으로 사회적 경험을 해석하는 방법이 하나뿐이라는 전제에서 비롯된다. 이 전제 대신 서로 다른 두 개의 해석 방식이 있다는 사실을 받아들이면 인간 경험에 대한 훨씬 더 정교한 이해에 도달할 수 있다. 우리는 이를 통해 여성과 남성의 삶에서 드러나는 독립과 애착의 진실을 들여다보고, 이러한 진실이 어떻게 다른 언어와 사고 방식으로 표현되는지 알 수 있다.

인간 발달이 책임과 권리 사이의 갈등을 통해 변증법적으로 이루어진다 것을 이해하는 것은, 서로 연결된 두 가지 경험 양식의 진실성을 알아보는 일이다. 정의의 윤리가 모든 사람이 동등하게 대우받아야 한다는 평등의 전제에서 시작되는 반면, 돌봄의 윤리는 누구도 다쳐서는 안 된다는 비폭력 사상을 전제로 한다. 두 관점은 불평등한 관계가 양측 당사자 모두에게 부정적인 영향을 미치는 것처럼, 폭력 또한 관련된 모든 사람에게 파괴적이라는 인식으로 수렴한다. 이러한 두 관점의 교류는 성별 간의 관계를 더 잘 이해하게 할 뿐만 아니라 성인기의 일과 가족관계를 더욱 포괄적으로 설명할 수 있게 한다.

아동의 감정과 생각이 성인들과 다르다는 프로이트와 피아제의 지적 덕분에 우리가 더 많은 관심과 존중을 갖고 아동을 대하게 된 것처럼, 여성의 경험과 관점이 남성과 다르다는 것을 인식함으로써 도덕적 성숙에 대한 이해를 확장하고 발달에 관한 진실이 맥락에 따라 상대적임을 알 수 있다. 이러한 관점의 확장을 통해 우리는 성인 발달에 대한 기존의 이해와 비로소 밝혀지기 시작한 여성 발달에 관한 이해의 결합이 어떻게 인간 발달을 이해하는 관점을 바꾸고 더 생성적인 삶의 방식을 가능하게 할지 상상할 수 있다.

감사의 말

많은 사람이 너그럽게 지켜보고 도와준 덕분에 이 책이 나올 수 있었다. 우선 연구에 참여한 여성과 남성, 아동 들에게 감사를 전한다. 이들은 자기 자신과 자신의 삶을 진심을 다해 설명했고 도덕에 관한 질문에 참을성 있게 대답했으며 도덕적 갈등과 선택의 과정에서 경험한 것을 기꺼이 나눠주었다. 이런 소중한 자원이 없었다면 이 책은 나오지 못했을 것이다. 특히 임신 중지 결정 연구에 참여한 여성들에게 고마움을 전한다. 그들은 자신의 경험이 다른 이들에게 도움이 되기를 희망했다.

이 책의 모든 연구는 공동으로 이루어졌으며, 공동 연구자들에게도 감사를 전하고 싶다. 임신 중지 결정 연구에서는 메리 벨렌키^{Mary Belenky}, 대학생 연구에서는 마이클 머피^{Michael Murphy}, 권리와 책임 연구에서는 마이클 머피, 셰리 랭데일^{Sharry Langdale}, 노나 리온스^{Nona Lyons}가 큰 부분을 담당했다. 그들은 많은 인터뷰를 진행했으며, 우리가 함께 한 토론에서 많은 아이디어가 쏟아졌다. 그들의 헌신과 노고로 연구를 구상하고 완성할 수 있었다. 마이클 바세체스Michael Basseches, 수지 베낵Suzie Benack, 도나 홀시제르Donna Hulsizer, 낸시 제이콥스Nancy Jacobs, 로버트 케건Robert Kegan, 데보라 라피뒤스Deborah Lapidus, 스티븐 리스Steven Ries 역시 이 연구의 중요한 측면에 기여했다. 수잔 폴락Susan pollak은 폭력 이미지 연구를 나와 공동으로 주관했으며 그의 관찰 덕분에 연구가 시작될 수 있었다.

우리 연구가 가능했던 것은 또한 스펜서 재단Spencer Foundation의 재정적인 지원 덕분이다. 스펜서 재단은 하버드 교수진 연구비 지원 프로그램을 통해 임신 중지 결정 연구를 후원했다. 대학생 연구는 윌리엄 밀튼 기금William F. Milton Fund과 국립정신보건원 소연구비 부Small Grants Section of The Natiional Institute for Mental Health(Grant #RO3MH31571)의 지원을 받았고, 권리와 책임 연구는 국립교육원National Institute of Education에서 후원했다. 또한 멜런 재단Mellon Foundation에서 지원한 특별 연구비로 웰즐리대학Wellesley College 여성연구센터Center for Research on Women에서 1년간 연구할 수 있었다.

하버드 동료들의 따뜻한 지지도 있었다. 로렌스 콜버그

Lawrence Kohlberg는 도덕 연구로 나를 이끌었고 이후로도 오랜 세월 좋은 선생님이자 친구로 곁에 있었다. 데이비드 맥클러랜드David McClelland와 조지 고설스George Goethals 역시 수년간 나의 연구에 영감을 주고 아낌없는 격려를 보내주었다. 베아트리스 휘팅Beatrice Whiting은 내 시야를 넓혀주었고 윌리엄 페리William Perry의 연구 또한 내게 많은 영향을 주었다. 퍼트리샤 스팩스Patricia Spacks와 스테퍼니 엥겔Stephanie Engel에게도 고마움을 전한다. 그들은 나의 지각을 확장하고 명료하게 밝혀 주었다. 우리 브론펜브레너Urie Bronfenbrenner, 마티나 호너Matina Horner, 제인 릴리언펠트Jane Lilienfeld, 말카 노트먼Malkah Notman, 바바라와 폴 로젠크란츠Barbara and Paul Rosenkrantz, 도라 울리언Dora Ullian은 이 책의 범위를 넓히는 것을 제안했다. 재닛 기엘Janet Giele은 편집에 관한 조언을, 제인 마틴Jane Martin은 초안에 관한 폭넓은 비평을, 버지니아 라플란트Virginia LaPlante는 마지막 원고 작업에서 현명한 조언을 들려주었다.

1장과 3장의 초기 원고는 〈하버드 교육 평론Harvard Educational Review〉에 게재되었다. 세심한 관심과 도움을 준 편집부 학생들에게도 고마움을 전한다. 사회과학 연구심의회Social science Research Council는 심의회가 주관하고 재닛 기엘이 편집한 책에 다른 형태로 실린 6장의 일부를 이 책에 수록할 수 있도록 허용해주었다.

하버드대학교출판부 에릭 워너Eric Wanner에게 신세를 많이 졌다. 그는 내가 이 책에 대한 비전을 계속 유지하도록 해주었다. 특히 많은 도움을 주었기에 고개 숙여 감사를 전하고 싶은 친구들도 있다. 그들은 기꺼이 시간을 내어 내 말에 귀를 기울이고 글을 읽어주었다. 그들의 관대한 호응에 감사를 표한다. 한 번 더 마이클 머피, 노나 리온스, 진 베이커 밀러, 크리스티나 롭Christina Robb에게 따뜻한 마음을 전한다. 아들 존, 팀, 크리스에게도 감사를 전하고 싶다. 그들은 관심과 열의로 자기 생각을 나누어주었으며 식을줄 모르는 격려와 지지를 보내주었다. 남편 짐 길리건Jim Gillian은 통찰력 있는 아이디어와 명료한 반응, 도움과 유머 그리고 그의 관점으로 나를 지지해주었다. 감사를 전한다.

1982년

옮긴이의 말

후기를 쓰지 않기로 작정한 이유는 이러하다. 가뜩이나 수다한 말과 글이 넘쳐나는 세상이다. 이런 곳에 도착할 책은 따라서 엄정하게 선택될 필요가 있다. 그러니 저자가 누구인가, 무슨 말을 하는가가 중요하다. 이전에도 번역되었던 책이라는 사실은 앞으로 시간을 통과하면서도 그 역할을 감당하리라는 기대를 품게 하므로 이 책은 통과다. 옮긴이는 오랜 세월로 곰삭을 내용에 독자가 빠져들도록 조그마한 촛불이 되면 그것으로 만족할 터. 다만 그동안 수고를 아끼지 않은 편집자께 고마움을 표하고자 한다.

사족 하나 더. 편집자의 제안으로 이 책에는 그동안 익숙했던 여성 대명사 '그녀'가 등장하지 않는다. 여러 생각과 의견이 뒤따를 것이다. 이것도 주의해서 읽어보시라. 이 방식으로 생기는 낯설음이 극복되거나 다른 묘책이 창의적으로 도출된다면 그 또한 여성의 다른 목소리가 들리는 순간일 것이다.

참고문헌

Belenky, Mary F. "Conflict and Development: A Longitudinal Study of the Impact of Abortion Decisions on Moral Judgments of Adolescent and Adult Women." 박사학위논문. Harvard University, 1978.

Bergling, Kurt. 〈Moral Development: The Validity of Kohlberg's Theory〉. Stockholm Studies in Educational Psychology 23. stockholm, Sweden: Almqvist and Wiksell International, 1981.

Bergman, Ingmar. 〈Wild Strawberries(1957)〉. Lars Malmstrom and David Kushner가 번역한《Four Plays of Ingmar Bergman》에 수록됨. New York: Simon and Shcuster, 1960.

Bettelheim, Bruno. "The Problem of Generations." E. Erikson, ed., 《The Challenge of Youth》, New York: Doubleday, 1965.

——《The Uses of Enchantment》. New York: Alfred A. Knopf, 1976.

Blos, Peter. "The Second Individuation Process of Adolescence." A. Freud ed., 《The Psychoanalytic Study of the Child》, vold 22에 수록됨. New York: International Universities Press, 1967.

Broverman, I., Vogel, S., Broverman, D., Clarkson, F., and Rosenkrantz, P. "Sex-role Stereotypes: A Current Appraisal." 〈Journal of Social Issues 28〉(1972): 49-78.

Chekhov, Anton. 〈The Cherry Orchard〉(1904). Stark Young가 번역한《Best Plays by Chekhov》에 수록됨. New York: The Modern Library, 1956.

Chodorow, nancy. "Family Structure and Femiine Personality." M.Z. Rosaldo and L.Lamphere, eds.,《Women, Culture and Society》에 수록됨. Stanford: Stanford University Press, 1974.

───《The Reproduction of Mothering》. Berkerley: University of California Press, 1978.

Coles, Robert.《Children of Crisis》. Boston: Little, Brown, 1964.

Didion, Joan. "The Women's Movement."《New York Times Book Review》 July 30, 1972, pp.1-2, 14.

Douvan, Elizabeth, and Adelson, Joseph.《The Adolescent Experience》. New York: John Wiley and Sons, 1966.

Drabble, Margaret.《The Waterfall》. Hammondsworth, Eng.: Penguin Books, 1969.

Edwards, Carolyn P. "Societal Complexity and Moral Development: A Kenyan Study."《Ethos 3》(1975): 505-527.

Eliot, George.《The Mill on the Floss》(1860). New York: New American Library, 1965.

Erikson, Erik H.《Childhood and Society》. New York: W. W. Norton, 1950.

───《Young Man Luther》. New York: W.W. Norton, 1958.

───《Insight and Responsibility》. New York: W.W. Norton, 1964.

───《Identity: Youth and Crisis》. New York: W.W. Norton, 1968.

───《Gandhi's Truth》. New York: New York: W.W. Norton, 1969.

─── "Reflections on Dr. Borg's Life Cycle."《Daedalus 105》(1976): 1-29.
(또한 Erickson, ed.,《Adulthood》. New York: W.W.Norton, 1969에도 수록됨.)

Freud, Sigmund.《The Standard Edition of the Complete Psychological Works of Sigmund Freud》. James Strachey 번역하고 편집함. London:

The Hogarth Press, 1961.

——《Three Essays on the Theory os Sexuality》(1905). Vol. VII.

——"Civilized Sexual Morality and Modern Nervous Illness"(1908). Vol. IX.

——"On Narcissism: An Introduction"(1914). Vol. XIV.

—— "Some Psychical Consequences of the Anatomical Distinction Between the Sexes" (1925). Vol. XIX.

——《The Question of Lay Analysis》(1926). VOL. XX.

——《Civilization and Its Discontents》(1930, 1929). Vol. XXI.

——"Female Sexuality"(1931) Vol. XXI.

——《New Introductory Lectures on Psycho-analysis》(1933, 1932). Vol. XXII.

Gilligan, Carol, "Moral Development in the college Years." A chickering, ed., 《The Modern American College》. San Francisco: Jossey-Bass, 1981.

Gillan, Carol, and Belenky, Mary F. "A Naturalistic Study of Abortion Decisions." R. Selman and R. Yando, eds., 《Clinical-Developmental Psychology》에 수록됨. 〈New Directions for Child Development〉, no. 7. San Francisco: Jossey-Bass, 1980.

Haan, Norma. "Hypothetical and Actual Moral Reasoning in a Situation of Civil Disobedience."《Journal of Personality and Social Psychology 32》(1975): 255-270.

Holstein, Constance. "Development of Moral Judgment: A Longitudinal Study of Males and Females."《Child Development 47》(1976): 51-61.

Horner, Matina S. "Sex Differences in Achievement Motivation and Performance in Competitive and Noncompetitive Situation." 박사학위논문, University of Michigan, 1968. University Microfilms #6912135

—— "Toward an Understanding of Achievement-related Conflicts in Women".《Journal of Social Issues 28》(1972): 157-175.

Ibsen, Henrick. 《A Doll's House》(1879), Peter Watts가 번역한 《Ibsen Plays》에 수록됨. Hammondsworth, Eng.: Penguin Books, 1965.

Joyce, James. 《A Portrait of the Artist as a Young Man》(1916). New York: The Viking Press, 1956.

Kingston, Maxine Hong. 《The Woman Warrior》. New York: Alfred A. Knopf, 1977.

Kohlberg, Lawrence. "The Development of Modes of Thinking and Choices in Years 10 to 16." 박사학위논문 University of Chicago, 1958.

───── "Stage and Sequence: The Cognitive-Development Approach to Socialization." D. A. Goslin, ed., 《Handbook of Socialization Theory and Research》에 수록됨. Chicago: Rand McNally, 1969.

───── "Continuities and Discontinuities in Childhood and Adult oral Development Revisited." 《Collected Papers on Moral Development and Moral Education》에 수록됨. Moral Education Research Foundation, Harvard University, 1973.

───── "Moral stages and Moralization: The Cognitive-Developmental Approach." T. Lickona, ed., 《Moral Development and Behavior: Theory, Research and Social Issues》에 수록됨. New York: Holt, Rinehart and Winston, 1976.

───── 《The Philosophy of Moral Development》 San Francisco: Harper and Row, 1981.

Kohlberg. l., and Gilligan, C. "The Adolescent as a Philosopher: The Discovery of the Self in a Post-conventional World." 《Daedalus 100》 (1971): 1051-1086.

Kohlberg, L., and Kramer, R. "Continuities and Discontinuities in Child and Adult Moral Development." 《Human Development 12》 (1969): 93-120.

Langdale, Sharry and Gilligan, Carol. 〈Interim Report to the National

Institute of Education⟩ 1980.

Lever, Janet, "Sex Differences in the Games Children Play." ⟪Social Problems 23⟫ (1976): 478-487.

——— "Sex Differences in the Complexity of Children's Play and Games." ⟪American Sociological Review 43⟫ (1978): 471-483.

Levinson, Daniel J. ⟪The Seasons of a Man's Life⟫ New York: Alfred A. Knopf, 1978.

Loevinger, Jane and Wessler, Ruth. ⟪Measuring Ego Development⟫ San Francisco: Jossey-Bass, 1970.

Lyons, Nona. "Seeing the Consequences: The Dialectic of Choice and Reflectivity in Human Development." ⟨Qualifying Paper⟩ Graduate School of Education, Harvard University, 1980.

Maccoby, Eleanor, and Jacklin, Carol. ⟪The Psychology of Sex Differences⟫ Stanford: stanford University Press, 1974.

May, Robert, ⟪Sex and Fantasy⟫ New York: W.W.Norton, 1980.

McCarthy, Mary. ⟪Memories of a Catholic Girlhood⟫ New York: harcourt Brace Jovanovich, 1046.

McClelland, D.C.. Atkinson, J.W., R.A. and Lowell, E. L. ⟪The Achievement Motive⟫ New York: Irvington, 1953.

Mead, George Herbert. ⟪Mind, Self, and Society⟫ Chicago: University of Chicago Press, 1934.

Miller, Jean Baker. ⟪Toward a New Psychology of Women⟫ Boston: Beacon Press, 1976.

Murphy, J. M., and Gilligan, C. "Moral Development in Late Adolescence and Adulthood: A Critique and Reconstruction of Kohlberg's Theory." ⟪Human Development 23⟫ (1980): 77-104.

Perry, William. ⟪Forms of Intellectual and Ethical Development in the

College Years》New York: Holt, Rinehart and Winston, 1968.

Piaget, Jean. 《The Moral Judgment of the Child》(1932). New York: The Free Press, 1965.

──《Six Psychological Studies》New York: Viking Books, 1968.

──《Structuralism》New York: Basic Books, 1970.

Pollak, Susan, and Gilligan, Carol. "Images of Violence in Thematic Apperception Test Stories." 《Journal of Personality and Social Psychology 42》, no.1(1982): 159-167

Rubin, Lillian, 《Worlds of Pain》New York: Basic Books, 1976.

Sassen, Georgia, "Success Anxiety in Women: A Constructivist Interpretation of Its Sources and Its Significance." 《Harvard Educational Review 50》 (1980): 13-25.

Schneir, Miriam, ed., 《Feminism: The Essential Historical Writings》New York: Vintage Books, 1972.

Simpson, Elizabeth L. "Moral Development Research: A Case Study of Scientific Cultural Bias." 《Human Development 17》 (1974): 81-106.

Stack, Carol B. 《All Our Kin》New York: Harper and Row, 1974.

Stoller, Robert, J. "A Contribution to the Study of Gender Identity." 《International Journal of Psycho-Analysis 45》 (1964): 220-226.

Strunk, William Jr., and White, E.B. 《The Elements of Style》(1918). New York: Macmillan, 1958.

Terman, L., and Tyler, L. "Psychological Sex Differences." L. Carmichael, ed., 《Manual of Child Psychology》2nd ed.에 수록됨. New York: John Wiley and Sons, 1954.

Tolstoy, Sophie A. 《The Diary of Tolstoy's Wife, 1860-1891》Alexander Werth 번역, London: Victor Gollancz, 1928. (또한 M. J. Moffat와 C. Painter, eds., 《Revelations》New York: Vinge Books, 1975에도 수록됨.)

Vaillant, George E. 《Adaptation to Life》Boston: Little, Brown, 1977.

Whiting, Beatrice, and Pope, Carolyn. "A Cross-cultural Analysis of Sex Difference in the Behavior of Children Age Three to Eleven." 《Journal of Social Psychology 91》 (1973): 171-188.

Woolf, Virgina. 《A Room of One's Own》 New York: Harcourt, Brace and World, 1929.

옮긴이 이경미

여성학을 전공하고 한국성폭력상담소에서 일한 인연으로 여성학 관련서를 번역하며
사람들과 소통하고 있다. 《아주 특별한 용기》, 《나이 듦을 배우다》, 《페미니스트로 살
아가기》, 《가부장 무너뜨리기》 등을 번역했다. 《침묵에서 말하기로》를 통해 자신이
속한 세상에 자기만의 진동을 던지기를 주저하지 않는 이들이 많아지기 바란다.

침묵에서 말하기로

첫판 1쇄 펴낸날 2020년 12월 7일
　　　3쇄 펴낸날 2024년 5월 7일

지은이 캐럴 길리건
옮긴이 이경미
발행인 김혜경
편집인 김수진
편집기획 김교석 조한나 유승연 문해림 김유진 곽세라 전하연 박혜인 조정현
디자인 한승연 성윤정
경영지원국 안정숙
마케팅 문창운 백윤진 박희원
회계 임옥희 양여진 김주연

펴낸곳 (주)도서출판 푸른숲
출판등록 2003년 12월 17일 제2003-000032호
주소 서울특별시 마포구 토정로 35-1 2층, 우편번호 04083
전화 02)6392-7871, 2(마케팅부), 02)6392-7873(편집부)
팩스 02)6392-7875
홈페이지 www.prunsoop.co.kr
페이스북 www.facebook.com/simsimpress　인스타그램 @simsimbooks

ⓒ푸른숲, 2020
ISBN 979-11-5675-850-1(03180)

심심은 (주)도서출판 푸른숲의 인문·심리 브랜드입니다.

◦ 잘못된 책은 구입하신 서점에서 바꾸어 드립니다.
◦ 본서의 반품 기한은 2029년 5월 31일까지 입니다.